ルポ
国威発揚

「再プロパガンダ化」する世界を歩く

辻田真佐憲

中央公論新社

はじめに

今日、歴史と文化がますます情報戦の武器となり、政治的な動員のための旗幟となっている。プロパガンダと聞いて、もはやだれも歴史上の用語だと感じなくなった。われわれの世界はふたたび、国威発揚の大きな渦に巻き込まれつつある。

このような戦いの舞台は、実際の砲弾が飛び交う戦場ではない。むしろ博物館、史跡、公園、看板、説明文、銅像、記念碑、お土産、落書きなど、日常の風景に幅広く散らばっている。ときに自治体の観光案内、地元民の意見、タクシー運転手との何気ない雑談すらも、重要な役割を果たすことがある。

わたしは約二年半にわたり、そのような日本と世界に点在する三五ヶ所以上の「戦場」を訪ね歩き、その背後に潜む物語や動向を探り続けてきた。

令和になって新たに神武天皇像ができたと聞けば、岡山県の離島にわたり、安倍晋三を神として祀る神社が創建されたと聞けば、長野県の秘境に分け入った。

靖国問題を考えるために、知られざる「仏教版の靖国」や「関西の靖国」に足を運び、領土問題を考えるために、北方領土を望む北海道の根室市、竹島が属する島根県の隠岐の島町、尖閣諸島が属する沖縄県の石垣市におもむいた。

本書では日本を中心に取り上げるものの、ナショナリズムやイデオロギーをめぐる問題はこの国に限ったものではない。そこで日本の現象を相対的に捉えるため、わたしは積極的に海外にも足を伸ばした。

モディ首相のもとで世界一の巨像が建てられたと知れば、インドの山間に踏み入り、トランプ元大統領のグッズが大量に売られていると知れば、ニューヨークの高級ショッピング街に立ち寄った。また歴史認識問題を考えるために、ドイツの陰に隠れがちなイタリアや、中国や韓国にくらべてあまり注目されないベトナムやフィリピンに臨んだ。

本書は、こうした取材の成果をまとめたルポルタージュである。


今日、プロパガンダといえば、もっぱらネット空間の分析に費やされる。

その理由は、X（旧ツイッター）やユーチューブなどを覗けば一目瞭然だろう。そこでは、政治と文化が絡み合ったコンテンツが溢れ、デマや誹謗中傷が飛び交い、さまざまな党派が動員を競い合っているからだ。

ウクライナ戦争やイスラエル・ハマス戦争のみならず、国内外の選挙をめぐっても同様の角逐が見受けられる。こうした現象は、情報戦、文化戦、宣伝戦、思想戦、歴史戦、認知戦、制脳戦などと、さまざまな用語で語られている。

とはいえ、「ＳＮＳ戦争」の分析はもはややり尽くされた感が否めない。結論も、「デマに踊らされるな」「リテラシーやファクトが大事」「極端な意見に走ってはいけない」あたりで相場は決まっている。

わたし自身、近現代史研究者や評論家として、そのような問題に十分取り組んできたという自負もある。

そんななかで、ネット空間にくらべて現実空間の分析は意外と近年掘り下げられていなかった。そこで、マンネリ化を打破するためもあり、わたしはあえてリアルな現場へと足を運び、新しい視点を獲得することをめざしたのである。

取材期間の大部分がコロナ禍の期間にあったこともそれを後押しした。

コロナ禍のなかで、移動や集会の自由がやすやすと蔑ろにされることにわたしは大きな疑問を感じていた。また戦時下の統制についてふだん批判的なことを口にしていたひとびとが、目の前の行動制限に強く抵抗しなかったことも驚きだった。

歴史の教訓は口先だけではなく、実践をともなわなければならない。わたしは同調圧力に抗う意味でも、ほぼ毎月のようにどこかに出かけて取材を重ねた。フリーの物書きとして、自由に行動できるその立場を生かすべきという使命感もあった。

こうした取材を踏まえ、わたしは本書で国威発揚という概念を導入することにした。

プロパガンダという用語はたしかに人口に膾炙したものの、その限界もまた浮き彫りになりつつある。プロパガンダは政府や政党などが組織的に行う政治宣伝を意味する。それゆえ、どうしても公的機関の「上からの統制」に注目が集まり、民衆や企業などがさまざまな動機で自発的に関わる「下からの参加」が軽視されやすい。

だが、現代社会の大きな動きを捉えるためには、公的機関の動きに注目するだけでは十分ではない。このことはコロナ禍を振り返れば理解しやすい。人流の抑制には政府の取り締まりだけではなく、民衆の「自粛警察」行為なども欠かせなかった。

同様に、戦時下の社会も、また現在の国威発揚も、民間の積極的な参加を抜きにして考えることはできない。

そこでわたしは、政治と文化の複雑な結びつき全体を、「上からの統制」「下からの参加」を含めて余さず捉えるために、国威発揚という用語を用いることにしたのである。

もちろん、政治と文化の結びつきはナショナリズム以外の文脈でも生じうる。だが、現在は愛国心が再評価され、国民国家の役割が見直されている時代でもある。したがって、歴史や文化の戦場を取り上げるならば、国威発揚という用語がもっとも適切だと考えた。

そしてわたしは今回、こうした国威発揚現象を取材するうえで「不純な歴史」に正面から向き合うことに強くこだわった。

愛国的な物語や神話のたぐいは「つくられた伝統」だと批判され、ファクトにもとづかない俗説としてすぐに切って捨てられやすい。だが、歴史や社会はしばしばその俗説とされるものに動かされてきた。

たとえば、神武天皇が唱えたとされる八紘一宇（はっこういちう）という理念は、歴史の専門家からは取るに足りないものと笑われるのかもしれない。だが、この理念ほど日本社会に影響を与えたものも少ないのであって、それにくらべれば最新の学説なるもののほうがかえって蜉蝣（かげろう）の命にすぎない。

そのため本書では、国威発揚にまつわるものごとを頭ごなしに否定しない。ただし、それを手放しで礼賛することもしない。言い換えれば、「二流」「三流」と見下される史跡にも真剣に向き合い、それを軽視することなく、と同時にそれに飲み込まれることなく、内部に入り込んでいく。こうした取り組みこそが、戦後八〇年と昭和一〇〇年の節目を迎えようとする今日、きわめて重要だと考えるからである。

なお本書は、国威発揚現象を成り立たせる五つの要素「偉大さをつくる」「われわれをつくる」「敵をつくる」「永遠をつくる」「自発性をつくる」にもとづいて構成されている。ただ、かならずしも取材の順序に沿った流れではないので、読者は興味のある章から読み進めていただいてもかまわない。どのページを開いても、ふだんは足を踏み入れることのない国威発揚の現場が広がっているはずだ。

凡例

・年表記は西暦を基本とし、取材先が日本の場合のみ和暦を付記した。
・一八七一（明治四）年までは太陰暦、それ以降は太陽暦を用いた。
・引用にあたっては、読みやすさを考慮して、漢字の字体やかなづかいをあらため、適宜句読点や濁点などを補い、改行を行うなどした。また傍点は引用者が付した。
・引用文中、今日では不適切と思われる語句や表現などもみられるが、これらは時代背景や歴史資料としての価値を尊重し、そのままとした。
・写真はすべて著者の撮影である。

目次

第一部
個人崇拝の最前線
偉大さを演出する

第二部

「われわれ」の系譜学

祖国を再発見する

第三部

燃え上がる国境地帯

敵を名指しする

第四部

記念碑という戦場

永遠を希求する

第五部

熱狂と利害の狭間

自発的に国を愛する

ブックデザイン　鈴木成一デザイン室

ルポ 国威発揚

――「再プロパガンダ化」する世界を歩く

第一部

個人崇拝の最前線

偉大さを演出する

第一章

トランプの本拠地に潜入する

米国／トランプタワー
（2024年5月訪問）

トランプタワーの土産物店「ロジャーズ・ニューズ」

「アメリカを取り戻す！」（TAKE AMERICA BACK!）

大きな赤い旗に記された勇ましいスローガンに、わたしはまず安倍元首相の「日本を、取り戻す」を思い浮かべた。

ここはニューヨークにあるトランプタワーの地下一階、トイレの脇にたたずむ小さな土産物店「ロジャーズ・ニューズ」。ガラス越しに店内をうかがうと、ひとがすれ違えないほど狭い通路の両脇に、トランプ前大統領（取材時。以下敬称略）のグッズがびっしりと並べられていた。先客は三名ほど。思い切って踏み入ると、そこは思っていた以上にトランプ一色の空間だった。

トランプがニッコリ笑うマグカップ、一四・九五ドル。「まだ俺が恋しい？」と書かれた靴下、一四・九九ドル。トランプがボクサーに扮した人形、四〇ドル。一ドル一五〇円の時代には、どれもびっくりするぐらい値が張る。

それでも売れるのか、種類はたいへん豊富だった。マグネット、メガネケース、栓抜き、シャツ、パーカー。一般的なニューヨーク土産も売っていたが、やはりトランプの存在感のまえには霞んでしまっていた。

トランプの頭がついた「ドナルド・トーキング・ペン」は、頭を押すと八種類の音声が再生される。試すと「見ろ、俺はマジで金持ちだ」「俺はヅラをつけていない。これは地毛だ。本当だ」などという声が店内に響いた。周りは熱烈なトランプ支持者かもしれないのに、思わず噴き出してしまった。

もちろん、トランプ自身よく被る赤い帽子も大量に陳列されていた。正面には「アメリカをふたたび偉大にしよう」（MAKE AMERICA GREAT AGAIN）の文字。「ＭＡＧＡ」と省略されたバージョンもある。そして向かって左側には「45－47」の数字。第四五代に続き、第四七代の大統領にも就任するぞという意気込みなのだろう。

あれこれ物色していると、カウンター内にいた男性オーナーが「あれがいちばん売れているよ」と白いシャツを指さした。

「けっして降伏しない！」。そんな文字とともに、トランプのマグショットが大きくプリントされていた。この写真は、前回の大統領選でジョージア州の票集計に介入しようとしたとして、二〇二三年八月にトランプが起訴されて出頭したときに撮影された、いわゆる〝被告人としての顔写真〟である。

大統領経験者としてははじめての屈辱的なマグショット撮影だったが、トランプはこの状況を逆手に取った。ひさしぶりにXを更新し、マグショットとともに「選挙妨害　けっして降伏しない！」と投稿。これが瞬く間に話題を呼び、インターネット・ミーム（ネットで拡散されやすいネタ）として広まり、最終的には人気商品まで生み出すにいたったのだ。

そんな商品を売り出すオーナーは、マッチョで筋金入りのトランプ主義者かと思いきや、ずいぶんと低姿勢で友好的な男性だった。

名はロジャー・セワニ。メガネをかけた小柄な高齢のインド系移民で、もともと同じ場所で長らく新聞販売店を営んでいたが、前々回の大統領選挙でトランプが有力候補となったのを機にグッズを売り出したところこれが大当たり。いまでは、すぐ隣にあるトランプの公式ストア（高価なゴルフウェアなどを売る）よりも、繁盛する店になっている。

もっとも、ニューヨークは民主党の金城湯池なので、トランプ支持者の来訪は少なく、ほとんどが物見遊山の観光客だという。たしかに、五分か一〇分ほど店内を見て回るだけで去っていく客が多かった。

そのぶん、対応は慣れたものだった。わたしが店内で写真を撮ってほしいと頼むと、「これを被れ」と棚から「アメリカをふたたび偉大にしよう」の帽子を差し出してきた。これまでも同じように撮影してきたのだろう。政治的な主張は感じられなかった。

こうしたトランプグッズの多くは中国製だった。なかには、バングラデシュ製やドミニカ製に加えて、メキシコ製まであった。二〇一七年の大統領就任演説で「米国製を買い、米国人を雇う」と掲げたトランプの主張に反しているようだが、そのことを指摘してもオーナーは意に介さなかった。

むしろかれは商人に徹していた。いくつかグッズをレジに持っていくと、「これはどうだ」とカードのトランプを取り出してきた。トランプのトランプだった（英語の綴りは同じTrump）。

キングはトランプ、クイーンはメラニア夫人。そしてジョーカーのカードを少しみせて「誰だと思う」。わたしが「バイデン？」と応えると「イエス！」と満面の笑み。憎らしい顔をしたバイデン大統領（取材時）のカードをここぞとばかりに見せつけてきた。売り方がじつにうまい。追加で二〇ドルを支払わざるをえなかった。

筋金入りの支持者でないからダメなのではない。指導者への支持は、プロパガンダなどの「上からの統制」だけでは成り立たない。かならず便乗商売などの「下からの参加」をともなう。利に聡い商人さえ引き寄せているところこそ、根強いトランプ人気の証拠だった。

トランプ・バーでトランプ・ワインを味わう

資本主義の総本山たるニューヨークで、高度な消費社会と政治的な動員の結びつきを取材する。そんな目論見でトランプタワーを訪れたのは正解だった。わたしはさらにその建物内を探索することにした。

そもそもこのトランプタワーは、セントラルパークのすぐ南、マンハッタン中心部の五番街にそびえ立っている。道路に面したビルの一角はまるでノコギリの刃のようにギザギザした独特のデザインをしており、一目で見るものに強烈な印象を与える。

このあたりはニューヨークでも指折りの裕福なエリアであり、ブルガリ、シャネル、プラダなどの有名なブランドがしのぎを削り、トランプタワーの一階にもグッチが入店し、タワー隣にはティファニーが店を構えている。このティファニーは、かつてオードリー・

ヘップバーン主演の映画『ティファニーで朝食を』のロケが行われたところだ。

若き日のトランプは、この華やかな場所で勝負に打って出た。ニューヨークの周辺区（アウターボローズ）にて中産層向けの地味な不動産開発で財を成した父を超えるため、マンハッタンでリスクの高い投資をあえて行い、一九八三年、わが名を冠した複合ビルを建てたのだ（建設にあたっては、ポーランドからの不法移民が安価で大量に雇われたと指摘されている）。

地上五八階建てだが、トランプはみずからが住む最上階を六八階と呼んだ。安倍元首相が、トランプの大統領当選後にゴルフのドライバーをもって駆けつけたのもここだった。トランプタワーは、まさにトランプの富と上昇志向と大言壮語癖の象徴なのである。

わたしが訪問したとき、トランプタワーの入口前には警備員が立ち、柵が設けられていたが、大統領時代ほど物々しいものではなかった。トランプに抗議するひとは、道路の反対側で静かに「トランプの二期は刑務所」「トランプは哀れな敗北者」などと看板を掲げていた。

トランプタワーの低層階は、アトリウムとして公開されており、だれでも立ち入ることができる。ブレッチア・ペルニーチェという赤みがかった大理石が全面に使われた豪華な吹き抜けを見上げると、五階分の滝が優雅に壁をつたって流れていた。エレベーターホールも、エスカレーターも金メッキ。成金趣味であまり上品な印象を受けなかったが、トランプの金ピカなイメージには完全にマッチしていた。

そんなアトリウムには、トランプブランドのさまざまな店が入店していた。トランプ・

カウンターでトランプ・ワインを飲む

カフェ、トランプ・グリル、トランプ・バー、トランプ・スイーツ。広々としたつくりの店々のなかで、前出のロジャー・セワニ氏の土産物店はわずかなスペースを占めるにすぎず、一目でそこが〝外様〟にすぎないことがわかった。

そこで〝譜代〟である一階のトランプ・バーに入ってみた。正式には「45ワイン&ウイスキー」という。数字はやはりトランプが第四五代大統領だったことに由来する。

店内はダークブラウンの木目を基調とした落ち着いた高級感のあるデザインで、照明も暗く雰囲気は悪くなかった。ただ、いたるところにトランプの大きな写真が飾られていた。モノクロに加工されてシックな感じだが、額縁はまたしても金ピカ。カウンターに座ると、そのひとつと目があった。せっかくの雰囲気なのに、どうも落ち着かなかった。

しかも女性のバーテンダーは、「アメリカをふたたび偉大にしよう」の赤帽姿。さすがに悪趣味ではと思いながらも、とりあえずトランプ・ワインのスパークリング（ブラン・ド・ブラン）を注文した。やはりここも観光客慣れしており、テキパキと対応してすぐに持ってきてくれた。シャンパーニュを思わせる繊細な泡立ちで、甘すぎることもなく、すっきりとして飲みやすかった。

トランプ・ワインは、次男のエリック氏が首都ワシントン南のヴァージニア州で経営するトランプ・ワイナリーの商品だ。スパークリングだけではなく、白、赤、ロゼと幅広く展開している。

メニューには、そのラインナップを使ったオリジナルカクテルが並んでいた。店名に由来する「フォーティー・ファイブ」、合衆国ファースト・レディー（First Lady Of The United States）の頭文字を取った「FLOTUS」——。

今回は、トランプがフロリダ州に所有する別荘にちなむ「マール・ア・ラーゴ・スプリッツツアー」を頼んだ。トランプ・ワインの白ワイン（ソーヴィニヨンブラン）、グレープフルーツジュース、ソーダ水に、オレンジの切れ端を添えた一杯である。淡いオレンジ色が爽やかで、なるほど南国を思わせるロングカクテルだった。

ちなみに値段は二四ドル（約三六〇〇円）。驚きの価格に恐れおののいたが、マンハッタンのオーセンティックバーで飲んだらそんなものなのだろう。そう自分に言い聞かせながら、観光客からもしっかり集金する、トランプ一家の商売上手に舌を巻いた。

シェアしたくなる「ネタ」的政治家

じつはトランプ自身はアルコールを一滴も飲まない。にもかかわらず、客たちはかれの写真をみながらワイングラスを傾けている。いかにも虚実の入り混じったトランプワールドらしい体験だった。飲食店のメニューには「MAGAバーガー」や、長女の名前を取った「イヴァンカ・サラダ」があったが、これらとて本人が食べたかどうかわからない。

トランプという人物は、いわば壮大な「ネタ」である。かれは長らくメディアを駆使しながら、金ピカでキッチュな独特のキャラクターを作り上げてきた。経営するカジノを倒産させながらも成功者を気取り、女性問題でゴシップ誌を騒がせては放言を繰り返す。そのため、どんな爆弾発言をしたところで「だってあのトランプだから」と流されてしまう。たとえ刑事裁判で負けたとしても、その人気が揺らぐことはほとんどない。これこそトランプ最大の強みだ。バイデン大統領やハリス副大統領（いずれも取材時）のような、リベラルな政治家ではそうはいかない。

かつての指導者は、すべてを見通す無謬（むびゅう）の天才として演出されていた。そのため、茶化すことでその権威を引き剝がすことができた。今日はちがう。ネタとして面白がられているうちにどんな批判も無効化してしまう、じつに厄介な存在なのである。

言い換えれば、ヒトラーのちょび髭は笑ってはならないものだったが、トランプの髪型は笑いの対象にできる。それどころか、その笑いがかれの力に変換されてしまう。トランプタワーで売られている土産物もその一端を担っており、けっして侮るべきものではない。

もちろん、二〇二四年一一月の大統領選挙でトランプが当選するかどうかは定かではない。ただ、このSNSの時代、トランプ的な「思わずシェアしたくなる」政治家は「下からの参加」を調達しやすく、ますます台頭してくるだろう。

そのような動きは、やがて来たる「個人崇拝」の原動力になるかもしれない。この「個人崇拝」を支えているのは、全体主義や秘密警察ではなく、高度な消費社会であり、SNSで駆動される資本主義なのだ。そう考えると、われわれの日本でも政治家のネタ化が進行しているのではないかと感じ、薄ら寒い思いにとらわれた。

第二章

親日台湾の新たな「聖地」

台湾／紅毛港保安堂、桃園神社

（2023年6月訪問）

保安堂の安倍晋三像

トランプ前大統領ととくに親しく交友を結んでいたのが、わが国の安倍晋三だった。そしてかれもまた、トランプほどではないにせよ、ネタにされやすい政治家のひとりだった。国会で「日教組はどうするの」「意味のない質問だよ」とヤジを飛ばし、選挙の応援演説で「こんなひとたちには負けるわけにはいかない！」と叫び、食べ物を試してはなんでも「ジューシー」と評する。意図的にやっていた部分もあったにせよ、いかにもネットミームになりやすい。しかも敵と味方をはっきり峻別するという点で、安倍はSNS時代にじつにマッチした政治家だった。

そんな安倍は、二〇二二年七月八日、奈良市の大和西大寺駅前で銃撃されて亡くなった。今日、被害者はひとびとを結集させるシンボルになっている。現代のナショナリズムも「こんな帝国を築き上げた」という積極的な面より「あの国からこんな被害を受けた」という受動的な面で盛り上がりやすい。そのため、安倍も悲劇の英雄となり、国葬は歓迎され、地元の山口県などに銅像や慰霊碑が建てられ、聖地化した可能性があった。

しかし、実際には銃撃事件で旧統一教会の問題に注目が集まり、安倍のイメージは瞬時に被害者から加害者に切り替わり、その権威は失墜した。それでも、もし銃撃犯が「反アベ」を唱える左翼だったとすればどうなっていただろうか。現在の政治状況はまったく違ったものになっていたかもしれない。

ここであえて危険な歴史のイフを持ち出したのは、民主主義の消費社会ではどんな個人崇拝が発生するのか考えてみたかったからだ。われわれは、独裁国家の個人崇拝は見慣れているものの、自分たちの社会のそれにはかならずしも免疫がない。

そこでヒントとなるのが台湾である。同地南部の港湾都市高雄(たかお)では、事件直後の九月に安倍の銅像の除幕式が行われた。その後、自民党の安倍派幹部だった政治家や安倍昭恵(あきえ)夫人が訪問するなどして、〝聖地〟化が急速に進んでいる。あったかもしれない世界線を想像するため、わたしも現地へと飛び立った。

静かにたたずむ等身大の安倍像

安倍像が建てられたのは、高雄市の鳳山(ほうざん)区にある廟である。名を紅毛港保安堂(こうもうこうほあんどう)という。正確には道教の寺院（道観）であり、三国志の英雄関羽を祀る関帝廟と似たものと考えるとわかりやすい。

高速鉄道（台湾新幹線）の左営(さえい)駅で下り、タクシー運転手に行き先を告げると、約二〇分で到着した。低層の建物が広がり、最寄り駅からも遠い典型的な郊外で、少なくとも観光客が押しかけるようなエリアではなかった。

だが、目的の廟がどれかはすぐにわかった。庭先に台湾の青天白日満地紅旗とともに、日の丸と旭日旗が南国の陽光を浴びながら堂々とひるがえっていたからだった。いかに親日とされる台湾でも、これは行きすぎではないか――。

その疑問は、歴史をたどると氷解した。そもそもこの保安堂は、日本海軍の第三八号哨戒艇（旧駆逐艦「蓬」）とその戦没者を祀る廟であり、日本とのゆかりが深かったのだ。

パンフレットにはこう記されている。

大東亜戦争後のある日、高雄で操業する台湾人漁師の網に頭蓋骨がかかった。それを祀ったところ豊漁となったので、村の祠（のちの保安堂）に神（海府大元帥）として祀った。この神はやがてお告げにより、第三八号哨戒艇の艇長だと主張した。

同艇は戦時中の一九四四年、台湾とフィリピンを隔てるバシー海峡で米軍の潜水艦によって撃沈されており、なるほど整合性が取れている。近年の調査により、その艇長の名前は熊本出身の高田又男海軍大尉と判明した。現在では、高田以下一四五名の乗組員全員も合祀されており、「台湾で唯一の大日本帝国軍艦の戦没者の英霊を祀る廟堂」と自称している。

保安堂の由来にはさまざまな説があるものの、おおよそはこれで尽きている。日本に好意的な理由も納得だろう。なお、もともとは海に近い小港区に位置していたが、漁村の廃村にともなって現在地に移転され、二〇一三年に現在の新廟が完成した。

こういう事情から、廟のデザインは中国風に見えてそうではない。ちょうど隣に極彩色の典型的な廟が建っており、見比べることで違いがよくわかった。

保安堂は青い瓦屋根に、装飾が少なく、相対的にシンプルな造りだった。この廟を飾っているのは、日本風のデザインの数々。正面には富士山と桜の絵があり、その下には注連縄らしきものがぶら下がり、菊の御紋や旭日旗が数多くあしらわれている。全体の印象は日本の寺院のようでもあり、神社のようでもあった。中華的なセンスと日本的な記号が奇妙に融合した、独特の建物だった。

そして肝心の安倍像は、廟の向かって右側に静かに立っていた。茶褐色の銅製で、等身大のスーツ姿。右手を軽く上げたポーズを取っており、顔立ちは少し老成して見えるが、その姿は非常にリアルで、見た瞬間に安倍だとわかった。

像の背後には富士山の看板と「台日友好」の文字があり、左隣には安倍の揮毫による「台湾加油」(台湾がんばれ)の石碑が設置。そして像の台座には「台湾永遠的朋友」と刻まれ、説明板にも「安倍是日本偉大政治家、生前全力支持台灣、台灣人感念而製作銅像」などと記されていた。

つまり、安倍が生前台湾に友好的だったため、それに感謝を示すため銅像を建てたというのである。発案したのは、保安堂主任委員の張吉雄氏ら地元の有志だった。

日本では一周忌に際して、銃撃が起きた大和西大寺駅前に献花台を設けるかどうかで揉めた。それにたいして台湾では、すぐに銅像が建てられた。安倍支持者がここを聖地化する理由もわからなくもない。

そんな彼我の差に考えをめぐらせていると、耳慣れた音楽に気づいた。

「遼陽城頭夜は闌けて　有明月の影すごく……」

日露戦争時の軍歌「橘中佐」だった。わたしはかつて軍歌で本を書いたことがあったので、つぎつぎに流れてくる曲がすべてわかった。「歩兵の本領」「戦友」「水師営の会見」「広瀬中佐」――。それに誘われるように廟に近づくと、「ニーハオ」と声をかけられた。「日本人ですか？　コンニチハ」。

声の主は、保安堂の広報部長を務める林森豪氏だった。日本語が堪能なかれの案内で、廟内を見学することになった。

内部の空間は豪華絢爛だった。正面の祭壇が金色に輝き、竜が躍っている。いかにも中国風だが、つぶさに見ていくとやはり多数の「異物」が紛れ込んでいた。

廟内には、日の丸や旭日旗、菊の御紋があちこちに散りばめられ、高田艇長の神像や写真が飾られている。「38にっぽんぐんかん」と称する「神艦」が奉納され、精巧に作られた「蓬38号」の模型も展示されている。さらには、日本風の神輿（みこし）や『安倍晋三回顧録』の姿も目に入った。そして、記念撮影コーナーの年表記には、西暦でも中華民国暦でもなく、日本の令和が使われていた。

あまりに親日的すぎないかと思ったが、極め付きはおみやげコーナーの「安倍コイン」だった。なんと、安倍像をあしらった金色の記念コインまで売られていたのだ。

表面には菊の御紋とともに「元首相　安倍晋三」「台日友好」と記され、裏面には保安堂の全景が描かれている。「蓬38号神艦」の記念コインとセットで、五〇〇台湾ドル（約二〇〇〇円）。お守りや御朱印などとともに、思わず五セットも買ってしまった。

もし日本で安倍記念館がつくられていたら、果たしてこのようなものになっていただろうか。保安堂が民間主体で運営されていることを考えれば、これもまた「下からの参加」の一例といえるだろう。

それにしてもじつに暑苦しい空間だった。見て回るうちにも汗が絶え間なく吹き出し、床に滴り落ちた。この保安堂に空調がなかったことも一因だが、やはり最大の原因は親日情報の大熱波だった。ただでさえ猛烈な台湾南部の熱気が、いっそう厳しく感じられた。

これほどの親日熱は、地元で嫌厭されたりしないのだろうか。林森豪氏は「そうではない」と首を横に振った。保安堂では、日本と関係のない神々も一緒に祀られており、年間で三〇〇〇から五〇〇〇人ほどの来客を受け入れている。そのため、けっして珍スポットとして敬遠されているわけではないらしい。

活況を呈す復興された「神社」

にわかに信じがたいが、じつは台湾では二〇二二年、廃止されたはずの神社が復興されて人気の観光地になっている。この国では、親日はかならずしも否定的なものではない。

その神社とは、台北の西にある桃園市の桃園神社である。日中戦争下の一九三八年、春日山と呼ばれていた山の中腹に創建され、明治天皇、豊受大神、開拓三神（大国魂命、大己貴命、少彦名命）、そして台湾で陣没した能久親王を祀っていた。

台湾各地に建てられていた神社は、日本の敗戦後、ただちにすべてが破却されたわけではなかった。むしろ蔣介石率いる国民党政府によって、忠烈祠（抗日戦争などで亡くなった軍人などの位牌を祀る）などに転用されることで温存されていた。そこに転機が訪れたのは、一九七二年の日中国交正常化と日台断交だった。このとき、日本の裏切りにたいする怒りが爆発し、神社建築も中国風に改められるなど、日本の痕跡が徹底的にかき消された。

そのなかで、桃園神社は珍しい例外だった。戦後、ほかの神社と同じように忠烈祠に転用されるなどしたものの、その後、建物は奇跡的に破壊をまぬかれたのだ。そのため、貴重な文化財だとして、一九九四年に国家三級古跡に指定され、二〇一七年に「桃園忠烈祠と神社文化園区」に定められた。そしてコロナ禍の時期には、この場所が「国内で外国気分を味わえる」として人気の観光地になったのである。

わたしが六月初旬の週末に足を運ぶと、その活況ぶりがよくわかった。色とりどりの鯉のぼりが飾り付けられ、参道の両脇には屋台が並び立ち、境内は老若男女で賑わい、あちこちで写真撮影が行われていた。

鳥居は一部変形していたものの、手水舎、狛犬、拝殿などは日本の神社そのもので、本殿は銅板葺きの流造のままだった。ただし、本殿と拝殿はいまも忠烈祠として使われているため、かつての社務所が復興された神社の参拝所となっていた。

参拝所では、ご丁寧に中国語で二拝二拍手一拝のやり方が説明されていた。さすがにそのとおり参拝している台湾人は少なかったが、みな賽銭を投げて鈴緒を振っていた。とき

桃園神社の参拝所。もとは社務所だった

に行列ができるほどの賑わいだった。

それにくらべて、忠烈祠で拝礼するものはごく少数だった。それどころか、撮影禁止の掲示は堂々と無視されて、訪れたひとびとはみな神社建築のまえでポーズを決めて自撮りを行っていた。神社が植民地支配の道具だったと教えられてきた日本人としては、この光景を目の当たりにして、本当にこれでいいのかしらんと思わず独りごちてしまった。

それにしても、なぜ神社が本格的に復興されたのだろうか。歴史的な建造物として保存するだけで十分だった気もするが……。そんな疑問を、同社で兼務神主を務める陳凱鈞氏にぶつけてみた。

陳氏は新北市出身の四一歳（取材時）で、日本の武士道への関心から神道研究に進み、愛媛県の石鎚（いしづち）神社で修行した人物である。現在、沖田とも名乗って活動している。

ことの発端は、桃園神社の管理が二〇二一年に民間業者に委託されたことだった。「運営者は、日本の神々の存在は、神社の境内を運営する上で必要なものだと考えて、北海道の釧路にある鳥取神社と阿寒神社から分霊を勧請しました」。

　こうして翌年、人気の観光地を〝より本格的にする〟ために神々が再招致された。このとき、非常勤の神職として神社運営の助言にあたっていたのが陳氏だった。ただし祭神は戦前の復元ではなく、「台湾のひとびとに親しまれている日本の神々」ということで、大国主命（おおくにぬしのみこと）、天照大神（あまてらすおおみかみ）、豊受大神の三柱が選ばれた。

　もちろん、神社の復興に批判もないわけではなかった。とくに二〇二二年末、桃園市長選で国民党の候補が当選すると、「神社の運営を制限し、宗教の自由を妨害するようになりました」。ただ、この妨害への抵抗も強かったため、一部の儀式は制限されたものの、神社の存続は許されて今日にいたっている。

　陳氏は「誤解がないように」と、後日フェイスブックのメッセンジャーを通じてさらに詳細な情報をわざわざ教えてくれた。その姿勢からは、日本の神道にたいするとても強い敬意が伝わってきた。

　一連の経緯を聞き終えて、わたしはたいへん興味深く感じた。台湾には「犬去りて豚来たる」ということばがある。日本の植民地統治も厳しかったが、戦後やってきた国民党の支配はそれ以上に苛烈で腐敗していたという意味だ。台湾の親日感情は、この国民党や大陸中国への批判と裏表の関係にある。したがって国民党支持者や親中派にとっては、桃園神社の人気（と忠烈祠の不人気）は面白くない現象に映ってしまう。

安倍像の建立も、このような複雑な文脈のなかで捉えなければならない。台湾の親日はときに高度に戦略的な側面をもっており、安倍支持者が手放しで喜べるようなものとは限らない。

そうはいっても、被害者への同情は、ときにそのような冷静な思考を麻痺させることがある。同情するなといいたいのではない。その自然な感情が政治的に利用されやすいので警戒すべきだといいたいのである。

幸いにも、今日のわれわれはこのふたつをうまく切り分けられている。安倍は「被害者」にならなかったからだ。だが、最初に述べたように、別の世界線も十分にありえた。その場合、日本に安倍の銅像が建ち、さまざまな安倍グッズが（いま以上に）売り出され、保安堂以上の聖地が誕生していただろう。個人崇拝は、独裁国家の専売特許ではない。わたしは台湾でその可能性を幻視し、歴史の気まぐれに思いをはせた。

第三章

安倍晋三は神となった

長野県／安倍神像神社
（2023年7月訪問）

安倍神像神社の社殿

日本では安倍元首相を神として祀る神社が、銃撃事件よりちょうど一年の二〇二三（令和五）年七月八日、長野県南部の山間に突如として出現した。その名も、安倍神像神社。誤植ではない。祭神となった安倍の像を祀っているので、安倍神像神社なのだという。非業の死を遂げたため、なんらかのかたちで「安倍の神格化」が行われるのではないかとの懸念がかねてより燻っていた。だが、これほどわかりやすい例もない。いったい、どんな人物がいかなる意図でこのような神社を建てたのか。その疑問は、しかし、宮司の名前をみただけでたちどころに解けてしまった。

そのひとこそ、佐藤一彦（素心）氏。大阪府警の警官から神職に転じた異色の経歴の持ち主で、世界遺産にも登録されている奈良県吉野郡の吉水神社で長らく宮司を務めていた人物だ（吉水神社については第一一章参照）。ブログで野党や朝日新聞などを批判しつづけていることで知られ、二〇一四（平成二六）年には、中国人や韓国人にたいして「ヘイトスピーチ」を繰り返しているとメディアで非難されたこともある。国威発揚現象を追いつづけているわたしにとっては、「ああ、あのひとか！」と得心する名物宮司なのである。

ちなみに吉水神社では、参拝の作法として「二礼一七拍手一拝」を推奨していた。通常の神社より、一五回も手を叩く回数が多い。それは、『古事記』にみえる天地開闢の神々一七柱（天之御中主神から伊邪那岐神・伊邪那美神まで）に対応させるためという。この独特の主張を繰り広げているのが、ほかならぬ素心氏だった。

そして同氏は山口県出身であり、山口県同郷会や拉致問題解決の活動を行うなかで安倍とも交流をもっていた。このような事情を踏まえれば、安倍神社という突拍子もないプランもかれならやりかねないと得心したのだった。

とはいえ、思いついても実行に移すのは容易ではない。そもそもなぜ安倍とゆかりのない長野県なのか。その理由を聞くため、創建まもない安倍神社へと向かった。

白樺の鳥居と社殿

いまも盛んに更新されている素心氏のブログによれば、神社の所在地は長野県下伊那郡阿南町東條。グーグルマップで検索すると、長野県の南部がヒットした。

伊那盆地南部の中心である飯田市よりもさらに南であり、ちょうど南アルプスを望む山中にあたる。愛知県や静岡県との県境も近い。JRの飯田線もそばを走っているものの、ほとんど秘境のような場所だ。今回、豊橋市より車で向かったが、険しい山道を二時間かけて越えなければならなかった。

阿南町の中心部からやや外れたところに、ようやく案内板が見つかった。「人間学学問所　素心塾」。その脇の細い山道を登ると、平屋建ての民家がポツンとあり、呼び鈴を鳴らすと素心氏がすぐに姿をあらわした。

作務衣に茶人帽を被り、胸には拉致問題の解決を願うブルーリボン。白い口髭はまるでマンガのキャラクターように直線状にきれいに整えられていた。肌は日に焼けて黒く、八二歳（取材時）にしては若々しかった。

氏はすでに吉水神社の宮司を引退しており、阿南町には二〇二二（令和四）年五月に引っ越してきたばかりだった。

「ぼくは山登りが好きなので、信州に移住しようと思って。ところが、あちこち探したものの、どこも雪ばっかり。そこで温暖なここを選びました。そしてこれからは畑作業をしながら暮らしていこうと思った矢先に安倍さんが亡くなって……」

ブログの激しさにくらべて、素心氏の口調は穏やかだった。ただ、いまでも連日更新しているだけあって、話しだしたら止まらない。質問がてら、新居の庭先にある安倍神像神社に案内してもらった。

個人を顕彰する神社なので、日光東照宮のように派手なのかと思いきや、意外にもそれは素朴でこぢんまりとしていた。鳥居も社殿の柱も白樺の木。加工されず使われているので、節榑立ってゴツゴツとしている。白い樹皮もそのままだった。そのため、白樺神社とも呼んでいるという。神社建築としては珍しいが、「この地域では昔ながらの宮居だ」と言われたら納得してしまうかもしれない。

だが、その中央には見慣れた安倍の肖像が鎮座していて、現実に引き戻された。供えられたお神酒や神饌も真新しい。地元の工務店が手掛けたもので、土台はコンクリートなので見た目より堅牢そうだった。社殿の様式はシンプルな神明造に則っており、千木や鰹

鳥居より南アルプスの大自然を望む

木で飾り付けられていた。

　ただサイズはかなり小さく、神社というより祠に近い。高さは三メートルといったところか。また壁がないため、風がそのまま社殿を吹き抜けていた。

　社殿より鳥居を振り返ると、南アルプスの雄大な自然が一望できた。すぐ下は天竜川。小高い丘のうえにあるため、景色はかなりよかった。

「まずは参拝を」ということで、素心氏の合図で手を叩いた。「安倍晋三大人命」に加えてやはり一七神も祀っているため、もちろん「二礼一七拍手一拝」。これは叩き続けるのではなく、四回ごとに一呼吸をおく。すなわち、四＋四＋四＋四＋一で一七拍手――。

「拍手の意味を知っていますか。安倍さんも知らなかったのですよ。だから教えました。二回手を叩くときは、イザナギさん、イザナミさん。お父さん、お母さん、ありがとうという意味もあります。これを教えないから、親殺しとかが起こる。『安倍さん、あなたの責任ですよ』と言いました。それでつぎにお会いしたときは『佐藤くん、最初の神様は誰だったかな』と聞かれて。第一次政権のときの話です。安倍さんは、神話をもう一回呼び戻そうと一生懸命になっていたひとですよ」

自分の資金で、自分の土地に、自分のプランで

わたしはこの訪問のまえに、台湾の高雄市に立つ安倍像を見てきた（第二章）。そこで安倍像が描かれたコインを買ってきたので、神社に奉納した。素心氏は喜ぶかと思ったが、意外にも反応は芳しくなかった。

「日本と台湾は兄弟だと思っています。しかし、あそこ（保安堂）はお寺。やはり神社でなければ。それに安倍さんの銅像は日本人が最初に建てるべきでした。訪台の誘いも断っています。そんなお金があるなら、少しでも貯金してここに銅像を建てようと……」

実際、素心氏の心に火をつけたのは台湾の安倍像だった。台湾にあるのに、なぜ日本にないのか。そこから靖国神社や東京の乃木神社、山口県萩市の松陰神社に立像の計画を持ちかけた。ところが、どこも「いまはその時期ではない」「いたずらされても困る」「旧統一教会の問題があるので」と後ろ向き。それならみずから建てようと、素心氏は年金など

三二五万円をつぎ込んで、安倍神社を建てたのだった。

社殿には、両膝をついて祈る安倍の像が置かれていた。彫刻家の池川直氏によるもので、安倍が硫黄島を訪問したとき、滑走路にひざまずいて戦没者を慰霊した姿をあらわしているとされる。

また二〇二四（令和六）年の三回忌までには、社殿を凌ぐほどの高さの安倍立像をあらためて建てる計画があり、寄付者を募っている。一〇〇〇人集まると建てられるが、現在、七五名（取材時）。それでも素心氏はまったく悲観していなかった。すでに立像のポーズも決まっており、台座には「安倍晋三は死すとも言論の自由は死なない」と刻むつもりだと意気込んでいた。

同社には、すでに元衆議院議員の西村眞悟氏や評論家の石平氏などが訪れている。では、昭恵夫人はこの場所を知っているのだろうか。

「昭恵さんには何度も連絡しました。電話は通じませんでしたが、山口県同郷会を通じてお願いをして、あと東京の自宅にも手紙を。いまのところお返事はありませんが、銅像ができたらこられるのではないかな。台湾にも行かれているし……。そのときは、高市早苗さんや杉田水脈さんにも案内状を送ろうと思っています」

どうも見切り発車で、安倍神社は誕生したようだ。

地元のこどもたちに儒学者などの思想を教えているという素心塾の建物にも案内してもらった。母屋とは別になっており、内部には上皇と上皇后、明治天皇や西郷隆盛の肖像

（画）が掲げられていた。

「これしかないけど」と冷蔵庫から出してきてくれたのは、コカ・コーラ。よくみると部屋にはあちこちに空のペットボトルがあった。そして奥にはデスクトップ型のパソコン。どうもブログはここでコーラを飲みながら書かれているらしかった。

しばらく話を聞いていると、呼び鈴が鳴った。そして中年の男性がひとり、やはり参拝にやってきた。

「安倍晋三のために来てくれてありがとう！　ここはどこで知った？」

「えー、新聞で……」

おそらくインターネットではないかと思うが、そんなことより奈良県からひとりで車を運転してきたというから驚かされる。素心氏いわく、この日の訪問者はこれで七人。平日でも参拝者は全国から絶えないとのこと。男性の案内があるので、わたしはここで辞去した。

それにしても、素心氏はたいへん熱心な安倍ファンだった。口で「安倍さん、安倍さん」と言っていても、ここまでやるひとはなかなかいない。

一周忌に奈良市の三笠霊苑に建てられた安倍の慰霊碑（留魂碑（りゅうこんひ））も、同じく民間人の主導によるものだといわれている。

結局、こういうときにみずからの責任で、率先して行動を起こせるのは民間人である。自分の資金で、自分の土地に、自分のプランで神社を建てる。それはだれにも止められない。信教の自由だから、止めるべきでもない。あとは今後どうなるかだ。果たして銅像は建つのか。そして参拝者は続くのか。それは、安倍人気の真価を計るなによりの試金石になるだろう。

追記　素心氏は二〇二三（令和五）年一〇月、昭恵夫人と面会して、銅像建立の計画を説明したという（同氏のブログによる）。ただし、翌年七月の三回忌現在、銅像は建立されていない。

第四章

世界一の巨像を求めて

インド／統一の像
（2023年9月訪問）

ナルマダー川の中洲に立つ「統一の像」

個人崇拝には人物像が欠かせない。安倍晋三に限らず、あちこちで政治家の像が建てられている。では、世界でもっとも大きな人物像はどこにあるのだろうか。じつはインド西部のグジャラート州にそれはある。

人口世界最多を誇るインドは、いうまでもなく多様な側面をもつ国だ。所属する宗教やカーストによって見える景色がまったく異なり、貧富の格差はきわめて大きい。外見でも、ヨーロッパの白人にそっくりのものもいれば、われわれ北東アジア人に近いものもいる。言語や地域の差だって無視できない。

日本では、インドの未来をめぐって楽観論と懐疑論が交錯している。「経済はかならず伸びる」「いや、製造業はまだまだ」と。だが、そんな議論が虚しくなるほど、インドはあまりにバラバラで、一括して語りにくい。

とはいえ、ひとつの国としてやっていくためには、なにか統一の象徴もなければならない。現在インドを率いるナレンドラ・モディ首相は、まさにこの課題に取り組んでいる。かれの政権下、インド各地ではさまざまなモニュメントが整備されているのである。

首都ニューデリーの目抜き通りには二〇二二年、スバス・チャンドラ・ボースの巨大な石像がお目見えした。自由インド仮政府首班として大東亜会議にオブザーバー参加し、インド国民軍を率いてインパール作戦に加わった独立運動の英雄だ。

非暴力のガンジーでも、中立のネルーでもなく、ボースが選ばれたところに、モディ政権下で盛り上がる国威発揚と、躍進する大国インドの積極的な愛国心が感じられる。

そんな事業のなかでもっとも注目すべきなのが、グジャラート州に二〇一八年に建てられた世界最大の巨像だ。高さは一八二メートル（台座を含むと二四〇メートル）。茨城県にある日本最大の像、牛久（うしく）大仏の一二〇メートルをはるかに凌ぎ、自由の女神の二倍もある。日本円で五〇〇億以上を費やしたその巨像の名は、いみじくも「統一の像」。これは国威発揚を追いかけるという業を背負ったわたしが、かならず訪れるべき場所だった。

「インドのビスマルク」パテル

グジャラート州は、ガンジーの出身地として知られるが、じつはモディ首相の出身地でもある。安倍元首相がかつて新幹線を売り込んだのもこの地であり、現在、同州最大の都市アフマダーバードから隣州の商都ムンバイ（旧称ボンベイ）まで高速鉄道が建設されている。

同州第三の都市ヴァドーダラーの空港に降り立ち、車で一路南東へ向かう。最寄りながら、ここから巨像までは約八〇キロの距離がある。日本でいえば、東京から箱根ぐらい。インドは万事この調子だ。

延々と続く耕作地を眺めながら進むこと約二時間。山間にぬっと、坊主頭の男性像が姿をあらわした。

民族衣装のクルタにチョッキを羽織り、ドーティ（腰布）を巻き、ショールを靡かせ、サンダルを着用。視線は高く、両腕をまっすぐおろして、悠然と屹立している。ガンジー？ いや、違う。巨像のモデルは、サルダール・ヴァラブバイ・パテルだ。

いったい誰か。日本では馴染みが薄いのでそう思うのも無理はない。だがパテルは、インド各地に像が立つほど有名な独立運動の英雄のひとりである。そしてかれもまた、グジャラート州の出身だった。

その最大の功績は、現在のインド国土を形成したことだった。広大な英領インド帝国には直轄領のほかに、五六〇以上もの半独立的な王侯の領地（藩王国）があった。それがインド・パキスタンの分離独立を受けて、個別に独立するおそれがあった。それをたくみな交渉術や軍事行動で食い止め、そのほとんどをインドに統合したのがパテルだった。この功績から、かれは「インドのビスマルク」や「鉄の男」と呼ばれている。

いうまでもなく、この巨像には多様なインドを統合するという意味が込められている。モディ首相はグジャラート州首相だった二〇一〇年にこの建設を発表し、二〇一八年、首相として落成式に臨んだ。巨像までの道には、モディ首相の全身パネルがいくつも並べられており、地元の英雄にみずからを重ねているのは明らかだった。

建設にあたっては、インド各地の農村より鉄屑が集められ、周辺施設の建材の一部に利用された。これも国家の統一を演出したものだが、わたしには既視感があった。

すぐ思い浮かんだのは、宮崎市に立つ八紘一宇の塔（八紘之基柱）だった。神武天皇のことばに由来するこのモニュメントもまた、日中戦争下に日本の勢力圏より広く石材を集めて建てられた。国威発揚は、新しいテクノロジーやメディアを取り込みながらも、その発想はどこか似てきてしまう。インドの大地でそんな奇妙な一致を見出し、ふしぎな縁を感じた。

強力な指導者のもと「多様にしてひとつ」に

問題の巨像はナルマダー川の中洲に立っていた。橋を渡って近づく。さすがに息を呑むほど大きい。足の指だけで人間の身長を軽く超え、足元からだと頭部はうかがい知れないほどだった。

基本構造は鉄筋コンクリート造りであり、その外側を膨大な数の銅パネルが覆っている。モディ首相は触れられたくないだろうが、じつはこの銅パネルは中国で製造された。インドの象徴として建てられたものが、皮肉にも同国の製造業の貧弱さを示してしまっているわけだ。もちろんこの不都合な事実は現地では積極的にはアピールされていない。

巨像にはエレベーターが内蔵されており、胸部の展望台まで登ることができる。眼下に広がるのは、サルダール・サロヴァール・ダム。このダム建設はパテルの悲願だったため、巨像もそれがある東方を向いていた。

モディ首相はみずからをパテルと重ねる

だが、それよりわたしが目を釘付けにされたのは、巨像の台座部分にあるミュージアムだった。インドの文化、言語、民族、自然の多様性を謳歌する展示の中心に、小さなパテル像が鎮座しており、パテルとモディ首相を重ねた絵画も飾られていた。

自分自身の銅像を建てるような、あまりに直接的な個人崇拝はさすがに嫌厭される。そこで、歴史上の英雄にみずからを重ねるなどして、間接的に個人崇拝を引き出そうとする。モディ首相がやっているのは、このような「謙虚」な自己宣伝である。

液晶モニターを操作すると、定礎式におけるモディ首相の演説が流れてきた。これが「統一の像」の意図を説明してあまりあった。やや長いが英訳字幕より翻訳して引用する。

今日、われわれはこの国をふたたび統

一するという夢のもと、統一のメッセージを抱きながら、この巨大なパテル像を建設します。（中略）

多数の言語、ひとつの感情。多数の地域、ひとつの故郷。多数の道、ひとつの目標。多数の方言、ひとつの声。多数の色、ひとつの三色旗。多数の社会、ひとつのインド。多数の習慣、共通の価値。（中略）多数の神々、ひとつの魂。多数の表情、ひとつの笑顔。

これこそ、私が親愛なる友人たちと発信する統一のメッセージであり、インドの特質であり、多様性のなかの統一なのです。

あまりにインドが多様ゆえ「多様にしてひとつ」といわざるをえない。モディ首相はその抽象的な自画像を many と one（shared）の対句を繰り返すことでたくみに表現している。そしてそこには、統一を実現する指導者（パテル＝モディ）の必要性も説かれている。じつにうまい。モディ首相は貧しいチャイ売りから身を立てて、今日の地位に登りつめた立志伝中の人物。さすがのイメージづくりだと舌を巻いた。

その人気を裏付けるように、観光客は多かった。自家用車やバスでつぎつぎに乗り付けてくる。そのひとりに「日本人か」と声をかけられた。モディ首相と「アベ・サン」は友人だったたと。そう、いま現地でもっとも有名な日本人は安倍元首相なのだ。理由はモディ首相と親しかったからにほかならない。

もとよりプロパガンダには影もある。

モディ首相が率いる与党インド人民党（BJP）は、ヒンドゥー至上主義団体・民族奉仕団（RSS）を支持母体にしている。

進むムスリム・キャンセル

ヒンドゥー至上主義者は、インドをヒンドゥー教の国だとして、とくに第二勢力のムスリムを嫌悪する。よく知られるように、この両宗教のあいだには根深い対立が存在する。インドとパキスタンの分離独立もこれが背景だったし、ガンジーの暗殺も、ムスリムへの融和的な態度に憤慨したヒンドゥー至上主義者ナトラム・ゴドセの犯行だった。そしてその実行犯がかつて所属していたのが、RSSだった。それだけではない。モディ首相もかつてRSSの活動家だった。

こうした事情もあり、モディ政権下では徐々にムスリム・キャンセルが進んでいる。学校の教科書からはイスラム王朝の記述が大幅に減るいっぽうで、ヒンドゥー至上主義者が起こした暴力事件は削除された。ニューデリーの「ムガル庭園」も、ムスリム王朝に由来する名前が忌避されて「アムリット・ウディヤン」に改名された。

二〇二三年九月のG20で、議長国を務めたインドが国号を英語のインディアからヒンディー語のバーラトに変えたことも話題になったが、こうした試みで消されようとしているのは、けっして英領時代の残滓だけではない。モディ政権の隠れたスローガンは、いわば「（英国とムスリムから）インドを取り戻す」なのだ。

このような分断の象徴となっているのが、インド北部のアヨーディヤーである。さかのぼること一九九二年、同地のモスクがヒンドゥー至上主義者によって破壊された。もともとここにはヒンドゥー教の寺院が建っていたはずだとの、（不確かな）理由づけだった。古代インドの叙事詩『ラーマーヤナ』の主人公ラーマ王子の生誕地がこのアヨーディヤーとされることも、世間の耳目を集めて火に油を注いだ。

この土地の所有権は最高裁まで争われ、最終的にヒンドゥー教の寺院が「再建」されることになった。あろうことかモディ首相は二〇二〇年、その定礎式にＲＳＳの幹部とともに足を運んでいる。かれのヒンドゥー至上主義への肩入れは疑いようもない。

そしてこのアヨーディヤーに、なんとラーマ王子の巨像建設が計画されているのだ。しかもそれは「統一の像」を凌ぐほどの大きさだといわれている。まだ計画段階にすぎないものの、もし完成した場合「多様にしてひとつ」なるインドを讃えたモディ首相は、どのような意味付けを与えるのだろうか。

先述した八紘一宇の塔は、人類みな同胞の理念に反して中国の占領地より略奪された石材も使われたため、今日では負の遺産となっている。「統一の像」も同じ運命をたどるのだろうか。巨像の建設計画はほかにもあると聞く。それらは、現代インドのナショナリズムを色濃く反映している。しかも日本やドイツのように敗戦の負い目がないので、その国威発揚が野放図で際限がない。

躍進する若き大国のプロパガンダはどこへ行くのか。巨像の建設からますます目が離せない。

第五章

忘れられた
連合艦隊司令長官

佐賀県／陶山神社、奥村五百子女史像
（2022年7月訪問）

有田町の古賀峯一生家

今回は佐賀県有田町に足を運んだ。いわずと知れた有田焼の産地である。有田焼のはじまりは、豊臣秀吉の朝鮮出兵（文禄・慶長の役）までさかのぼる。朝鮮から連れて来られた陶工の李参平（りさんぺい）が、有田の泉山（いずみやま）という地区で白磁鉱を発見し、江戸初期の一六一六（元和二）年に日本ではじめての磁器をつくった。その純白の美しさは、オランダ東インド会社を通じて世界に広まり、ヨーロッパの王侯貴族たちにも珍重された。泉山では近年まで盛んに採掘が行われており、「四〇〇年かけてひとつの山を焼き物に変えた」と誇らしげにうたわれている。

空襲の被害をまぬかれた旧市街は、いまも左右に山が迫る細長い山峡に、鰻の寝床のようなメインストリートが縫うように走っている。陶磁器店がずらりと並び、赤土色のトンバイ塀（耐火レンガや窯道具、陶片などを塗り固めた塀）がつづく光景は、有田ならでは。古い町並みは歩いているだけでも楽しい。

そんな名だたる陶都はまた、古賀峯一（みねいち）の出身地でもある。古賀といっても、今日では知るひとも少ないだろう。大東亜戦争下における、ふたりめの連合艦隊司令長官であり、元帥海軍大将である。

ひとりめはいうまでもなく、山本五十六（いそろく）。真珠湾攻撃やミッドウェー海戦など緒戦を指揮したものの、米軍の反攻が激しくなりつつあった一九四三（昭和一八）年四月、南太平洋のソロモン諸島ブーゲンビル島上空で、搭乗機を撃墜されて戦死した。同年六月には盛大な国葬が東京で執り行われ、「山本元帥に続け」「山本元帥の仇を討て」と戦意高揚のキャンペーンが繰り広げられた。

華々しい活躍から現在なお人気が高く、出身地の新潟県長岡市には記念館が立ち、生家も復元保存されている。

古賀は山本の戦死を受けて、連合艦隊司令長官に就任した。一八八五（明治一八）年生まれで、海軍兵学校では山本の二期後輩にあたる。だが、その印象はすこぶる薄い。

海軍省教育局長などを務めた高木惣吉はいう。「古賀大将は軍政家で、第一線の提督とは思われない（中略）。山本大将とちがい道楽もせず、博打もうたず、私生活が清潔なかわり、ユーモアがなく、部下にはときどき痛烈な皮肉をあびせた」（『自伝的日本海軍始末記』光人社NF文庫、一九九五年）。軍人らしくまじめだが、物語の主人公たりえぬ——という手厳しい評だ。

性格の面のみならず、戦局にも恵まれなかった。古賀は敗勢挽回に努めるものの、日米の戦力差は広がるばかりで作戦もままならず、一九四四（昭和一九）年三月末、米機動部隊の来襲から逃れるため西太平洋のパラオ諸島からフィリピンのダバオまで飛行艇で移動中、悪天候に遭って行方不明になり、結局、四月付で殉職扱いとなった。山本と同じく元帥府に列せられたが、国葬は執り行われなかった。

安倍元首相の国葬を受けて、過去の対象者にも注目が集まったことを覚えているだろうか。昭和以降では、皇族を除くと、東郷平八郎、西園寺公望（さいおんじきんもち）、山本五十六、吉田茂の四名を数えるにすぎない。

不謹慎ながら、もし古賀が戦死だったらここに加わり、思わぬ注目を集めたかもしれない。そんな個人顕彰のはかなさに思いをいたして、有田町に向かったのである。

ギリシャ神殿のような真っ白な神社

特急が停まる有田駅で降り、待機中のタクシーに乗る。地方では、ときおり生き字引のような老練の乗務員に当たる。今回がまさにそうだった。古賀峯一は有田小学校で、同級の江副孫右衛門（のち東洋陶器〔現ＴＯＴＯ〕社長）と首席を争ったエピソードをもっている。運転手氏はかれらの後輩だった。

旧市街は有田駅の東に広がっている。さっそくメインストリートに沿って、陶磁器の守護神たる陶山神社に向かった。狭い地域だからだろう、参道を横にぶち抜くかたちで佐世保線の鉄道が通っていて驚かされた。

参道の階段を登りきると、今度はその光景に目を奪われた。鳥居、狛犬、灯籠、玉垣、扁額、説明板。すべて磁器製だったのである。どれも真っ白なので、まるでギリシャ神殿のよう。なかでも鳥居はみごとの一言だった。奉納は一八八八（明治二一）年ながら輝きを失わず、藍青色の呉須で唐草紋が描かれてとても美しかった。

有田で「陶器」と口走ると、すぐ「磁器ね」と直されるが、その気持ちがよくわかった。

この清澄な色彩は、陶磁器などという曖昧なカテゴリーを粉砕し、両者を截然と分けないではおかない。

同社の祭神は応神天皇、鍋島直茂（佐賀藩祖）、李参平。一九一六（大正五）年には、有田陶業三〇〇年を記念して、神社の丘上に「陶祖李参平碑」の建設が決まり、翌年落成した。社殿を見下ろしていいのかという批判もあったものの、「有田があるのは李参平のおかげだから」と事なきを得たらしい。いまも社殿どころか街全体を見渡すことができる。

そして「元帥海軍大将古賀峯一之碑」も、ここ陶山神社の駐車場に存在する。石碑なので地味だが、一九八〇（昭和五五）年五月二七日の海軍記念日――東郷平八郎が日本海海戦でロシアのバルチック艦隊を破った日――に、旧海軍ほかの有志一同によって建てられた。碑前では毎年五月に慰霊祭が執り行われており、わたしが訪ねた二〇二二（令和四）年にも町長ら約三〇名が参加した。

境内にはかつて、磁器製の美しい忠魂碑が立っていた。乃木希典が揮毫し、大砲をかたどった珍しいものだったが、大東亜戦争の敗戦後、あわてて壊されて防空壕に埋められてしまった。残っていたら、名所のひとつになっていただろう。

忠魂碑自体は戦後再建されたものの、石造りとなった。そのため目立たないが、後ろの戦死者の名前をひとりずつ記したプレートは磁器製となっており、美しい白地に鮮やかな紺色の文字がたいへん印象的だった。

そのなかに古賀峯一の名前もあった。見物していると、運転手氏が指差して「これ親父の名前です」と教えてくれた。有田は佐世保軍港に近いので、陸軍ではなく海兵団（軍港警備と新兵の教育のために各鎮守府に置かれた海軍の陸上部隊）に取られたという。そういえば、陶山神社の標柱に社号を揮毫したのも、海軍大将の樺山資紀（かばやますけのり）だった。有田は海軍とゆかりが深いところでもあったのだ。

古賀の足跡を求めて、さらにメインストリートを東へ進む。すると大きな交差点のやや先に、腰の高さほどの真新しい石碑がみえた。さっそく降りて向かうと、金字で「元帥海軍大将古賀峯一提督生誕の地」と書かれていた。後ろにあったのは、重厚な古びた邸宅。これが古賀の生家だった。

古賀の父・鉄六は、有田銀行の佐世保支店長だったとき、ここを借りて住んでいた。もともと泉山陶石場の取締役だった百田恒右衛門が江戸末期に建てたものであり、最盛期には三〇〇坪の敷地内に住居や三階建ての蔵二棟が並ぶ豪邸だった。現在は一軒の空き家がわずかに残るばかりで、なかには入れなかった。

それにしても、古賀の殉職はもう八〇年近くまえのできごとなのに、石碑が新しすぎる。こういう疑問を抱いたときは、石碑の裏を見るに限る。案の定、そこには二〇〇二（平成一四）年の建立と記されていた。

古くは「古賀峯一生家」という標柱があったが、道路拡張にともなって撤去され、しばらくなんの標識もないままだった。まるで歴史から忘れられたかのように、わたしが訪ねたとき、グーグルマップにさえなんの情報も載っていなかった。

また、さきほどの大きな交差点近くに古賀神社を建てる計画もあったらしいが、こちらも実現をみなかった。あの大戦下に連合艦隊司令長官まで務め、しかも殉職した軍人なのに、なんということだろう。山本五十六との落差に愕然とせざるをえなかった。

国葬が行われていたら、もう少し扱いが違ったのだろうか。あるいは、磁器製の真っ白なモニュメントでも残っていたとすれば。英雄として後世のひとびとに広く記憶されるかどうかは、ほんとうに紙一重だと痛感させられた。

稀代の猛女・奥村五百子

秀吉は朝鮮に攻め入るため、本陣として名護屋（なごや）城を築いた。この城は現在、同じ佐賀県の唐津市に属する。そして唐津はまた、暗殺された首相経験者らとも浅からぬゆかりをもっている。

原敬（はらたかし）と浜口雄幸（はまぐちおさち）は東京駅で襲撃されたが、その駅舎を設計したのが唐津出身の辰野金吾（たつのきんご）だった。その辰野に唐津藩の洋学校「耐恒寮（たいこうりょう）」で英語を教えたのが、二・二六事件で暗殺された高橋是清（たかはしこれきよ）だった。

一八七一（明治四）年からわずか一年の期間だったが、高橋は辰野のほか、曽禰達蔵（そねたつぞう）（建築家、慶應義塾大学図書館などを設計）、天野為之（あまのためゆき）（経済学者、早稲田大学二代目学長）など逸材を育てた。

その耐恒寮の記念碑が、市内中心部に建つスーパーマーケット「まいづる本店ショッピングプラザ」の向かい、駐車場入口の脇に立っている。これも二〇一一（平成二三）年の建立と新しい。古賀の生家碑より小さいので、見つけるのに苦労した。立派な歴史を有するのに、もっと堂々たるものにはできないものかと歯がゆく感じられた。

唐津城近くに立つ奥村五百子女史像

しかし、そこから唐津城に向かって三分ほど歩くと、我が意を得たりの銅像が見つかった。和服を着た年配の女性だが、手を前に組み、目見は凜然、まるで軍人像のように、あたりを払うかのような威厳を漂わせている。
説明板によれば、一九三〇（昭和五）年に建てられ、いったん戦時下に金属供出されたものの、一九四九（昭和二四）年に再建された。耐恒寮の碑よりはるかに歴史が古い。これはいったいだれなのか。

奥村五百子。いまでは古賀以上に知るひとが少ないが、愛国婦人会の設立に奔走した、稀代の猛女である。

一八四五（弘化二）年、唐津の真宗大谷派高徳寺に出生し、若くより尊王攘夷運動に関わり、維新後は、兄とともに朝鮮で布教活動に従事。一九〇〇（明治三三）年、義和団事件に際して東本願寺の戦時慰問団に加わったことがきっかけで、女性による愛国運動を提唱し、近衛篤麿や小笠原長生などの支援を取り付けて、翌年、岩倉具定夫人久子を会長にいただき、愛国婦人会の設立にこぎつけた。

近衛と岩倉が公爵、小笠原が旧唐津藩主の子孫で子爵であることからもわかるとおり、愛国婦人会は、上流階級の女性を中心とする団体だった。内務省の後押しを受け、組織は急拡大し、日露戦争では出征軍人の歓送などに活躍した。奥村はそれを見届けるように戦勝後の一九〇七（明治四〇）年、六一歳で亡くなった。

同種の団体としては、文部省系の大日本連合婦人会、陸軍省系の大日本国防婦人会があるが、設立はいずれも一九三〇年代だった。そのため、奥村は先駆的な愛国婦人として顕彰されたのである。なおこれら三団体は、会員を取り合う加入競争などが起こったため、一九四二（昭和一七）年、大日本婦人会に統合された。

奥村の銅像は、かつて東京の愛国婦人会本部と、朝鮮の光州（奥村兄妹が布教活動におもむいたところ）にも立っていた。もちろん、現在では撤去されている。そのため、唐津の銅像はとても価値が高い。平成になり、現在の観光エリアに移設されたため、これまで以上に目立つことになった。

日の当たるところにあればこそ、過去も思い出される。女性の活躍が注目される今日、奥村には思わぬかたちで光が当たるかもしれない。

たかが式典、たかがモニュメントというなかれ。一〇〇年後までその人物の名前を残すためには、こうしたものがじつは大きな役割を果たしているのだ。銅像のたぐいを建てようとする熱意はそれゆえ、けっしてばかにできないのである。

第六章

「大逆」の汚名は消えない

山口県／向山文庫、伊藤公記念公園
（2023年1月訪問）

朽ち果てている難波大助の生家

まるで雪国に来たのかと見紛った。この冬一番といわれた最強寒波が日本列島を襲った二〇二三（令和五）年一月、わたしは山口県光市を訪れていた。大粒の雪が降りしきり、あっという間にあたりを白く染め上げていく。普段は温暖な地域なのに。恨み言をつぶやきながら、光駅前でなんとか待機中のタクシーに飛び乗った。だが、安心したのも束の間、そこでは新しい試練が待ち構えていた。

光市は初代首相である伊藤博文の出身地として知られている。だからまず「束荷の伊藤公記念公園まで」と行き先を告げた。北東に約二〇分。そしてスマートフォンで地図を確認したうえで、こう付け足した。「途中、向山文庫にも寄ってほしいのですが」。

五〇歳ぐらいのやや厳つい男性運転手は怪訝な顔をした。

「コウザン？」

「市の文化財になっている私設図書館跡です。地名だと立野です」

「もしかして、難波大助のところ？」

「あ、そうです」

「……お客さん。難波は天皇陛下を撃った大悪人ですよ。本当にそんなところに行くんですか」

一瞬、呆気に取られた。もう事件から一〇〇年経とうとしているのに、まだそんなタブーになっているのか、と。英雄の名前は消え去っても、「大悪人」の汚名はかんたんには消え去らないらしかった。

一九二三（大正一二）年一二月、東京虎ノ門付近で、摂政宮で皇太子の裕仁親王（のちの昭和天皇）が狙撃された。その犯人こそ、山口県熊毛郡周防村立野、つまり現在の光市出身の難波大助だった。当時二四歳の共産主義者である。皇太子は無傷だったものの、前代未聞の不敬事件だとして、当時の山本権兵衛内閣が総辞職するなど日本中が大騒ぎとなった。

その様子は、政治学者の丸山真男が名著『日本の思想』で紹介しているので、知っているひとも多いだろう。

> 内閣は辞職し、警視総監から道すじの警固に当った警官にいたる一連の「責任者」（中略）の系列が懲戒免官となっただけではない。犯人の父はただちに衆議院議員の職を辞し、門前に竹矢来を張って一歩も戸外に出ず、郷里の全村はあげて正月の祝を廃して「喪」に入り、大助の卒業した小学校の校長ならびに彼のクラスを担当した訓導も、こうした不逞の徒をかつて教育した責を負って職を辞したのである。

処分の詳細については異説もあるが、ここで重要なのは、合理的ではない処分が連発されたということだ。それ以外にも、難波が山口県から東京府までの途中で滞在したというだけで、京都府知事まで譴責処分を受けた。もはや「ケガレ」扱いだった。

「大悪人」の生家へ

タクシー運転手氏の反応は、そのような過去をほうふつとさせた。「なぜあんなところに行くのか、なぜ事件を知っているのか」などと質問は続いた。

「お客さん、共産党？」

「いや、違いますが……」

「日本はね、民主国家なんですよ」

やり取りのなかでわたしは完全に「アカ」に認定されたらしい。何度も民主国家だと強調され、車内は暖房が効いていたのに、段々と寒々としてきた。

そのかたわらで、運転手氏は共産党の歴史に妙に詳しかった。

「このあたりは、宮本顕治(みやもとけんじ)の出身地ですよ。マルクスやレーニンを信じているとんでもない大悪人。ほかにも近所では市川正一も出たし、山口県内だと野坂参三(のさかさんぞう)や志賀義雄も……」

宮本はかつての日本共産党の最高指導者で、残りもみな同党の幹部だった人物だ（本籍では市川が光市、野坂と志賀が萩市。ただし、志賀は福岡県生まれ）。共産党員は除名されると反共の闘士に大変身するという典型的な流れがある。もしかしたら、この運転手氏もそうだったのかもしれない。あまりに饒舌(じょうぜつ)なので宮本の生家などが残っていないか聞いてみたが、これが藪蛇だった。

「お客さん！　だから、そんなものはここにはないんですよ！」

それどころかこの反共運転手氏は、「やっぱり難波のところなんか行くのはやめましょう」と言って、伊藤公記念公園に直行しようとするではないか。

これではなんのために来たのかわからない。グーグルマップをにらみつつ、なんとかナビゲーションをしなければならなかった。運転手氏は不承不承、ハンドルを切りながら「民主国家、民主国家……」と唱え続けてきた。

わたしもいろんなタクシー乗務員に出会ってきたが、今回のインパクトは間違いなく五本の指に入った。

そうこうするうちに、ようやく立野についた。難波家の邸宅は集落の奥、橋で小川を渡ったさきにあった。ちょうど集落全体を見渡せる位置取りだ。

丸山真男のいうとおり、難波の父作之進(さくのしん)は衆議院議員だった。その祖先も長州藩の重臣である寄組の清水家に代々仕え、作之進の祖父にあたる覃庵(たんあん)は、幕末に尊王の志士として活躍して死後に正五位が贈られた名士だった。その功績を讃えた石碑がいまも橋のたもとに寂しく立っている。難波家は、地元の名家であり、しかも尊王の家系だったのである。

それだけに、難波家の屋敷はつくりがしっかりしていた。たしかに、鬱蒼(うっそう)とした竹林に覆われ、窓枠などが朽ちていたものの、建物の原形は崩れていなかった。瓦屋根の門扉も健在だった。

現在も所有者がいるようで、ところどころに「私有地」「立入禁止」と書かれた真新しい看板が立っていた。ただし人気はまったくなかった。

そのなかでも立派なのは、川沿いに屹立する二階建ての土蔵だった。先述の覃庵が一八八三（明治一六）年に向山文庫として建てたもので、誰でも蔵書を閲覧できるよう一般に開放されていた。光市最初の図書館であり、一九七六（昭和五一）年、同市の文化財に指定された。

そのため、土蔵のまえには教育委員会の古ぼけた看板が立っていた。それによれば向山の名は、覃庵がかつて仕えた清水家当主の法名に由来するという。

このように難波家は社会奉仕にも熱心な家だった。にもかかわらず、虎ノ門事件で運命は一転した。

難波大助は一九二四（大正一三）年一一月、大逆罪で処刑された。作之進は一室にこもり、ろくに栄養もとらず、その翌年に亡くなった。長兄も、東京帝大を出て久原鉱業に勤めるエリートだったが、仕事を辞め、実家で憂悶の日々を送らざるをえなかった。村八分のような「下からの」暴力もあっただろう。大助の兄弟姉妹は転籍するなどして、ついに難波家は断絶した。まさに転落というほかない。

「本当の偉人」の生家へ

感傷に浸っていると、後ろから大きな声がした。

「早く行きましょう！」

運転手氏の声だった。明らかにイライラしている。取り残されては凍えてしまうので、あわててタクシーに戻った。

「難波は皇后陛下が好きだったらしいね。学習院で一緒で。それを昭和天皇に取られたから、事件を起こしたといわれてるね……」

虎ノ門事件でよく聞く噂のひとつである。似た話は多いが、難波が女を取られたという点で共通している。もちろん、すべて根拠がない。そもそも学習院は男女別学であり、しかも難波は学習院の出身ではない。共産党には詳しいのに、運転手氏の皇室関係の知識はかなりあやふやだった。

そしてようやくタクシーは伊藤公記念公園に到着した。

「ちゃんと道案内が出ているでしょう。これが本当の偉人なんですよ」

ここは駅から遠く、ほかに回りたいところもあったので、少し待っていてくれるようお願いした。ところが運転手氏は即座に断り、嵐のように去っていった。まとまった運賃になるのに、貸し切りを断るのは珍しい。よほど「アカ」が嫌だったのだろうか。

「本当の偉人」伊藤公記念公園

気持ちを切り替えて、記念公園のある小高い丘にのぼった。そこには、明治末に建てられた伊藤邸、復元された生家などとともに、資料館が建っていた。まさにこの地で、伊藤は林十蔵という農民の一人息子として生まれた。その後、父が萩の足軽の養子になったため、伊藤に改姓した。

公園内には、伊藤の立像や座像が立ち、安倍晋三の揮毫になる「悠然天地心」という石碑、伊藤が描かれた旧千円札の顔ハメパネルもあった。なるほど、寒々としていた難波の実家とは対照的だった。

もっとも、難波と伊藤はじつは遠い親戚でもあった。作之進の妻は林文太郎という人物の血縁なのだが、この林は伊藤の本家筋にあたる。難波が狙撃に使ったステッキ銃も、伊藤がヨーロッパで買ってきたものが林文太郎を介して難波作之進に渡ったものだった。地方ならではの濃い血のつながりである。

もっとも、そんなことは資料館には少しも書かれていなかった。館内で販売されていた『未来をひらく　光市の歴史文化』（光市教育委員会）という冊子にも、難波覃庵、宮本顕治、市川正一、そして同じく同市出身の松岡洋右（日独伊三国同盟を推進した外務大臣）は載っているのに、難波大助はまったく触れられていない。ここまで忌避される歴史上の人物はあまりないのではないか。

さて、問題はここからどう帰るか。雪のせいか、光市のタクシーはなかなか来てくれない。そこで隣接する田布施町のタクシーを呼んだ。田布施は、佐藤栄作、岸信介というふたりの首相を送り出した地だ。ちなみにかれらの曽祖父である佐藤信寛も、近くの向山文庫に学んだといわれる。

一五分ほどで、七〇歳ぐらいの穏やかそうな運転手がやってきた。雑談のあと、おもむろに向山文庫のことを聞いてみた。やはり知らないという。ならばと「難波大助の……」と振ってみた。ただちに反応があった。

「ああ、難波大助ね。このあたりでは有名だからね」

さすがに怒らなかったが、隣町ゆえの余裕かもしれない。一〇〇年になんなんとしても消えない汚名。それはどんな立派な記念碑を仰ぐより、深く心に刻まれた。

第二部

「われわれ」の系譜学

祖国を再発見する

第七章

わが故郷の靖国神社

大阪府／伴林氏神社、教育塔
（2021年11月訪問）

伴林氏神社の拝殿

なぜわたしは、プロパガンダや国威発揚現象を追いかけるのか。それが日本のみならず、世界で新たに盛り上がっているからだ。この説明に嘘はないが、もっと内的な理由が存在する。

わたしは、一九八四（昭和五九）年に大阪府南部の松原市で生まれた。その後、隣接する羽曳野市の公立小学校に通い、河内長野市の私立中高一貫校を卒業した。進学先は通学に便利だったというだけで選んだが、偶然にもこの地域はちょうど旧河内国にあたり、古代史の中心地のひとつだった。

二〇一九（令和元）年、世界遺産に登録された百舌鳥・古市古墳群のうち、後者の古市古墳群はこのエリアに点在している。誉田御廟山古墳（応神天皇陵、羽曳野市）、岡ミサンザイ古墳（仲哀天皇陵、藤井寺市）などがそれにあたる。

わたしの小学校のすぐ近くにも、大塚山古墳という国内第五位の規模を誇る古墳があった。鬱蒼とした墳丘に、濁水を湛えた周濠がいまも脳裏に思い浮かぶ。天皇陵ではないが陵墓参考地とされ、地元ではゴリョウと呼ばれていた。ゴリョウに勝手に入ると「目が潰れる」と脅かされ、体育の授業ではゴリョウの周りを走らされたものだ。ゴリョウが御陵の意味だと知ったのは、しばらくあとのことだった。

このような地域に育ったことは、その後のわたしにとって大きな意味をもった。というのも、古代は近代になって再発見され、国民意識を創生し強化する材料として盛んに利用されたからである。

明治維新は、たんに幕藩体制を覆す革命ではなく、初代天皇である神武天皇の時代（神武創業）への回帰と位置づけられた。天皇が政治の中心だった古代こそ本来の姿であり、武家が専横をきわめた中世はキャンセルされるべきだという歴史観が強調されたのだ。

これにあわせて、ひとびとも大胆な意識変革を求められた。これまでの藩や身分制度はもはや意味をもたない。「われわれ」日本人はひとつであり、天皇の民という本来の姿に戻り、欧米列強の侵略に立ち向かわなければならない。このような「伝統の創造」は、近代国家を築くうえで避けて通れない道だった。

こうした新しい歴史観にもとづき、幕末から明治にかけて各地で天皇陵が整備され、天皇を祀る神社が創建された。天皇に殉死した忠臣まで神として祀られはじめた。神武天皇を祀る橿原神宮、後醍醐天皇を祀る吉野神宮、忠臣の代表格たる楠木正成を祀る湊川神社などは、その古い由緒にもかかわらず、すべて近代以降の創建だった。

もちろん、すべてが河内と関係があったわけではない。楠木正成の本拠地は河内だったものの（現・千早赤阪村）、橿原神宮や吉野神宮は奈良県だし、伊勢神宮は三重県、湊川神社は神戸市に位置する。ただそれでもわたしにとって馴染み深かったのは、これらの神社が近鉄の鉄道網でつながっていたからだった。初詣先は橿原神宮だったし、伊勢の名物赤福はよく土産でもらって食べていた。吉野行きの急行列車は日常の光景だった。

このことはけっして偶然ではなかった。政治学者の原武史氏は、近鉄の前身である大阪電気軌道（大軌）の活動について、つぎのように述べている。

つまり名古屋進出の背景には、大阪と、草薙剣を祭神とする熱田神宮を一つに結ぶことで、「大軌伝統の『精神報国』の念を一層強化」するという意図があったのであり、大阪と、神武天皇を祭神とする橿原神宮、伊勢神宮、それに熱田神宮という、皇室に関係の深い三つの神宮を結び、鉄道による新しい「聖地巡拝ルート」を開拓することこそ、その最大の目的であったのである（『「民都」大阪対「帝都」東京』講談社学術文庫、二〇二〇年）。

ここで述べられているように、近鉄は沿線に伊勢神宮、橿原神宮、熱田神宮という皇室にゆかりの深い神社を擁する（熱田神宮は近鉄名古屋駅より少し離れているが）。それだけではない。吉野神宮や明治天皇陵をはじめとした数々の陵墓、忠臣の遺構をも結んでいる。それは、大軌社長を務めた金森又一郎の「精神報国」のたまものだったというのである。

つまり、幼いころの記憶に断片的に散らばっている地名は、近代のナショナリズムと切っても切り離せないものだったのだ。わたしが国威発揚に関心をもつにいたったのも必然だった。

もっとも、昔からこのことを明確に意識していたわけではない。学校で受けた教育はむしろ左翼的だった。小学校の卒業式では、担任の誘導でクラス全員が君が代斉唱で着席させられた。中学でも軍事史の本を読んでいただけで、ときに教師に右翼呼ばわりされた。

だが、そういう「平和教育」が形骸化していることにはすぐに気づいた。その教師も軍事史に詳しいわけではなく、ただ自動機械のように戦争関係の情報を忌避していたにすぎなかった。そうしたことへの反発もあり、中高時代は「新しい歴史教科書をつくる会」の教科書運動を好意的にながめたり、保守系の論壇誌を読み漁ったりした。小林よしのり氏の『戦争論』が話題になっていたのもこのころで、高校一年生の夏休みにははじめて東京九段の靖国神社を訪れた。

では、そのまま保守の道を歩んだかといえば、そうでもなかった。そのあと急速に台頭する嫌韓ナショナリズムや、在特会（在日特権を許さない市民の会）のようなヘイトスピーチには下品なものを覚えた。イラク戦争をめぐる保守論壇の醜い内訌にも嫌気が差した。二〇〇三（平成一五）年四月、東京の大学に進み、典型的なリベラルの人文的教育を受けたこともあり、しばらく時局的な動きとは距離をおいた。

それでも、自分の関心はどこか国威発揚に戻ってきてしまう。結局、二〇一一（平成二三）年一二月にはじめて単著を上梓したときのテーマは軍歌であり、そのあとも君が代、プロパガンダ、大本営発表などと続いた。ナショナリズムの再評価が進むなかでこういうテーマが世のなかに受けたこともあったが、なにより内的な動機がなければここまで継続できなかっただろう。

こどものころに受け取っていたさまざまな国威発揚の断片。左右に揺れ動きながらも、それらがいつのまにか自分の精神や興味関心を形成している。この系譜を探る試みが、歴史をテーマにする現在の著作活動を引き寄せたことは疑いようがない。

そしてここに、自分の出自と近代ナショナリズムを結びつけるもうひとつのピースがあった。じつは、河内にも「靖国神社」が存在していたのである。

「軍人の始祖」を祀る神社として

中高時代の通学ルートは、近鉄の恵我ノ荘（えがのしょう）駅から各駅停車に乗り、藤井寺駅で準急に乗り換えて、河内長野駅で下車するというものだった（正確には途中で引っ越したが、ここではおく）。当時のわたしは、日本武尊（やまとたけるのみこと）の白鳥伝説に名を得た羽曳野市から、楠木正成の首塚がある河内長野市までの道のりが、いかに愛国的なものであるかなど意識していなかった。ましてや、その途中に「靖国神社」が存在していたなど思いもよらなかった。

だからこそ、その存在を知ったときは頭をガツンと打ち付けられるような衝撃を受けた。古市古墳群の一角にある、藤井寺市の伴林氏（ともばやしのうじの）神社がそれである。

もちろん、この神社も近代になって再発見されたものだった。ただその再発見はかなり遅かった。

明治に入り、全国の神社が天皇中心の国家観にあわせて再編成され、格付けされた。いわゆる近代社格制度である。國學院大學日本文化研究所編『神道事典』（縮刷版、弘文堂、一九九九年）によれば、最終的な格付けは、官幣大社、国幣大社、官幣中社、国幣中社、官幣小社、国幣小社、別格官幣社、府県社、郷社、村社、無格社の順番だった。

橿原神宮や吉野神宮などは一番上の官幣大社、湊川神社のように忠臣を祀る神社は七番目の別格官幣社に位置づけられた。靖国神社もこの別格官幣社だった。なお、伊勢神宮はすべての神社の頂点にたつ存在として社格の対象外に置かれた。

このような制度のもとで、伴林氏神社は村社という下から二番めの格付けだった。つまり、明治のころはあくまで地元の小さな社にすぎなかった。

それが大きく変わったのが昭和戦前期だった。一九三二（昭和七）年の軍人勅諭下賜五〇周年を記念する事業のなかで、同社が「軍人の祖神」の神社としてようやく再発見されたのだ。

それは、つぎのような理屈だった。同社の祭神は大伴氏の祖神であり、そして大伴氏は軍人勅諭に「昔神武天皇躬つから大伴物部の兵ともを率ゐ」とあるように古代の軍事氏族だった。したがって、かれらはいわば古代の軍人であり、その祖神を祀る同社は「軍人の祖神」の神社にあたる――。

実際に祭神の一柱である道臣命は、神武天皇に仕え、武功があったとされる。古代を理想とする戦前の価値観において、神武天皇と道臣命の関係性が、そのまま昭和天皇と昭和の軍人の関係に重ねられたともいえるだろう。

やがて同社は、大阪朝日新聞によって「西の靖国神社」「関西の靖国神社」と喧伝され、それにふさわしく社域の拡張や参道の整備が図られた。そして一九四〇（昭和一五）年の皇紀二六〇〇年に向けて本殿や拝殿も新たに造営され、大東亜戦争中の一九四三（昭和一八）年には府社に〝二階級特進〟した。

その広さは最終的に約一万二〇〇〇坪に達した。東京ドーム一個分弱だ。もともとたった五〇〇坪ほどだったから、その異様な膨張ぶりがよくわかる。

同社は空襲の被害をまぬかれたため、当時の痕跡がいまも色濃く残っている。最寄りの近鉄土師ノ里（はじのさと）駅から現地を訪ねてみた。

国道旧170号を北に五分ほど進み、社前へいたる道に左折する。現在では住宅地を貫く細い道だが、ひたすらまっすぐ伸びるところに強烈な意志を感じた。そう、これは東参道線であり、高官が参拝するために集落を突っ切って整備されたものだった。

実際に、陸軍の要職を歴任した阿部信行、松井石根（まついいわね）、林銑十郎（はやしせんじゅうろう）や、朝鮮王族の李王垠（りおうぎん）などがこれを利用したという。そしてこの道は、西参道線を経て、土師ノ里駅の西方にあった応神御陵前駅（現在は廃止）までつながっていた。

社地はかつてにくらべて減少したものの、いまでも十分な広さを誇っている。境内には由緒深いものが多く、正面に立つ社号標は近衛文麿（ふみまろ）の筆になる。戦前に建てられた拝殿は入母屋（いりもや）造りに千鳥破風（ちどりはふ）を載せ、靖国神社をほうふつとさせた（ただし、靖国神社は瓦葺きだが、伴林氏神社は銅板葺き）。

そのなかでも特筆すべきは、鳥居に向かって左に位置する手水舎だろう。これは、一八七一（明治四）年から靖国神社で長らく使われていたもので、同社の拡張工事で不要となったため、伴林氏神社に無償で譲渡されたものなのである。

伴林氏神社がもともと地元の小さな神社であったことを考えると、これは破格の待遇だった。たしかに大阪の河内は東京の九段につながっていたのだ。

また祭神の子孫である大伴氏は、昭和の軍隊にとってもうひとつ重要な意味をもっていた。それは、大伴氏伝来の言立（誓いのことば）が日中戦争の劈頭に東京音楽学校講師の信時潔によって曲付けされて、「海ゆかば」という軍歌になったことである。

海ゆかばみづくかばね　山ゆかば草むすかばね　大君のへにこそしなめ　かへりみはせじ

海でも山でも天皇のおそばで死ぬ覚悟だ、たとえ打ち捨てられた屍となっても構わない。そんな意味だ。

「海ゆかば」は、一九四二（昭和一七）年一二月、大政翼賛会によって国歌に次ぐ「国民の歌」に指定された。このことは翌年七月、伴林氏神社の祭神にも奉告された。さらにこの軍歌はその荘重なメロディーから、戦後は鎮魂歌として広く歌われるようになった。

ここで「大伴氏＝昭和の軍人」の等式が再確認されているのはいうまでもない。大伴氏が歴代の天皇に仕えたように、「われわれ」も昭和天皇に仕えるべきだ、と。

ただたんに天皇のために尽くせというだけでは説得力に欠ける。そこで神話や歴史を引き合いに出すことで、あたかもそれが日本人として本来の姿であるかのように錯覚させることができる。

このような歴史の活用を侮ってはならない。大東亜戦争の末期には、天皇を頂点にいただく日本の国柄（国体）が絶対視されて、その護持のために悲惨な本土決戦に踏み込みかねなかったほどなのだから。

日本は古代を理想として近代化を果たし、その国家観をあらためられないまま、総力戦の時代に突入した。伴林氏神社には、そんな日本の歴史が刻み込まれている。近代においてどのように「われわれ」が創出・強化されたのかを知る意味でも、重要な場所である。その由緒があまり知られていないことは非常に惜しく、わたしももっと早く訪ねればよかったと臍(ほぞ)を噛(か)んだ。

日教組に引き継がれた教育塔

大阪府の「靖国」はじつはこれだけにとどまらない。こんどは近鉄を北上し、旧摂津国に入り、大阪阿部野橋(あべのはし)駅でJR大阪環状線に乗り換えて、大阪城公園に向かった。「鉄道唱歌」で「豊太閤(ほうたいこう)の築きたる城に師団は置かれたり」とうたわれているように、大阪城にはかつて陸軍の第四師団司令部がおかれていた。現在もロマネスク様式の重厚な建物が残っており、商業施設として活用されている。

肝心のもうひとつの「靖国」は、公園の南西、堀の外側にひっそりと鎮座している。塔のような建物で、高さは約三〇メートル。白い花崗岩で美しく覆われており、中央やや上には「教育塔」の文字がくっきり見て取れた。周りのひとびとはだれも関心を払っていなかったが、この建物は一九三六（昭和一一）年に建てられ、かつて靖国神社や各地の招魂社（護国神社）にも比較された、有名な動員の施設だったのである。

純白なる白堊を以て築かれたる此の百尺の教育塔こそは国事に殪（たお）れたる武人を祀れる靖国神社に比すべき程の尊き意義を有するものだと存じます（東京文理科大学長・東京高等師範学校長、森岡常蔵）。

即ち教育塔の建設は永遠不滅の教育報国の殿堂、換言すれば教育招魂社の建設であって、教育祭は即ち師魂を礼讃し師道を発揚する教育的総動員であります（帝国教育会長、永田秀次郎）。

実際に教育塔には、殉職した教員や学校教育時間内に遭難した児童・生徒・学生が合祀されていた（その殉職者のなかには、御真影や教育勅語を救い出すため、火災が起きた校舎に突入し

大阪城公園の教育塔

て焼死したものも含まれる)。そして塔のまえでは毎年、教育勅語が発布された一〇月三〇日に教育祭が催されていた。

いや、正確には過去形ではない。なんとこの教育塔は、戦後に日教組に引き継がれて、いまもそのまえで教育祭が毎年催されているのだ。

近年では、東日本大震災の関係で、教員や教育関係者などが合葬された。日教組=左翼のイメージからすれば、なんとも驚くべき組み合わせではないか。「教育の靖国」は、もっとも似つかわしくない団体の力で、なんと現役なのである。

そもそも教育塔は、一九三四(昭和九)年の室戸台風で犠牲になった教員や児童を追悼するため、大阪市教育会が発議したものだった。それが、全国組織である帝国教育会に引き取られた結果、先述したような仰々しい施設へと発展していった。

教育塔の設計案と、その正面に備え付けられる二枚のレリーフの図案は、一般より広く募集された。審査の結果、前者には島川精の案が、後者には長谷川義起の案がそれぞれ選ばれた。伊東忠太、岸田日出刀、古宇田実、武田五一、北村西望、正木直彦（北村・正木はレリーフのみ）などという錚々たる審査員の顔ぶれをみても、その力の入れようが伝わってくる。

もちろん教育塔を引き継いだ日教組も、ただ手をこまねいていたわけではない。

一九八〇年代には教育勅語に由来する塔芯文（咸一其徳）を削除し、教育祭では「合祀」「祭主」「奉納音楽」を「合葬」「主催者」「追悼の音楽」に言い換え、献花時の音楽も雅楽からワーグナーの曲に変更した。二〇〇八（平成二〇）年からは、開催日も一〇月の最終日曜日とあらためている。

それでもなお二枚のレリーフのひとつが教育勅語の奉読シーンだという批判があるものの、これはデザインした長谷川義起が言うように「校長先生が訓示してゐるところ」（『教育塔誌』帝国教育会、一九三七年）だろう。教育勅語の奉読シーンならば、児童たちは頭を下げていなければならないが、レリーフではまっすぐ立っている。戦前のデザインで、このような間違いを犯すはずがない。

ただ、いかに修正を施してきたとはいえ、戦後長らく平和教育を掲げてきた日教組が「憲法・教育基本法の理念にたち」（教育塔維持管理委員会の案内板）という理由を掲げながら、教育塔を維持・管理し、教育祭まで催してきたことには、違和感を覚えるひとも多いだろう。わたしだって最初はそう考えていた。

だが、これは現代日本の全体にそのまま当てはまることではないか。なぜなら、戦前に「われわれ」を創出し強化していた記念碑や施設は、いまもあちこちにそのまま残されているからだ。そして現在の「われわれ」も、それらに知らないうちに影響を受けていたりする。戦前と戦後はかんたんに切り離せるものではない。

したがって、国威発揚にいかに向き合うべきかという問題は、「河内＝九段」という呪縛にとらわれているわたしのみの問題ではない。日本人全体の問題、いや「古代＝近代」という等号が世界中でナショナリズムの生成・強化に利用されてきたという歴史にかんがみれば、人類全体の問題でもある。この第二部で探究したいのは、そういう「われわれ」の成り立ちをたどり、見つめ直そうとする系譜学である。

第八章

消費される軍神たち

長崎県／橘神社
（2024年2月訪問）
大分県／広瀬神社
（2022年8月訪問）

橘神社の橘周太像

作家の堀田善衛（ほったよしえ）が、「出来れば爆破したい」と嫌悪感を隠さなかったモニュメントがある。ほかでもない、長崎市の爆心地近くに立つ平和祈念像である。そう、左手を水平に伸ばし、右手で天を指す印象的なポーズで知られる男性座像——修学旅行でやってきた中高生がしばしば悪ふざけで真似をし、引率の教諭から怒られているあの像のことだ。

> あれが表象するものは、断じて平和ではない。むしろ戦争そのものであり、ファッシズムである。あの醜にして怪なる彫刻を、出来れば爆破したいと思う者は、私一人ではなかろうと思う（『美しきもの見し人は』朝日選書、一九九五年）。

このあまりに激越な文章を読んで、意外な印象を受けるかもしれない。あの像はむしろ平和の象徴ではなかったのかと。だが、一九五五（昭和三〇）年に除幕式が行われて間もないころは、さまざまな批判があった。そのひとつが、制作者の北村西望（長崎県出身）が戦前・戦中に国威発揚的なモニュメントをたくさんつくっており、平和祈念にふさわしくないというものだった。

北村の軍国的な作品は戦時下の金属供出で多くが失われたが、長崎県にじつはひとつ重要なものが残っている。雲仙市の橘（たちばな）神社に立つ軍神橘中佐像がそれである。

いまでは橘中佐の歴史も銅像の所在もほとんど忘れられており、爆破したいどころの騒ぎではない。軍神「消費」の現在地を探りに、わたしは九州におもむいた。

軍神の顔ハメパネル

陸軍の橘周太中佐は、戦前に教育を受けたものならだれもが知っていた。東宮武官として皇太子（のちの大正天皇）に奉仕し、名古屋地方幼年学校長を務め、日露戦争では歩兵第三四連隊の大隊長として南満洲の遼陽で会戦に臨み、一九〇四（明治三七）年八月に戦死した。同じく日露戦争で戦死した海軍の広瀬武夫中佐とともに軍神とされ、学校の教科書などで教えられたほか、軍歌や唱歌の題材にもなった。

明治維新の当初は、「われわれ」の模範は、大伴氏にせよ、楠木正成にせよ、神話や歴史に求められなければならなかった。ただ、それだけではどうしてもリアリティーに欠けた。それを補ったのが、目下の戦争で誕生した同時代の英雄たちだった。大伴氏、楠木正成、広瀬中佐・橘中佐。その忠臣の系譜にお前たちも続けと呼びかけられたのだ。

そして橘中佐の出身地が、島原半島の西に位置する千々石村（現・雲仙市千々石町）だったのである。橘神社は一九四〇（昭和一五）年、全国からの寄付により、かれを祭神として同地に創建された。

この神社がじつに広大で立派なものだった。国道に面する大鳥居は九・七メートルの威容を誇り、ちょうど平和祈念像の高さと並ぶ。千々石川をまたぐ石橋は軍神橋の名をとどめ、まっすぐ伸びる参道は幅広く堂々たるもので、春には約八〇〇本の桜並木が咲き乱れ、往時の国威発揚ぶりを偲ばせてくれる。

今日とくに名高いのは、巨大門松だろう。二〇〇〇（平成一二）年より地元有志によって新年を盛り上げるために毎年設置されており、その高さは大鳥居をしのぎ、ギネスにも世界記録として認定されている。

以上からわかるように、橘神社は軍国時代が終わっても地元のひとびとに大事にされており、社務所は令和の記念事業で新築されたばかりだった。戦後境内に移築された橘中佐の生家（遺徳館）が老朽化で二〇二三（令和五）年末に解体されてしまったことだけが惜しまれる。同社によれば、こちらも新築され翌年にオープンする予定とのことだった。

さて問題の橘中佐像は、大鳥居の脇に立っていた。「自衛官募集中」の巨大な看板とともに案内が出ており、見落とすおそれはない。

首から双眼鏡を下げ、左手で軍刀の柄を握り、右手は腰に当て、悠然と遠くを睨んでいる。平和祈念像にくらべると体軀ははるかに小さいけれども、自然石の台座が大きいので、仰ぎみなければならない。中学生のときに軍事史の本で橘中佐を知ったわたしは、ああ、これがその像かと軽い感動を覚えた。

この銅像はもともと橘中佐を顕彰するために、一九一九（大正八）年二月、近くの丘陵に建てられた。同所は銅像にちなんで橘山と呼ばれ、そこから一望できる千々石灘も橘湾と呼ばれるようになった。

大東亜戦争の敗戦後、銅像は占領軍に見つからないよう隠匿されていたが、一九五四（昭和二九）年に現在地に移設され、一九七六（昭和五一）年に自然石の台座が設けられて現在の姿となった。激動の時代によく無事だったものだ。すぐ近くには一九七七（昭和五二）年に雲仙小濱ライオンズクラブによって建てられた「軍歌橘中佐」の碑もあった。

雲仙市教育委員会による看板には「日本彫刻界の巨匠・北村西望氏（当時三五歳）により製作」などと書かれているものの、代表作というべき平和祈念像への言及はなかった。長崎を訪ねる中高生はこの橘中佐像も見学すれば、本当に不謹慎なのは平和祈念像の真似をすることなのか、それとも戦前と戦後が無反省に連続していることなのか、考えるきっかけになるのではないか。

それはともかく、橘中佐の来歴は現在どれほど地元で認知されているのだろうか。

かつては「千々石三大先人」のひとりとして盛んに顕彰されていた。橘神社の向かいにある雲仙市千々石総合支所（旧・千々石町役場）には、その三人の像が並んでいる。いわく、「至誠の人」橘周太、「至純の人」千々石ミゲル、「至芸の人」釧雲泉。

一九九一（平成三）年三月、旧千々石町時代に建てられたもので、橘のみ胸像だった。現在では天正遣欧少年使節のひとりとして海をわたり、ローマで教皇に謁見した千々石ミゲルがいちばん有名だろう。釧雲泉は江戸後期の南画家。雲仙市役所に聞いてみると、「地元の知名度では橘とミゲルが並び立つものの、業績まで知っているのは歴史好きではないか」とのことだった。市町村合併により、千々石の歴史を学校で詳しく扱わなくなったことも影響しているようだ。

そんなことだから、近くの千々石観光センターには橘中佐の顔ハメパネルまで置かれていた。顔を丸くくり抜いたものではなく、首から上がまったくないもの。あっけに取られながらもさっそく試してみたが、あとに続く観光客はいなかった。見ようによっては斬首後の胴体であり、戦前なら「軍神にたいして不敬！」と問題になったにちがいない。

むしろこの観光センターの名物は、ジャガイモ二個を丸ごと油であげて串刺しした「じゃがちゃん」という軽食だった。耳に残る軽快なテーマソングにつられて、こちらは行列ができていた。

　　橘見下ろし　海風受けてエイ！
　　フッカフッカお芋が笑ってるヨッ！

橘とは橘湾のことだ。その由来が橘中佐だとすぐにわかったものは果たしてそこに何人いただろうか。

なにをやったかはわからないが、神社の神様で、立派な銅像まで立ち、どうやら地元の偉人らしい。橘中佐の認識はいまやそんなところかもしれない。

狭いながらも賑やかな広瀬神社

日露戦争の軍神として、橘中佐と並んで広瀬中佐がいるとさきに述べた。かれは司馬遼太郎の『坂の上の雲』にも登場するため、一般にはより知られている。

その最期は劇的だった。遼東半島の旅順に停泊するロシア艦隊を封じ込めるため、老朽船を湾口に沈める作戦に従事していたところ、退船時に部下の杉野孫七（すぎのまごしち）という下士官がいないことに気づいた。そこで沈みゆく船を三度も捜し回ったものの見つからず、やむをえず退船しようとした刹那（せつな）、飛来した敵弾にあたって戦死した。一九〇四（明治三七）年三月のことだった。この部下想いの姿が感動の渦を巻き起こし、広瀬が軍神として一躍注目されたため、五ヶ月後に亡くなった橘も「陸の広瀬」と讃えられたのである。

橘が折り目正しい優等生タイプだったのにたいして、広瀬は豪傑タイプで「メディア映え」しやすかった。いわば、広瀬あっての橘だったわけだ。海軍が広瀬中佐で目立つのならば、われわれ陸軍も橘中佐を持ち上げようではないか。そんな陸海軍の悪名高い対抗意識もそこには見え隠れしていた。

かつて神田駅と御茶ノ水駅のあいだに存在していた万世橋（まんせいばし）駅前には、広瀬中佐の銅像が立っており、東京の観光名所となっていた。杉野とセットという印象的なものだったが、こちらは戦後になって取り壊されてしまった。

広瀬神社前の広瀬武夫像

この広瀬中佐を祀る広瀬神社も、故郷である大分県竹田(たけた)市に存在する。海軍の支援を受けて一九三五(昭和一〇)年に創建され、現在では滝廉太郎記念館と並ぶ同市の大切な観光名所となっている。

広瀬神社は市街地の中心にあることもあり、境内は橘神社ほど広くはない。ただ見どころは多い。付属する記念館には、連合艦隊司令長官を務めた山本五十六、古賀峯一、米内光政(よないみつまさ)など名だたる海軍軍人の書などが展示されている。一〇年前には同社の記帳簿が公開され、海軍の幹部たちが大東亜戦争前に続々と「神頼み」に訪れていた実態も明らかになった。

神社の入口に立つ広瀬像は、大河ドラマ『坂の上の雲』の放映を受けて二〇一〇(平成二二)年建てられたもの。コートの端を風になびかせて、いかにも若々しい。そのいっぽうで戦前に市内にあった広瀬像は戦時下の金属供出で失われ、部分的に復元された胸像だけが境内に立っている。こちらは正装姿で顎鬚を蓄え、威厳に満ちている。

境内を歩いていると、阿南惟幾の胸像にも出くわした。終戦時の陸軍大臣で、半藤一利原作の映画『日本のいちばん長い日』で切腹した軍人といえばわかりやすいだろう。「なぜここに」と思いきや、じつはかれも竹田市出身だった。

阿南というと、岡本喜八監督版の影響で三船敏郎の暑苦しい顔が浮かぶが、胸像は本人に準じてさっぱりとした顔立ちをしていた。二〇一五（平成二七）年、終戦七〇年にあたり、竹田市長を会長とする阿南惟幾大将顕彰会によって設置された。除幕式には、三男の惟正（元新日鉄副社長、故人）、五男の惟茂氏（元中国大使）も駆けつけたという。

胸像の後ろには「陸軍大将　阿南惟幾顕彰碑」という石碑も控えていた。こちらは一九六五（昭和四〇）年八月に建てられたもので、揮毫者は首相を辞めて間もないころの岸信介だった。

広瀬神社は狭いながら、映画やテレビ、ニュースで耳にする有名人たちの名前がつぎつぎに目に飛び込んでくる。その賑やかさは橘神社の整然さとは好対照で、ふたりの軍神の性格を反映しているようで面白かった。

もっとも、以上のような受け止め方は歴史を知らなければできない。多くの場合、軍神は無自覚なままキャラクターのように消費されている。この無邪気さは、八百万の神々が共存する日本らしい緩さであるいっぽうで、戦前に通ずる怖さもともなう。当時も、軍神はキャラクターのように消費され、活劇や映画の題材になっていたのだから。

堀田善衛がいうように爆破などできないし、するべきでもない。では、われわれになにができるだろうか。

歴史を知ることで、軍国主義と消費社会の関係を解き明かすこと。それだけではなく、その奇妙な融合に棹さしたうえで、さらにこれを一種の歴史趣味として積極的に位置づけること。迂遠ながら、このような回り道しかないのではあるまいか。

堅苦しいお勉強だけでは絶対に足りない。それでは、かつてのように娯楽性に秀でたプロパガンダに競り負けてしまう。「われわれ」の起源をたどること自体を楽しみにするぐらいの構えでなければならない。わたし自身、そのようなことをずっと試みてきたように思う。国威発揚の史跡めぐりはその実践なのだと、あらためて確信を深めた。

第九章

自衛隊資料館の苦悩

福岡県／久留米駐屯地広報資料館、山川招魂社
（2024年1月訪問）

久留米駐屯地広報資料館の肉弾三勇士のマネキン

日本軍の最強師団。その候補として有力なのが、福岡県久留米市で編制された第一八師団と第五六師団の兄弟師団だ。戦時下の通称号により、それぞれ菊兵団、竜兵団とも呼ばれる。

皇室の紋章たる菊。いかにも雄々しい竜。両師団の隷下部隊は、大東亜戦争の後半に雲南とビルマでその名に恥じぬ死闘を繰り広げ、蔣介石（しょうかいせき）に「（日本軍の守備隊が）孤軍奮闘最後の一兵に至るまで命を完うしある現状を範とすべし」と言わしめたという（防衛庁防衛研修所戦史室編『戦史叢書　イラワジ会戦』朝雲新聞社、一九六九年）。

そして今日、この菊と竜を受け継ぐ組織がある。陸上自衛隊の久留米駐屯地がそれだ。そのシンボルマークには、高良山（こうらさん）をあらわす緑の山と、筑後川（ちくごがわ）をあらわす青い川に加えて、菊と竜が描かれている。

駐屯地は、かつての歩兵第四八、五六、一四八連隊の跡地にあり、現在では自衛官を教育する部隊が所在。隣接する陸自の幹部候補生学校とあわせて「陸自教育のメッカ」とも称されている。

今回ここの広報資料館を訪れたのは、あるニュースがきっかけだった。二〇二四（令和六）年一月初旬、陸上幕僚副長がみずからトップを務める航空事故調査委員会の関係者数十名とともに、航空機安全祈願として靖国神社に参拝した。時間休を取り、私服・私費での実施だったが、防衛省が通達で禁ずる組織的参拝ではないかと批判された。最終的に組織的ではないとされたものの、往復に公用車を使用したことが不適切とされ、陸幕副長ら三名が訓戒となった。

このとき論点のひとつとしてあがったのが、旧軍と自衛隊との関係だった。自衛隊は戦後、新憲法のもとで旧軍と決別して成立したはずだ。靖国神社への「組織的」な参拝は、その根本をないがしろにしているのではないかというわけだった。

一見もっともな意見ではあるものの、旧軍と自衛隊はそう簡単に切り離せない。自衛隊の発足にあたって旧軍の影響がなかったわけではないし、現在でも精神教育などの面で旧軍の歴史を無視することは現実的ではない。各地にある旧軍の慰霊碑や護国神社の維持管理に、自衛隊関係者やOBが広く関わっているという事情もある。遺族会や戦友会がつぎつぎに解散していくなかで、その傾向は年々ますます強まっている。二〇二四年四月には、靖国神社の宮司に元海将の大塚海夫（おおつかうみお）氏が就任した。

部隊のシンボルマークはまさに両者の結びつきの象徴でもある。久留米の菊と竜だけではない。埼玉県さいたま市に所在する陸自の第三二普通科連隊は「近衛兵の精神を受け継いだ部隊」を自称し、「Royal Guards」と記して二重橋をかたどっている（なおこの連隊は同年四月、公式Xに「大東亜戦争」とポストして批判され、削除に追い込まれてもいる）。

また静岡県御殿場市に所在する第三四普通科連隊は、日露戦争の軍神である橘中佐が所属したことで知られる旧軍の歩兵三四連隊の番号を継承している。マークは漢字でそのまま「橘」だ。

ことほどさように、旧軍と自衛隊の関係は一筋縄ではいかないのである。

同じことは、各地の駐屯地に所在する自衛隊の資料館についてもいえる。旧軍関係者よりさまざまな資料が寄贈された関係で、事実上、旧軍ミュージアム状態のところもあり、メディアで叩かれそうな際どい解説に出くわすこともないではない。

そのなかで久留米の資料館は、旧軍都の歴史を背負い、内容が充実している。また「陸自教育のメッカ」にあり、隊員の教育にも使われていると聞くので、今回訪れようと考えたのである。

「肉弾三勇士コーナー」に驚く

自衛隊の資料館には大きく二つのパターンがある。ひとつは、予約なしで自由に見学できるもの。もうひとつは、事前に予約して、自衛官の案内を受けながら見学するもの。久留米の場合は後者だった。

建物は駐屯地の一角にあり、一八九七（明治三〇）年建築の歩兵第四八連隊本部営舎が転用されている。瓦屋根の二階建て。入口には「広報館」と書かれた板が掲げられ、両脇に旧久留米偕行社（かいこうしゃ）（陸軍の将校クラブ）の門灯が移設されている。足を踏み入れると、ときおり床からミシリと大きな音がした。よく管理されているものの、老朽化は覆いがたく、いずれ閉鎖の可能性もあるという。

資料総数は約二〇〇〇〇点。皇族写真、詔勅の写し、軍服、軍刀、写真、旗、書などよくある品に加えて、第一五軍司令官としてインパール作戦を強行して大きな被害をもたらした、牟田口廉也の遺品が目を引いた。

牟田口は、第一八師団（菊兵団）長として、大東亜戦争の劈頭にシンガポール攻略に従事した。その関係で、この資料館に回想録やアルバムなどが収められているわけだ。

このほか、杉山元（開戦時の参謀総長）が第一二師団長として、東条英機が歩兵第二四旅団長として、久留米に赴任している。いずれも写真が掲示されているが、台紙が黄ばんでおり、設置されてからの年月を思わせた。

そのなかで重要なのが「肉弾三勇士コーナー」だった。そもそも九州は軍神の「名産地」。日露戦争の広瀬中佐、橘中佐、満洲事変の古賀連隊長、日中戦争の西住戦車長、大東亜戦争の九軍神のうちの三名、シドニー湾攻撃の松尾敬宇。すべて九州出身者である。

そうした軍神のなかで今日なお引き合いに出されるのが、肉弾三勇士だ。一九三二（昭和七）年の上海事変で、上海郊外の廟行（巷）鎮にあった中国軍の鉄条網を爆薬で破壊しようと突入して爆死してしまった三人の工兵、江下武二・北川丞・作江伊之助たちを指す。かれらは肉弾三勇士（または爆弾三勇士）と名付けられ、一躍国民的な英雄となり、レコードや映画などの題材にもなった。庶民は平和主義的とは限らず、ときに戦争に熱狂し、それを消費する。そんな苦い過去の例として、三勇士ブームはしばしば現代人の口の端にのぼる。

そしてこの肉弾三勇士が所属した部隊こそ、久留米の独立工兵第一八大隊だった。資料館に独自のコーナーがもうけられているゆえんである。

だが——。その展示は驚かされるものだった。なんと三体のマネキンにより、敵陣を爆破せんとするシーンが再現されていたのだ。しかもそのマネキンは紳士服売り場でよく見かけるようなもの。そのため、旧軍の軍服を着用して破壊筒を抱えているのに、顔は西洋風となっている。なんともチグハグな印象を受けた。誰がいつつくったかは不明とのことだった。

そのかたわらで、壁に掲げられた解説には、まるで戦前の戦記小説のような文体でこう記されていた。

猛虎の狂ふが如く凄じい勢を以つて疾走する二組の破壊班（中略）。轟然たる爆音と共に鉄条網に見事に巾十米（はばメートル）の破壊口が作られたが哀れ三人の肉体は粉砕され空中高く吹き飛ばされてしまつた。然しこの壮挙によりさしもの堅塁を誇つた廟巷鎮の一角を占領し、天明と共に敵塁高く日章旗は吹く朝風にへんぽんとして翻つたのである。

三勇士を讃えた内容だが、これもだれが書いたかわからないらしい。

戦前と戦後の奇妙なつながり

管理がずさんと思うかもしれないが、これは自衛隊の資料館で珍しくない。

担当者は概して兼務であり、別の仕事の合間に訪問者の案内などを行っている。資料も前任者より引き継いだものなので、どこに何があるのか、どれがどれくらい貴重なのか、全容を把握できていない。

そのため、「これはなんですか」との質問に「なんですかね……」と沈黙されたりする。今回も「お客さんに教えてもらうことが多い」と正直に告白された。たしかに、東条や牟田口は知っていたものの、古賀連隊長や西住戦車長を知らないなど、知識にムラがあった。もっとも、これは専属の担当者を置かない防衛省が悪いので、現任者を責めても仕方がない。

ただ、今回案内してくれた自衛官は、近隣に所在する関連史跡も熱心に訪問しているようで、山川招魂社（やまかわしょうこんしゃ）の存在を教えてもらった。

駐屯地より北東に約二キロ。慰霊碑などが集まり、三勇士の碑もあるという。もとは久留米藩主だった有馬頼咸（ありまよりしげ）によって設けられた神社で、幕末の志士や郷士の戦死者などを祀っている。各地の招魂社は一九三九（昭和一四）年に一斉に護国神社に改称されたが、ここは旧称のままだった。

山川招魂社にある「爆弾三勇士之碑」

タクシーを呼んで足を運ぶと、たしかに碑があった。表面には「爆弾三勇士之碑」。背面を見ると、一九八三（昭和五八）年に「三勇士の遺烈を万古に伝え永遠の平和の礎とすべく」建てられたと記されていた。

また、思わぬ発見もあった。かつて久留米公会堂のまえには、三勇士の銅像が立っていた。戦死の翌一九三三（昭和八）年に設置されたもので、これがマネキンのポーズのモデルとなっている。この銅像は戦時下の金属供出で失われたものの、台座は残された。そしてこの台座が、いま目のまえにある三勇士碑の台座に転用されたというのである。

戦前と戦後の奇妙なつながりを感じ、さきほどの資料館に思いを馳せた。久留米の展示を見る限り、旧軍と自衛隊との関係はなんとも曖昧だった。断絶が強調されるわけでもなく、連続性が主張されるわけでもない。ただいつの間にか、旧軍コーナーから自衛隊コーナーへと移り変わっていく。

とはいえ、展示をことさらに問題にしたいわけではない。ネットで変に炎上して、資料館の公開が中止になってしまえば元も子もない。むしろ今後やるべきなのは、旧軍と自衛隊をどう適切につなげるかについて、われわれ自身が考えることだ。

具体的には「三勇士の遺烈」と「永遠の平和」という一見すると結びつかないこのふたつを、飛躍や矛盾なく、説得的に接続するということだ。そして旧軍の悪いところを反省し、よいところを継承する。このような道筋が立てば、展示の意義も明確になり、靖国神社はともかくとして、慰霊碑などへの訪問もより許容されやすくなるのではないだろうか。

わたしはかつて『「戦前」の正体』という本のなかで、戦前の日本を六五点と評価したことがある。過去を採点するなどという傲慢な行為をあえてしたのは、ここで述べたような戦前と現在の適切な接続を試みたかったからにほかならない。

戦前の評価となると、ひとつの過ちも認めず一〇〇点満点をつけて恥じない右派と、完全に暗黒時代だと断じて〇点をつけて憚らない左派にわかれやすい。だが、欧米列強の侵略に対抗して、あの短期間で近代国家を築き上げた功績をまったく否定することはできない。かといって、その過程で問題行為がまったくなかったというのも無理があろう。そこで、反省すべきは反省し、継承すべきは継承するという是々非々の立場を取るべきということで、六五点という数字をつけたのである。

われわれはこのような六五点の姿勢で、資料館や記念碑を見直すべきではないか。それは、現代日本のふさわしい「われわれ」像をつくろうとする試みでもある。戦前と戦後が漠然とつながり、ときおり炎上し、やがて鎮火する。いかにも日本的なこの反復は、しかし、そろそろ断ち切らねばなるまい。

第一〇章

「日の丸校長」の神武天皇像

高知県／旧繁藤小学校、横山隆一記念まんが館
（2021年12月訪問）

旧繁藤小学校に立つ神武天皇像

中岡慎太郎、武市半平太、板垣退助、岩崎弥太郎、浜口雄幸、吉田茂――。高知はとりわけ偉人の銅像が多いが、もっとも有名なのは、名勝桂浜にそそり立つ坂本竜馬像だろう。太平洋のかなたを見つめるそれは、台座を含めて約一三・五メートルの偉容を誇り、いまも観光客のカメラをひきつけてやまない。一九二八（昭和三）年製ながら、大東亜戦争下の金属供出をまぬかれたのは、竜馬が海軍の創始者として尊崇されていたからだとされる。

だが、この竜馬像よりもなお背が高い人物像が高知には存在する。県北東の香美市土佐山田町の山深い廃校に鎮座する神武天皇像だ。

なぜ史跡でも交通の要衝でもない僻地に、こんな大それたものがあるのか。それはここが一九五〇～六〇年代、「紀元節校長」「日の丸校長」と呼ばれた溝渕忠広という名物校長を擁し、〝紀元節の聖地〟として知られたからにほかならない。

神武天皇は、近代日本の「われわれ」観を考えるうえできわめて重要なアイコンである。なにせ、明治維新は神武創業を理想として掲げ、明治天皇は神武天皇に重ねられていたのだから。そして「われわれ」臣民もまた、天皇の忠臣として古代から変わらぬ存在だとされていた。このような歴史的背景を念頭に、わたしは神武天皇像を取材するべく、高知へと向かった。

目的の廃校は、かつて繁藤小学校と呼ばれていた。グーグルマップを頼りに、高知駅からその場所をめざす。土讃線の特急に乗り、土佐山田駅まで約一一分。そこからタクシーを呼び、さらに山道を約三〇分。思ったより長い道のりで費用がかさんだが、地元に密着したタクシー運転手は格好の取材相手だった。とくにコロナ禍のなかでは、東京からやってきた人間は避けられがちだったので、かれらの地元話はとても役に立った。

さっそく話を聞くと、このあたりはイノシシ、シカ、タヌキ、ハクビシンなどの動物がよく出没し、道路脇の土壌がところどころ掘り返されているのは、イノシシがミミズを探した痕跡だという。ローカル線と徒歩で訪れなかったのは正解だった。険峻な地にある記念碑や銅像をめぐる旅は、体力の温存と安全が第一である。

揮毫者は「日教組征伐」で有名

さて旧繁藤小学校は、穴内川（あなない）ほとりにある小集落に位置していた。二〇一三（平成二五）年に廃校となったばかりなので、三階建ての校舎や体育館は想像していたよりも新しく、近代的なたたずまいだった。

開けっ放しの校門より遠慮なく校庭に入ると、左手に小高い丘（通称、学校山）があり、そのいただきに向かって石段が延びているのが目に入った。記念碑めぐりを続けているわたしにはピンときた。きっとこのうえにあるにちがいない。石段を一歩一歩踏みしめながら登っていくと、やがて木々の間より、忽然として、神武天皇像がその巍々（ぎぎ）たる姿をあらわした。

台形の土台に、すらりと伸びる円筒。そのうえに弓矢と刀で武装した神武天皇が直立している。全体の高さは一五・一五メートル。そのうち台座だけで九・一〇メートルもあるから、天皇像は仰ぎ見ないとなかなか全身を見渡せない。

目を凝らすと、神武天皇は角髪（みずら）を結い、豊かな口髭を蓄え、古代人らしいゆったりとした衣を身に着けていた。また厳しい顔つきは、明治天皇のそれを思わせた。明治時代に制作された多くの神武天皇像は明治天皇に似せてつくられていたため、まるでその伝統を踏襲したかのようだった。制作者の大谷相模掾（おおたにさがみのじょう）（二八世）は、過去の事例（愛知県豊橋市や新潟市に現存するものなど）を参照にしたのかもしれない。

左手に握っている弓のさきには、かつて神武東征のエピソードにもとづき金色の鵄（とび）が止まっていたが、一九九一（平成三）年の台風で脱落したらしい。台座も亀裂や苔が目立ち、管理状態が良好とはいいがたかった。

それでも、円筒の中央には「日本紀元復興喚起之処」という文字が鮮やかに見て取れた。揮毫者は文部大臣の荒木万寿夫（あらきますお）。おお、あの荒木か。国威発揚ウォッチャーにとって、この組み合わせは非常にしっくりくるものがあった。というのも、荒木は「日教組征伐」をモットーとし、低姿勢に徹した池田勇人（いけだはやと）内閣の「高一点」と呼ばれた、強硬なタカ派政治家だったからである。まさにこの記念碑の性格を雄弁に物語っているではないか。

そう、「日本紀元」は当時、保守派によって「復興」を叫ばれなければならなかった。

神武天皇が即位した日とされる二月一一日の紀元節は、戦後まもない一九四八（昭和二三）年制定の祝日法で廃止され、それ以来ただの平日扱いになっていたからだった。

そこに敢然と叛旗をひるがえし、日教組の反対をものともせず、全国に先駆けてみずからの学校で紀元節の式典を挙行し続けたのが、溝渕忠広だった。その活動が一九五六（昭和三一）年にメディアで紹介されたため、この場所が紀元節復活運動の象徴となり、ついに一九六三（昭和三八）年二月一一日、神武天皇像まで建てられるにいたったのである。

わかりやすく〝昭和の森友学園〟とでもいいたいところだが、森友学園の「軍歌を歌う幼稚園」は私立だったのにたいし、こちらの小学校は公立だった。そのため、より突き抜けた学校として位置づけられるべきだろう。

溝渕とはどういう人物だったのか。かれは、一九一八（大正七）年四月一五日、高知県長岡郡に生まれた。武道好きで軍人志望だったが、身長が足らず陸軍士官学校、海軍兵学校ともに不合格となり、一九三八（昭和一三）年、やむをえず教員になった。

敗戦後の一九四五（昭和二〇）年九月、二七歳で県下最年少の校長となるものの、「日本人は教育勅語を基として、外国の教えを両翼とせよ」という教育理念を掲げて日教組と対立し、一九四九（昭和二四）年、平教諭に降格された。その後、転任などを経て、一九五三（昭和二八）年、繁藤小学校の校長に就任するや、ふたたび自己流の学校運営を貫いた。

溝渕の日教組嫌いは筋金入りだった。夏季手当や年末手当は日教組の闘争で獲得されたものだから、「渇しても盗泉の水は飲まぬ」として返上した。また部下の女性教諭が組合文書をもっているのをみるや激昂し、酔った勢いで「赤の文書はいらん」と平手打ちした。ただ、こどもの面倒見はよかったようで、こうした事件を起こしていたにもかかわらず地元での支持は高く、一九七八（昭和五三）年まで長らく校長の務めを果たしたのだった。

神武天皇像の土台には、衆議院議員浜田幸雄（はまだたかお）の撰文としてこう刻まれている。

溝淵忠広先生操守変わらず弾圧迫害至らざるなき困厄の中にあって赤誠一貫（中略）天下の輿論を喚起する先声となった。（中略）

全国同憂の士と相率い天皇の尊像を建設して国民精神の作興を庶幾（しょき）し以て国家永遠の繁栄に寄与せんとするものである。

こうした紀元節復活運動がみのり、一九六六（昭和四一）年六月、ようやく祝日法が改正された。

ただし、名称は「建国記念の日」となった。建国された日（建国記念日）を断定するのがむずかしかったので、「あくまで建国という現象を記念する日」という意味合いで、わざわざ「の」が挟まれた。神武天皇の即位日＝建国記念日ではない、という留保がつけられたのだ。また二月一一日という日付も法律には明記されず、政令で別途定められた。

とはいえ、これでも紀元節復活派にとっては凱歌を奏するに十分だった。「今や佳節二月十一日を建国記念の日と法定せられ、国民挙って敬祝することゝなる。まさに先生の鴻志燦然たり」。翌年の建国記念の日の前日、こう刻まれた溝淵校長の銅像が、繁藤小学校の正門脇で除幕された。

この銅像も残されていた。剣道着姿で、左手に竹刀。制作者はやはり大谷相模掾だった。高さ約四・一メートル（うち台座約二・五メートル）で、さすがに天皇像より慎ましかったもののの、現職校長の銅像を建てるなど、ほかに例を聞いたことがない。それだけ「日の丸校長」の存在感は大きかった。

もっとも、このような記念碑はすっかり打ち捨てられ、忘れ去られている。建国記念の日がすっかり定着したため、完全に役割を終えたのだ。いまではむしろ、かつて二月一一日をめぐってこれほどまでに対立や運動があったのだと教えてくれる、皮肉な証人となっている。

衝撃的だった「天皇御一家歳末風景」

高知は多くの漫画家を輩出した「まんが王国」としても知られる。そしてその中心施設である高知市の横山隆一（よこやまりゅういち）記念まんが館に足を運ぶと、またまったく違った戦後の天皇像に出くわして驚かされる。

「天皇御一家歳末風景」と題された八枚の漫画は、その名のとおり、天皇一家の歳末風景

横山隆一記念まんが館

を描いているのだが、これが一般家庭のものと大差ないのだ。

明仁(あきひと)親王（現・上皇）は、ケーキのろうそくを吹き消す。香淳(こうじゅん)皇后は、年越しそばを運んでくる。あの昭和天皇まで、筆を片手にひとつずつ年賀状を認(したた)め、福引で五等を当てて大喜びし、歳末にはみずから手ぬぐいをまいて自宅の煤(すす)払いをしている！

この漫画を描いたのは、高知市生まれの漫画家で「フクちゃん」のキャラクターで知られる横山隆一だった。かれは、さきの溝淵忠広と同じ高知城東中学校（現・高知追手前(こうちおうてまえ)高等学校）の出身だったが、そのコミカルな天皇像は神武天皇像の厳粛な姿とまったく方向性を異にしていた。

この「天皇御一家歳末風景」があまりに衝撃的な内容だったので、掲載誌の『文藝春秋臨時増刊・漫画読本』（一九五四年一二月刊）はたちまち売り切れてしまった。

文藝春秋の社史は「戦争中なら発禁はおろか、社そのものの解散に追いこまれたかもしれない。それを思うと、自由となった戦後ジャーナリズムの有難さを如実に感ぜざるをえなかった」と回顧しているが、けっして誇張ではなかった。それぐらい、新憲法の施行後、新しい天皇像が模索されていたのである。

二〇二一（令和三）年末より公刊がはじまった『昭和天皇拝謁記』（初代宮内庁長官・田島道治の記録）を読んでも、昭和天皇自身が戦後のイメージづくりで悩んでいたことがわかる。葉山への行幸啓について「贅沢との声の点はよきか」（一九四九年二月二八日）と相談し、住まいについても「新宿御苑に簡素なものを建て丶住しこ丶（引用者註、皇居）と取替へたらどうかと思ふ」（同年一一月一一日）と提案するなど、じつに細々しい。

いまとなっては目を疑う「（引用者註、忙しすぎて）ヒロポンの注射でもしなくては」という同年暮れの発言も（『昭和天皇語録』）、覚醒剤をやりたいという意味ではもちろんなく、庶民的なイメージを打ち出したいという意図から出たと取るべきだろう（当時、覚醒剤はまだ合法だった）。

もっとも、自由は長続きしなかった。一九六〇（昭和三五）年、『中央公論』に掲載された深沢七郎の小説「風流夢譚」をめぐり、右翼の少年が皇室侮辱だとして同社社長邸を襲撃するテロ事件が発生した。この事件をきっかけに、〝菊タブー〟はふたたび強固なものとなった。昭和天皇の末弟である三笠宮崇仁親王が、歴史学者の立場から紀元節の復活に反対し、保守派から猛烈な批判を浴びたのもその直前のことだった。

ひるがえって今日、われわれは天皇の存在についてほとんど意識していない。天皇が不要になったからではない。むしろ空気のように、あまりに自明のものとなっているからだ。建国記念の日もすっかり定着し、皇室への支持もこれまでにないほど高まっている。

だからこそ、かつて天皇像が揺れ動いたことを知っておく必要がある。それは「われわれ」という国民意識もまた揺れ動いてきたという証なのだから。とすれば、今後「われわれ」はどのように規定されるべきなのだろうか。

自由民権運動発祥の地は、天皇と「われわれ」の関係を再考するきっかけを与えてくれる場所でもあった。

第一一章

旧皇居に泊まりに行く

奈良県／HOTEL賀名生旧皇居、吉水神社
（2022年1月訪問）

「旧皇居」こと、堀家住宅

「旧皇居」に宿泊できる。そんな聞き捨てならない情報を得て、今度は賀名生（あのう）に向かった。賀名生は吉野山と並ぶ南朝の拠点だった。現在は奈良県南部の五條市に属する。ＪＲの五条駅で下り、タクシーで丹生（にう）川に沿って紀伊山地を南下すること約二〇分。北東には吉野山があり、北西には千早城（楠木正成の城砦）があり、直線ではいずれも一五キロほどなのだが、まったく目視することはかなわない。それほどまでに険しい山々に囲われた谷間であり、天然の要害である。

建武の新政に失敗し、足利尊氏に敗れた後醍醐天皇は、この賀名生を経て吉野山に入り、一三三六（延元元）年一二月、南朝を開いた。つづく後村上天皇も、しばしばここに行宮（あんぐう）を定めた。

もともと穴生、穴太、阿那宇、加名生などと書かれた地名がいまの賀名生になったのも、尊氏の一時的な帰順により、京都回復という念願が「かなふ」と喜んだ同帝が、一三五二（正平七）年に改名を命じたためといわれる。できすぎた話だが、最終的に敗者となった南朝は確実な史料に乏しく、どうしても曖昧な伝承や遺物に頼らざるをえない。

二〇〇六（平成一八）年にオープンした、町屋風の観光拠点「賀名生の里歴史民俗資料館」に足を運んでみても同じことがいえた。そこには過去に「日本最古」とうたわれた日の丸が展示されているのだが、案内板を読んでみると、後醍醐天皇より賜った云々との話は最初だけ。最後は、近年の年代測定で「一五世紀末〜一七世紀前半の製作」と出たとオチがつく。思わず肩透かしを食らったような気分になった。

あるいは、同館裏の小高い丘（華蔵院跡）にある、北畠親房の墳墓。『神皇正統記』の著者として名高い南朝の功臣のものだけに、一対の灯籠にはそれぞれ「神皇正統」「忠烈無比」の文字があって、いかにもそれらしい雰囲気を漂わせている。しかし、これもやはり確実なものとはいえない。

ここに南朝の拠点があったのはまちがいない。だが、これといって確かなものがない。そんな歯痒さがひしひしと伝わってきた。

そんな賀名生に旧皇居が残り、しかもそこに宿泊できるというのである。その名も、「ＨＯＴＥＬ賀名生旧皇居」。これはいったいなんなのか。

めくるめく重厚な歴史の連続に圧倒される

秘密を解く鍵は、重要文化財の堀家住宅にある。さきほど触れた資料館に隣接する、茅葺き屋根に鰹木を九本配した入母屋造りの古民家なのだが、これは地元の郷士・堀氏の居館であり、後醍醐天皇が賀名生に立ち寄ったとき行宮として提供され、以後、しばしば南朝の皇居にもなったという。

もちろん、例によって不確かな伝承ではある。また建物は、おそらく中世にさかのぼると考えられるものの、明治初期に柱の大半を撤去するほどの大改修を施されたため、その沿革をたどることはむずかしくなっている。

ただ幕末には皇居跡としてすでに有名になっており、大和で挙兵した尊王攘夷グループ天誅組で参謀役を務めた吉村虎太郎はここに投宿し、「南朝在世賀名生皇居之蹟」と揮毫した扁額を残した。これは資料館に現存しており、堀家住宅の冠木門にはそのレプリカが掲げられていた。

また同じく天誅組のメンバーで国学者の伴林光平（伴林の名は、生家近くにあった伴林氏神社〔第七章参照〕に由来する）も、訪問時の印象を『南山踏雲録』に書き記している。

鳥語、元弘の余愁を含み、水声、建武の残悒を訟ふ。天下慷慨の士、誰か思古の幽情を発せざらんや（原文は漢文。引用者が書き下した）。

鳥のさえずりや渓流の流れにも、後醍醐天皇の時代の愁いが残っていて、往時を思わずにはおれない。大げさだが、それぐらいここは皇居跡だと考えられていたのだ。

しかのみならず、この建物をいまも管理する堀家の歴史にも引きつけられるものがある。明治時代の当主である堀重信は賀名生村長で、明治に創建された吉野神宮（祭神は後醍醐天皇）の宮司を務めた。その長男の丈夫は二・二六事件発生時の第一師団長で、麾下の部隊より反乱軍を出してしまったため、事件後、予備役に編入されるという悲運に見舞われた。

そしてこの丈夫の養嗣子である栄三もまた陸軍将校の道に進み、大東亜戦争の後半期には大本営の情報参謀を務めた。というとピンとくるひともいるかもしれない。そう、適格な情報分析により米軍の進路を特定し、「マッカーサー参謀」とあだ名されたあの名参謀だ。かれの著書『大本営参謀の情報戦記』は、現在でも経営者などに広く読みつがれている。曖昧な南朝の歴史など、あっという間に吹き飛ぶ濃密さではないか。

現当主は、栄三の孫にあたる堀丈太氏である。堀氏は二〇一九（平成三一）年四月、祖先の遺産を後世に残すため収益化を決意し、堀家住宅でレストラン「KANAU」をオープン、さらに敷地内の離れをリニューアルして一棟貸しの宿泊所とした。これがさきほどから述べているホテルだった。したがって、正確には「旧皇居」そのものに泊まれるわけではない。内部も真新しいゲストハウスのおもむきで、居心地はいいものの、皇居という文字から連想される風雅や豪華絢爛さは期待できなかった。

やはり見どころは母屋だった。せっかくなので、堀氏に案内してもらった。

まず目に飛び込んできたのは「皇居地」の扁額。幕末の剣客としても名高い山岡鉄舟の筆になるという。続いて気になったのは秋篠宮が堀家住宅を案内されている写真。隣にいるのは、元参謀の堀栄三そのひとだった。それ以外にもつぎつぎに文化財級のものが紹介されるが、どれも勿体ぶらず、さり気なく置かれている。めくるめく重厚な歴史の連続に圧倒された。

ふだんはこの母屋に併設されたレストランで鴨、鹿、猪などのジビエ料理が食べられるとのことだったが、わたしが訪問したときはあいにくシェフが事故に遭った直後で閉鎖中だった。そのため、堀氏が近くのスーパーで寿司やおにぎりなどを買ってきてくれた。吉野神宮宮司や第一師団長、「マッカーサー参謀」の子孫を使いっ走りのようにしてしまい恐縮した。

周囲に民家もなく、夜は静寂そのもの。ピアノも置かれていて、堀氏いわく、「朝まで弾いても大丈夫」。ただ南朝の天皇がこのあたりにいたことは事実なのだから、この静寂こそ体験する価値があろう。伴林光平のように尊皇の思いが深ければ、あるいは微かな音色に南朝の愁いが聞き取れるかもしれない。

二礼一七拍手一拝?

賀名生にくらべると、南朝の本拠地たる吉野山は二〇〇四（平成一六）年に世界遺産に登録されただけあって、さすがに遺構が多い。

同地に潜幸した後醍醐天皇は、はじめ金峯山寺の僧坊である吉水院に身を寄せ、ついで同寺の塔頭のひとつ実城寺に移り、そこを金輪王寺と改めて皇居とした。もっとも、京都回復の願いかなわず、一三三九（延元四）年崩御、如意輪寺本堂裏の塔尾山に葬られた。これらの場所は、名称やかたちを変えながらも、現在すべて目にすることができる。

なかでも吉水院――明治維新後の神仏分離令を受けて、現在は吉水神社と名乗る――は、後世の改築を受けたものの、鎌倉時代の様式をいまに伝える現存最古の書院建築を残しており必見だった。しかもその一角は「後醍醐天皇玉座」とされる。どこまで当時のままなのかわからないが、同社はこれを「現存する南朝唯一の行宮（あんぐう）」とうたっていた。

かくも文化財に恵まれた吉水神社だが、一〇年ほどまえ、好ましからぬ理由でメディアに取り上げられた。当時宮司だった佐藤素心（一彦）氏が、ブログに差別的な書き込みをしているとして槍玉にあがったのである（「世界遺産・吉水神社の宮司がブログでヘイトスピーチ？「中国人、韓国人は日本に来るな！」…ネットで話題に」『J-CASTニュース』二〇一四年一〇月一四日）。

二〇二一（令和三）年時点でブログを確認しただけでも、立憲民主党の国会議員の名をあげて「朝鮮人が質問してる最中に朝鮮人が寝ている」（同年四月二一日）、「韓国もいつまでも慰安婦売春で金もうけたくらむな」（同年八月一五日）など、目を覆いたくなる記述がみられる。一日なんども更新され、神道より野党、朝日新聞、中国、韓国、北朝鮮などの話題が目立っていて思わず頭を抱えた。

素心氏については、第三章で安倍神像神社の宮司としてすでに触れた。あらためて経歴を確認すれば、もともと大阪府警の警察官だったが、阪神大震災時、救援やボランティア活動に取り組むなかで、楠木正成を祀る湊川神社の宮司より「あんたは神主に向いている」と言われて五五歳で退職、神職の道に入った。現在でこそ「朝日新聞をこの世から消滅させなければ」などとブログに書いているが、昔は考えがやや違ったようで、一九九六

吉水神社の「南朝皇居」碑

（平成八）年には同紙の取材を受け、しかも「韓国生まれの李さん」との深い交流も語っていた。

二〇一二（平成二四）年に叙勲され、翌年その記念のエッセイ集『わが祖国日本への繼文』を刊行。当時の安倍首相より「佐藤宮司の魂の日記」「自分の国は自分たちが守らなければならないという強い意思を感じます」などとの推薦文を寄せられた。

この宮司のもとで、境内には菊の御紋入りの歌碑などがつぎつぎに設置された。後醍醐天皇の御製碑にも菊の御紋。明治天皇の御製碑にも菊の御紋。案内板にまで菊の御紋。とくに、書院まえの石碑「世界遺産　南朝皇居　吉水神社書院」は立派で、ひときわ大きな菊の御紋が燦然と光り輝いていた。しかも、南朝皇居として世界遺産登録されたわけではないのに、「南朝皇居」という文字がいちばん大きく目立っていた。ここまでくるともはや一種の〝魔改造〟というほかなかった。

だが、それにもまして驚いたのは、境内のあちこちに貼られた文書だった。いわく、吉水神社では「二礼一七拍手一拝」が参拝の作法だというのである。第三章で触れたように、一七は『古事記』に見える天地開闢の神々一七柱に対応しているという。一七拍手⁉　さすがにこのときは目を疑った。

昨今、神社では「二礼二拍手一礼」を推奨する案内をよく見るが、これも一般人の拝礼としては戦後になって広く普及したものだった。拝礼の手法は時代によって変わってきたが、ここに来るまで一七拍手は聞いたことがなかった。そもそも吉水神社の祭神は、後醍醐天皇、楠木正成、宗信法印（吉水院住職）の三柱ではなかったのか――。

試しに一七回手を叩いてみたが、意識しないと数を忘れてしまうので、祈願どころではなかった。その日はひとがおらず、どれくらい広まっているのか不明だった。

後日、社務所に電話をかけてみた。すると、令和元年に「原点回帰」ではじめたものであり、「一七拍手は『古事記』がわかっている証拠なので、どこの神社でやっても文句は言われないはず」などと、歴史を踏まえながら滔々と語ってくれた。そしてお礼をいうやいなや、「勉強になりましたね！」と切られ、名前を聞くいとまもなかった。

宮司本人だったのかもしれない。ブログのように、怒濤の情報量と熱量だった。とはいえ、そもそも吉水神社は寺院の僧坊だったのではないかとの疑問も頭を駆け巡った。

素心氏は、楠木正成に導かれるままに生きていると自著で述べている。かれはかれなりに、南朝の愁いが聞こえているのかもしれない。いずれにせよ、一七拍手を今後あちこちの神社で実践するかどうかは、読者の判断と責任に任せたい。

第一二章

「ナチス聖杯城」の真実

ドイツ/ヴェーヴェルスブルク城、ヘルマン記念碑
(2022年10月訪問)

ヒムラーの愛したヴェーヴェルスブルク城

「誤解をおそれずにいってしまえば、日本人はナチが好きである。とくにSSが好きである」。この思い切った訳者あとがきで読者を苦笑いさせた、グイド・クノップの歴史書『ヒトラーの親衛隊』（高木玲訳、原書房、二〇〇三年）。ナチの親衛隊（SS）がエリートでかっこいいなどという誤解も本書で解けるという主旨なのだが、それでもそこで紹介されたある場所は、好事家の関心を引かないではおかなかった。

ヴェーヴェルスブルク城――ドイツ北西ノルトライン＝ヴェストファーレン州にある古城である。

オカルト好きで知られる親衛隊長官のハインリヒ・ヒムラーは、この城をいたく気に入り「亡くなったSS将校の霊廟と、大理石を敷き詰めた大広間を作ろうとし」、第二次大戦勝利のあかつきには、ここを「黒い騎士団の霊的中心地」「いわばSSのヴァチカン、『新たな倫理観』の儀式と管理の中心」にしようとした（前掲書）。

いうまでもなく親衛隊は、ユダヤ人虐殺などナチの犯罪に中心的に関わった組織だ。そんなかれらの、霊的な城とはいったいどんなものだったのだろうか。

なにを隠そう、わたし自身も大学生のときに同書を読んで、この城に興味が尽きなかったひとりなのである。帝国日本への関心が、かつての同盟国だったドイツやイタリアに広がることは珍しくない。そこでコロナ禍による旅行制限が解除された二〇二二年一〇月、長年の課題を片付けにドイツへ遠征することにした。

日本以外の国々でも、近代になって歴史の利用により「われわれ」意識が創出された。

これを確認するためにも、ヴェーヴェルスブルク城やその周辺には大きな意味があった。

オカルト空間に広がる意外な光景

遠路はるばるたどりついたドイツは、日本と異なり、ほとんどだれもマスクをしていなかった。コロナにかんする入国制限もとくになかった。ただ、公共交通機関では医療用（FFP2）マスクの着用が義務づけられており、ドイツ人はこのルールをしっかり守っていた。ただ降車した瞬間、みな一斉にマスクを外していたのが印象的だった。

うっとうしくても、ルールはルール。白黒はっきりつけるところが、いかにもドイツらしい。郷に入れば郷に従えで、わたしもマスクをつけてベルリン中央駅より高速列車ICEに乗り込んだ。ドイツを西に約三〇〇キロ横断し、ノルトライン゠ヴェストファーレン州の中心都市ビーレフェルトに到着。そこでローカル線に乗り換えて、最終的にパーダーボルンという駅で降りた。

日本でいえば、方角は異なるものの東京から仙台まで新幹線に乗り、そこからローカル線に乗り継いだという距離感だ。およそ四時間の道のりで、もう少し西に行けばオランダとの国境に達する。外国人の観光客はほとんど見かけない片田舎だった。

ヴェーヴェルスブルク城へは、さらにそこから車で行く必要がある。幸いにも、駅前のタクシー乗り場であくびをしながら待機している男性の運転手を見つけた。年齢は六〇代ぐらいで、引退後の小遣い稼ぎといったところか。地方の事情は日本と大差ない。ドイツでは珍しく英語が通じず、支払いも現金のみだった。

三〇分ほど走ると、小さな集落に入った。車をガタガタと揺らしながら狭い石畳の路地を抜けると、目標の城はついに姿をあらわした。

まず目に飛び込んできたのは、重厚な石造りの円塔だった。それが三つ、正三角形を形づくるように並び、城壁がそれぞれをつないでいる。上空から見ると、本当に三角形に見えるだろう。クリーム色の外壁に灰色の屋根が載っており、意外にも落ち着いた色調で、魔女の城のような不気味さは感じられなかった。

それでも、この光景には見覚えがあった。写真で何度も見たヴェーヴェルスブルク城だ。外壁の周りを歩き回りながら確認する。そうだ、これこそがヒムラーが夢中になった城だ。間違いない。はじめて訪れる場所なのに、どこか懐かしさがこみ上げ、胸が熱くなった。

現在の建物は、一六〇三年から一六〇九年にかけて司教領主のディートリヒ・フォン・フュルステンベルクによって建てられた。ルネサンス様式とされるが、石造りの外壁はむしろ中世の城塞を思わせた。整然と窓が並ぶ外観は、ベルリンに残るナチ時代の官庁建築にどこか共通する雰囲気もあった。

それもそのはず、この城はナチ時代に壁の漆喰が剝がされ、周囲も掘削され、ナチの趣味にかなう、質実剛健な姿に変えられたのだ。それまでかかっていた石橋も、親衛隊のリムジンで中庭に乗り付けられるよう、コンクリートのものに変更された。よく見ると、橋に飾られた怪人面（マスカロン）には「一九三四」という数字が刻まれていた。

親衛隊はこの一九三四年、城を毎年一ライヒスマルクで一〇〇年間賃貸する契約をビューレン郡と結び、建築家ヘルマン・バルテルス設計のもと改造に着手した。

なかでも重要なのは、三つの塔のうち、ひときわ大きい北の塔だ。ここでは、地階の貯水池が地下聖堂に、地上の旧礼拝堂が「親衛隊大将の間」(Obergruppenführersaal)と呼ばれるホールに改造された。工事は第二次大戦下、近くの強制収容所の収容者を動員して行われた。

そしてこの北の塔こそ、親衛隊のオカルト空間とみなされ、サブカルチャー的にも消費されてきたところなのである。いわく、ヒムラーの聖杯城。いわく、ゲルマン的祭祀の場。いわく、霊的な世界との接点――。

とくに「親衛隊大将の間」にある奇妙な円形の床飾り（真ん中の黒丸より、雷マークのようなルーン文字が放射状に一二本配されている）は、一九九〇年代以降「黒い太陽」と呼ばれ、オカルティストや極右のあいだで人気を博している。そのような事情もあり、北の塔では写真撮影が許されていない。

外見と違って、ここはきっと禍々（まがまが）しい空間なのだろう。事前に得た知識もあり、固唾（かたず）をのんでホールに足を踏み入れた。しかし、そこには意外な光景が広がっていた。オレンジや黒のビーズソファ、白黒の腰掛けや物入れなどが、フロア中央に無造作におかれており、まるで片付けが行き届いていないリビングのようだった。肝心の「黒い太陽」もたしかにあったものの、その印象はすっかり薄らいでしまった。

じつはこれ、北の塔にオカルティックなロマンを抱く人間を牽制するため、あえて行っているものだった。二〇二二年にドイツで出された論集によれば、この措置は極右のネットフォーラムで激怒を引き起こしたそうだ。狙いはみごとにあたったのである。

なおもうひとつの地下聖堂にも、ナチによる犠牲者を追悼する絵画が掲げられており、やはり極右による悪用を牽制していた。

ヴェーヴェルスブルク城は現在、ユースホステルと、ふたつの博物館（ナチ時代とそれ以前を対象とする）で構成されている。そして北の塔に行くには、ナチ時代を扱った博物館のなかを通過しなければならない。しっかり事前の知識を仕入れたうえで見物せよということだろう。訪問者たちはみな熱心に展示を読み込んでいて感心させられた。

その説明によれば、ヴェーヴェルスブルク城はけっしてオカルトの城ではなかった。北の塔がどのような目的で改造されたかよくわかっていないし、まして祭祀が行われたという証拠もない。ようするに霊的空間というイメージは、ほとんど虚妄だというのだ。博物館はむしろそういうイメージを払拭するのに腐心しているようだった。これは予想外で、正直大いに驚いた。

もちろん、ヒムラーに歪んだ問題意識がまったくなかったわけではない。

そもそもヴェーヴェルスブルク城との接点は一九三三年までさかのぼる。この年の一月、ヒムラーはヒトラーに随行して、リッペ州（現在はノルトライン＝ヴェストファーレン州の一部）の選挙応援にやってきた。そこでたまたま、デトモルト近郊にあるヘルマン記念碑とエクスターンシュタイネを訪ねる機会を得た。

ヘルマン記念碑は、ゲルマン人の首長を讃える立像で、エクスターンシュタイネは、民族主義者のあいだでゲルマンの聖地とされていた奇岩だった。

これらの場所に強い感銘を受けたヒムラーは、この地域がゲルマン民族の精神的な中心地であると確信するようになった。そして同年一一月、そこから車で南西に四〇分ほどのヴェーヴェルスブルク城の存在を知るや、すっかり入れ込んでしまったのである。

ヒムラーは敗戦の直前、少なくとも二五回は訪れたこの愛する城の破壊を命じた。だが、爆薬が足らず炎に包まれただけで終わった。もし城の改造が早く済んでいたら、なにか特別な行事が行われたかもしれない。

ドイツにもあった「古代＝近代」の等式

せっかくここまで来たので、ヘルマン記念碑にも立ち寄ることにした。グローテンブルクの小高い山のうえに立つこの記念碑は全高約五三メートルで、東京・渋谷の１０９とほとんど同じ。高知県の神武天皇像（第一〇章）は約一五メートルだったので、比べものにならないほど大きい。周囲にさえぎるものがないため、台座のうえで剣を高く掲げたヘルマンの姿ははるか遠くからでもはっきり見て取れる。

最寄りの駐車場はかなり広く、レストランまで併設されていた。地元リッペ郡の車両に「ヘルマンの国」と大書されていたので、イチオシの観光資源らしかった。ただし、訪問者の姿はまばらだった。

バンデルが建設したヘルマン記念碑

ここまで連れてきてくれたさきほどの運転手氏に待っていてもらい、記念碑へと向かった。高さ約二七メートルの石造りの台座は、展望台にもなっている。四ユーロを支払って登ると、展望台からはドイツのまっ平らな大地がはるかかなたまで見渡せた。そして眼下に広がるトイトブルクの森が、この記念碑の由来を思い起こさせてくれた。

西暦九年、ケルスキ族の族長アルミニウスは、このあたりでクインクティリウス・ウァルス率いる三個のローマ軍団を奇襲攻撃して、これを壊滅させた。いわゆるトイトブルク森の戦いである。皇帝アウグストゥスはローマでこの知らせを聞いて、思わず「ウァルスよ、わが軍団を返せ！」と叫んだ。ローマ帝国によるゲルマニア征服挫折の瞬間だった。ローマ人の史書に記されたこの族長は、のちにヘルマンというドイツ名を与えられ、ナショナリズムの高揚にともなって、「外敵からドイツを守った英雄」として尊重されるようになった。

ヘルマン記念碑はそんな時代、ひとりの建築家によって構想された。その名は、エルンスト・フォン・バンデル。ナポレオンの侵略を受けて愛国心に目覚めたかれは、三七年もの歳月をかけて、寄付を募りながら、一八七五年、七五歳でついにこの記念碑を完成させた。日本でいえば、明治八年にあたる。まさに途方もないライフワークだった。

壁面には、その四年前にドイツ統一を成し遂げた皇帝ヴィルヘルム一世への、惜しみない賛辞が刻まれていた。

長きにわたり散り散りになりたる諸部族を雄々しき力もて結びつけ、外国の軍勢と策謀を凱歌高く打ち破り、長らく道に迷いたる子らをドイツ帝国に帰還せしめたるかれこそ、救世主アルミニウスと同じなれ。

近代日本において明治天皇が神武天皇に重ねられたように、ほとんど同時期のドイツではは皇帝ヴィルヘルム一世がヘルマンに重ねられたのである。ここでも「古代＝近代」の等式が成り立っていた。

いや、日本やドイツだけではなかった。フランスでは、カエサルと死闘を繰り広げたガリア人の首長ウェルキンゲトリクスが持ち上げられ、英国では、ブリテン島で反逆を起こした女王ブーディカが礼賛された。それまでローマ帝国に抗った「蛮族」扱いだったものたちが、ナショナリズムの文脈のなかで突如として英雄として台頭したのだ。

もちろん、銅像もつくられた。フランス中東部のアリーズ・サント・レーヌに建てられたウェルキンゲトリクスの像は、皇帝ナポレオン三世に顔が似ているといわれる。ブーディカはその名前の由来から（ケルト語で勝利を意味するbouda）、ヴィクトリア女王と重ねられた。どこの国でも事情は驚くほど変わらない。

話をドイツに戻そう。ヘルマンをドイツ統一の象徴とみなすのは、いうまでもなく後世の思い込みにすぎない。ただここで注目すべきなのは、ドイツではヘルマンが禁忌になっておらず、むしろその記念碑は地元の観光名所として推奨されていたということだ。駐車場に戻ってくると、併設されたレストランの名前も「バンデルス・ヘーエ」（バンデルの丘）なのに気付いた。

そのため、そこにはヴェーヴェルスブルク城のような暗さはなかった。あとでわかったが、さきに高速列車を下りたビーレフェルトという町のサッカーチーム名も「アルミニア」だった。ドイツは「歴史を反省している国」として日本と比較されがちだが、それでもナショナリズムが完全に否定されているわけではないのである。

この切り分けは、日本人にとっても参考になるだろう。たしかに「われわれ」という国民意識は虚構かもしれない。だが、国民国家という枠組みが現在の世界秩序の根本をなしている以上、これとどううまく付き合っていくかもまた考える必要がある。たんに虚構だと否定していれば済む話ではない。

言い換えれば、現在にふさわしい「われわれ」という国民意識をどのように構築するかが問われている。ナチという人類史の最暗部を抱えるドイツ人でさえ、そのような試みを放棄していない。いわんや日本人においてをや。

「われわれ」の物語を求めようとする動きは、不死鳥のように何度でも蘇ってくる。それが、近年の「右傾化」と呼ばれる現象にほかならない。ヒムラーのような危険な思想に対抗する方法は、たんにそれを嘲笑することではない。より健全で説得力のある物語を創り出すことである。現在の日本では、「SS好き」などと冗談めいたことばを口にすることも難しくなるほど、歪んだ歴史観が広がりつつある。いまわれわれが選ぶべき道は、そのようなものにたいして、新たなよりよい物語を提示することにあるのではないか。

第一三章

感動を呼び起こす星条旗

米国／マクヘンリー砦、星条旗の家
（2024年5月訪問）

星条旗が特別に展示されているアメリカ国立歴史博物館

米国人は星条旗が好きである。米国の広場で、街路で、駅で、空港で、ミュージアムで、この旗をみない日はない。国歌のタイトルまで「星条旗」だ。

首都ワシントンの中心部に位置するアメリカ国立歴史博物館にも、正面玄関入ってすぐのところに特別な星条旗コーナーが設けられている。そしてここに展示されているものは、無数にある星条旗のなかでとりわけ歴史的な意義が大きい。

入口をくぐると、なかはほとんど真っ暗だった。まえのひとがよく見えず、何度もぶつかりそうになる。スマホのライトを使おうとしたら、職員から注意された。資料を保護するため、写真撮影も許されていなかった。

慎重に進んでいくと、奥まった場所にガラスケースに守られた大きな星条旗が横たわっているのが見えた。薄明かりのなかで照らし出されたその姿は、まるで神殿の奥に安置された聖遺物のように神聖な雰囲気を漂わせていた。

縦は三〇フィート（約九メートル）、横は三四フィート（約一〇メートル）。もとは横四二フィート（約一三メートル）だったが、ところどころ大きく破損しており、汚れも目立っている。

星条旗のデザインは、州の増加にともない変化してきた。現在の星条旗には五〇個の星が配され、独立時の一三州を象徴する一三本の横縞が描かれている。だがここに展示されている旗は、星が一五個（一個は欠損）、横縞が一五本だった。そのため、これが古い時代のものだと一目でわかった。

数多くの星条旗が存在するなかで、なぜこの古びた旗だけが特別に展示されているのか。それは、この旗が国歌「星条旗」が生まれるきっかけになったものだからだ。米国にとって、この星条旗は国宝級の価値をもつものなのである。いや、それだけではない。この旗はまた現在にいたるまで米国で「われわれ」という国民意識を創出するための重要な装置にもなっているのである。

見事な演出に脱帽

そもそも国歌「星条旗」は一八一四年、米英戦争のさなかにつくられた。アメリカ独立戦争（一七七五〜一七八三年）につづく、両国の衝突だった。

口火を切ったのは、英国の海上封鎖に悩まされていた米国の側だった。英国がナポレオン戦争で忙殺されている隙をついて、領土を拡大しようという目論見もあった。ところが、英国は思いのほか強力であり、一八一四年八月にはワシントンを攻略し、ホワイトハウスや連邦議会議事堂などに火を放った。米国のマディソン大統領らは、かろうじて難を逃れるありさまだった。

「星条旗」が誕生したのは、その翌月、ワシントン北東に位置する港湾都市ボルチモアでの攻防戦においてだった。米軍は港の入口にあるマクヘンリー砦に籠城し、英軍はそこに艦隊を差し向けた。そして一三日朝、戦闘の火蓋が切って落とされた。英軍の砲撃はじつに二五時間にわたって続いた。まさに昼夜を分かたぬ猛攻だった。

そのとき、ひとりの米国人弁護士が海上よりこの攻撃を目撃していた。名はフランシス・スコット・キー。直前まで英軍艦で捕虜解放の交渉にあたっていたかれは、情報漏洩を防ぐため、作戦終了まで海上に留めおかれていたのだ。

攻撃は熾烈をきわめた。いまは砦に星条旗がひらめいているが、このままでは陥落してしまうだろう。キーはなかば諦めていた。夜通し砲撃の音は響き渡っていた。ところが翌朝になって砦をみてみると、なんとまだ星条旗がはためいているではないか。米軍の守りは固く、ついに英軍は砦の攻略を断念したのだった。

キーはこのときの感激を、当時の流行歌「天国のアナクレオンに捧げる」のメロディーにあわせて詩に書き残した。こうして誕生したのが「星条旗」だった。以下にその一番を引く。

おお、見えるか、朝まだき光を受けて、
すぎし黄昏に、われらいとも誇らかに仰いだものが。
その太き縞と輝ける星の旗は、激しき戦いのさなかも変わらず、
友軍が守る城塞の上に、じつに雄々しくひるがえっていた。
ロケット弾の紅炎も、空を引き裂く砲弾も、

夜を徹してわが旗が、なおあの場所にあった証なのだ。
おお、告げよ、星条旗はいまもひるがえっているか、
自由人の国、勇者のふるさとに。

最後の問いかけは、自由人の国、勇者のふるさとがいまも存在しているかを確かめるものであり、その象徴として星条旗が掲げられている様子が感動的に描かれている。キーが感じた高揚が、こちらにもありありと伝わってくるようだ。

そしてこの感激を、われわれはいまもマクヘンリー砦で追体験することができる。「星条旗」は一九三一年、フランクリン・ルーズベルトの時代に、正式に国歌として定められた。この決定により、国歌誕生の地であるこの砦はふたたび注目され、その八年後、「国定記念物および歴史的聖地」(National Monument and Historic Shrine)として特別に復元・保存されることになった。

米国が誇る国威発揚の拠点とはどんなものだろうか。ボルチモアの中心街から少し距離があるため、車を使って向かった。砦はいまも港を守るかのように、海に突き出た岬の先端に位置していた。

受付で入場料を支払い、さっそく砦に向かおうとしたところ、職員が「まず映像を見てください」と強くすすめてきた。「星条旗」の歴史は十分予習してきたつもりだったが、ここは現地の習慣にしたがい、ほかの米国人たちと一緒に映像を見ることにした。

マクヘンリー砦と、いまもひるがえる星条旗

映像の内容はさきに述べたことのほぼ繰り返しだった。米英戦争の勃発、マクヘンリー砦の奮戦、そしてキーの感動。これも知っている、あれも知っていると、まるで答え合わせをしているようだった。一五分ほどで映像が終わり、最後に「星条旗」の合唱が流れはじめた。

やれやれ、これで終わりかと思い、席を立とうとした刹那、急に映写幕が静かに上がった。広がっていたのは一面のガラス窓。その向こうにあらわれたのは——、まさにマクヘンリー砦だった。そしてその砦には、星条旗が翩翻（へんぽん）とひらめいているではないか！

そこにタイミングよく歌詞が重なった。

「おお、告げよ、星条旗はいまもひるがえっているか、自由人の国、勇者のふるさとに」。斜め前の女性がやにわに立ち上がり、胸に手を当てた。

星条旗は数多(あまた)の戦争を勝ち抜いて、いまもなお生きている。その物語が胸に迫り、自然と感動が湧き上がってきた。じつに見事な演出だった。これまで世界中の国威発揚スポットを訪ね歩いてきたが、ここは群を抜いていた。さすがはエンターテインメントの国、ショービジネスの国だった。歴史をしっかりと教えたうえで、キーと同じ感動を体験させる。このたくみな設計に脱帽せざるをえなかった。

その余韻も冷めやらぬまま、マクヘンリー砦へと向かった。この砦は、ヴェーヴェルスブルク城（第一二章）とは異なり、五角形の星型要塞で、北海道の五稜郭を思い浮かべるとわかりやすい。堂々たる城がそびえているわけではなく、砦自体からはそれほど強い印象は受けなかった。もし砦だけを見ていたなら、さきほどのような深い感動は得られなかっただろう。

米国の歴史的な施設はじつによくできている。国民的な物語がしっかり共有されているからだろう。これはたんに予算の問題ではなく、日本では到底真似できないものだと何度も感心せざるをえなかった。

現在進行形で創造される「われわれ」

じつは米英戦争下のマクヘンリー砦には、大小ふたつの星条旗があった。英軍の攻撃中には激しい雨が降っていたため、小さな旗（暴風旗）が掲げられていたが、その後、夜明けとともに大きな旗（守備旗）に取り替えられた。つまり、ずっと同じ星条旗がひるがえっていたわけではなく、キーが見て感動したのは後者だった。

このふたつの星条旗は、砦の司令官ジョージ・アーミステッドの依頼により、ボルチモアの旗製造業者メアリー・ピッカースギルのもとで縫い上げられたものだった。そしてその作業の一部が行われた彼女の自宅跡もまた〝愛国の聖地〟として公開されている。

その名はずばり「星条旗の家」。ボルチモアの港近くに立つ、レンガ造りの質素な三階建てだ。奥にはミュージアムが併設されており、壁一面に巨大な星条旗がデザインされている。これは、砦に掲げられていた守備旗と同じサイズとデザインだという。近づくとその大きさに圧倒された。米国人の星条旗への愛着を、あらためて実感させられた。

このミュージアムでもっとも印象深かったのは、一枚の油絵とその解説だった。

ピッカースギルが娘や姪などの手伝いを受けながら巨大な星条旗を縫い上げる様子を、アーミステッドなどの米軍将校たちが見守っている。この旗はあまりに大きかったため、最後の作業は近くの醸造所の床で行われた。本作はマッギル・マッコールという画家が一九六二年にその様子を描いたものだった。

一見なんのことはない愛国絵画だが、解説に目を引かれた。本作には史実と違う点があり、ある人物が欠けていると指摘されていたのだ。その人物とは、アフリカ系米国人の少女グレース・ウィッシャー。彼女は、ピッカースギルのもとで年季奉公しており、この作業も手伝ったはずだというのである。

画家が差別主義的だったわけではない。「星条旗の家」の学芸員に訊ねたところ、彼女の存在が明らかになったのは最近のことだという。それをすぐ展示に反映するところがいかにも米国らしい。かつてアフリカ系のひとびとは「かれら」だった。だが、いまやそのひとびとは「われわれ」に統合されているというわけである。

こうして縫い上げられた旗は、マクヘンリー砦に納入された。キーを感動させた大きな旗は、米英戦争後にアーミステッド司令官の所有となり、その後、かれの遺族の手を経て、一九一二年にアメリカ国立歴史博物館に寄贈された。これが冒頭で紹介した、米国の国宝である。もちろん同館の特別展示でも、グレース・ウィッシャーのことはしっかり明記されている。

「われわれ」を創造する。こういうと、現在では「つくられた伝統」として批判の対象になりやすい。そんなものは捏造にすぎないというわけだ。だが、国民国家という枠組みが存在する以上、「われわれ」の創造を避けて通ることはできない。

米国では、現在進行系で「われわれ」が堂々と創造されている。アフリカ系の少女もまた「われわれ」の一員なのだと。しかもそれは、ポリティカル・コレクトネスにも反しないかたちで行われている。

ひるがえって日本においてはどうだろうか。東西の文明を取り入れつつも、独自の価値観を守りつづけてきたこの国の美点を守りながら、二一世紀にふさわしい国家像を描くことはできないだろうか。国威発揚を無批判に礼賛することは避けつつも、国民国家そのものを否定するわけではない。日本や世界を巡り歩いた結果、わたしはそのような中間の大切さをあらためて強く意識するようになった。

第三部

燃え上がる国境地帯

敵を名指しする

第一四章

祖国は
敵を求めた

ドイツ/ニーダーヴァルト記念碑
（2022年11月訪問）

ニーダーヴァルト記念碑。右はライン川

「ドイツ人の祖国とはなにか」というドイツの愛国歌がある。ナショナリズムの誕生を考えるうえで、たいへん示唆に富む作品のひとつだ。

ドイツのナショナリズムは、一九世紀初頭にナポレオンの侵略を受けて目覚めた。ドイツ地域があっさりとフランスの軍門に下ったのは、オーストリア、プロイセン、バイエルンなどの諸邦がバラバラだったからではないか。「われわれ」ドイツも、「敵」フランスのように強力な統一国家を築かなければならない。このような問題意識のもとで、ナショナリズムが高まりをみせたのである。

「ドイツ人の祖国とはなにか」は、一八一三年のライプツィヒの戦いでナポレオンに勝利したときに、作家のエルンスト・アールントによって作詞された（その後、グスタフ・ライヒャルトなどによって曲がつけられた）。ドイツ諸邦がまさにフランスの支配から脱しようとしていたこの時期は、「すべてに冠たるドイツ」（現在ドイツはこの三番を国歌として採用している）をはじめ、多くの愛国歌が生まれたときでもあった。

そのなかでも「ドイツ人の祖国とはなにか」の内容はとりわけ興味深い。ナショナリズムが形成される過程を、そのまま描写したような内容だからだ。

その一番の歌詞をみてみよう。

　ドイツ人の祖国とはなにか。
　それはプロイセンか、シュヴァーベンか。

ラインの河畔で葡萄が実るところか。
バルトの海峡で鷗が羽ばたくところか。
おお、否、否、否！
ドイツ人の祖国はもっと大きくなければならない。

当時、「ドイツ人の祖国」は自明ではなかった。統一国家の必要は訴えられても、その範囲は定まっていなかった。そのため、この歌詞では「ドイツ人の祖国とはなにか」がしつこく問われる。そしてその答えとしていくつかの国や地域があげられるものの、ただちに「否、ドイツ人の祖国はもっと大きくなければならない」と拒絶される。

二番以降でも、バイエルン、シュタイアー、ポンメルン、ヴェストファーレンなどの名前があがり、そのたびに「否」と言われる。神聖ローマ皇帝位を長らく独占した、名門ハプスブルク家が治めるオーストリアでさえ十分ではないと退けられる。

日本のような島国と異なり、ヨーロッパ大陸の中央に位置するドイツは、どこからどこまでが国土にあたるのかがきわめて曖昧だった。その特徴が図らずも歌詞ににじみ出てしまっている。

実際、ドイツは一八七一年にプロイセンを中心に統一されるが、オーストリアは除外されていた。そして二度の世界大戦などを経て、ドイツの国境は目まぐるしく変化していくことになる。

「ドイツ人の祖国とはなにか」の歌詞に戻ろう。つぎつぎに地名が挙げられるなかで、ついに七番になり「そろそろその答えを言え」と調子が変わる。そう、われわれもそれが気になっていたところだ。このじつに不確かなドイツという概念に、どのような定義を与えるのか。

ところが、肝心の答えはやはり抽象的だった。「それは、ドイツのことばが響き、天なる神が（ドイツの）歌を歌いたまえるところ」。これではまったく答えになっていない。八番でも「手を握って誓いを交わすところ、瞳に忠誠が赤々と燃え、心に愛が暖かく宿るところ」と曖昧な表現がつづき、九番になってようやく決定的な「祖国の定義」が出現する。

すべてのフランス人が敵であるところ、
すべてのドイツ人が友であるところ。

そう、ドイツ人の祖国とは、フランスを敵にすることによって定義されるのだ。間断をおかず、歌詞はつぎのように叫ぶ。「こうであるべし。こうであるべし。全ドイツはこうであるべし！」。そして最後の一〇番で、神の加護が祈られて全体が締めくくられる。

勃興期のナショナリズムを物語ってあまりあるではないか。ナショナリズムは「われわれ」を定義するだけでは足りない。「ドイツの祖国とは、すべてのドイツ人を友とするところ」では同語反復になってしまう。「われわれ」を力強く輪郭付けるためには、「われわれならざるもの」すなわち「敵」が求められる。この「敵」が存在することにより、「われわれ」はより強く結束させられるのである。

ナショナリズムを燃え上がらせたライン川

そんなドイツのナショナリズムを刻み込んだ巨碑が、ライン川を見下ろす丘のうえにいまも悠然とそびえ立っている。同国西部のリューデスハイムにある、ニーダーヴァルト記念碑がそれだ。

リューデスハイムはヘッセン州に属し、古くよりワインの産地として知られる。小さな街ながら、ノスタルジックなワイン酒場が石畳の小路に軒を連ね、その美しさから「ラインの真珠」の異名をもつ。二〇〇二年には、「ライン渓谷中流上部」の一部として世界遺産に登録された。ヨーロッパ金融の中心、フランクフルト・アム・マインより鉄道で西へ約一時間の距離に位置するが、無機質な高層ビルの姿はなく、心温まる田園風景を楽しめる優れた観光地である。

問題のニーダーヴァルト記念碑は、旧市街から出発する山岳ケーブルカーで約五分のところに立っている。ただ、わたしは早朝に訪れたため、営業時間外でケーブルカーは利用できず、タクシーを呼んで向かうことにした。丘のうえは古くからニーダーヴァルトと呼ばれる公園として整備されており、駐車場からしばらく歩くと、自由の女神のようなシルエットが目に飛び込んできた。

　全体の高さは三八・一八メートルで、ビルでいえば一〇階建てに相当する。だが、まわりに高い建物がないため、それ以上の迫力を感じた。ドイツの国民的な記念碑はどれも巨大で、そのスケール感に圧倒される。そして石造りの土台のうえには、右手に王冠を掲げ、左手に剣を握った女性の銅像が鎮座していた。ドイツを象徴する女神ゲルマーニアだった。

　女神のすぐ下には「ドイツ国民の凱歌高き総決起とドイツ統一国家の再興を記念して一八七〇～一八七一年」と刻まれている。この記念碑は、普仏戦争で宿敵フランスを打ち破り、ドイツ帝国が成立したことを記念して、一八八三年に建設された。

　高台に立つこの場所からは、リューデスハイムの旧市街やワイン畑、そして雄大なライン川を一望できる。ちょうど曙光が雲間から差し込み、水面が黄金色に輝くなか、大きな客船がゆっくりと川を下っていった。そしてその向こう岸には、歴史的にラインラントと呼ばれる土地が広がっていた。

　息を呑むような美しさだったが、このライン川とラインラントは、かつてドイツのナショナリズムを燃え上がらせた地でもあった。片田舎に巨碑が建てられた理由も、この歴史に求められなければならない。

　そもそも、現在ではライン川はほぼドイツ国内を流れているが、統一国家が成立する以前、それは必然的なものではなかった。ヨーロッパの情勢次第では、ライン川がドイツの西端となり、ドイツ「国内の川」ではなく、ドイツとフランスの「国境の川」となる可能性も十分にあった。

実際、フランスはライン川まで勢力を広げたいという野望を抱いており、ナポレオン時代にはラインラントを支配下においていた。

このままではライン川が「国境の川」になってしまう。ドイツの愛国者は激しく憤った。先述のアールントは「ライン川はドイツの川であり、ドイツの国境ではない」と述べて、ラインラントの回復を強く訴えた。

ナポレオンの没落後、フランスの国境は後退し、ライン川はふたたびドイツ「国内の川」となった。だがフランスもかんたんに諦めたわけではなく、一八三九年から翌年にかけて、あらためてライン川の支配をめざす動きが強まった。このライン危機と呼ばれる騒ぎが、ドイツのナショナリズムをあらためて鋭く刺激した。

ドイツのライン川を守れ。その熱狂は、一篇の重要な愛国詩を生み出した。ヴュルテンベルクの詩人マックス・シュネッケンブルガーによる「ラインの護り」である。

雷鳴のように、怒濤のように、
剣戟の相撃つように、叫びが轟く。
「ラインへ、ラインへ、ドイツのラインへ！
だれがこの大河を護るのか？」

愛する祖国よ、心安かれ。
ラインの護りは固く忠実だ。

以下、五番からなるこの詩ものちに曲がつけられ、「ドイツ人の祖国とはなにか」をしのぐ有名な愛国歌になった。普仏戦争では軍歌として歌われ、ドイツ帝国の成立後は第二の国歌のようにも歌われた。

宿敵フランスを皇帝という象徴で上書き

やや遠回りしたのはほかでもない、この「ラインの護り」の歌詞がニーダーヴァルト記念碑に刻まれているからである。

女神ゲルマーニアの像から視線を下に移すと、記念碑の正面中央に巨大なレリーフがはめ込まれている。そこには、一三三名ものひとびとが細かく描かれており、中央には馬に乗ったドイツ初代皇帝のヴィルヘルム一世がいる。周りを固めるのは、ビスマルクやモルトケなどの功臣、軍人、ドイツ各地の諸侯、職人、兵士などだ。すべて等身大なので、その大きさにあらためて驚かされる。

「ラインの護り」の歌詞が刻まれているのは、これら人物たちの足元にあたる。一番から

ヴィルヘルム1世らのレリーフと「ラインの護り」

五番まですべての歌詞が記されており、「愛する祖国よ、心安かれ。ラインの護りは固く忠実だ」という末尾の繰り返し部分が特筆大書されている。

その言わんとしていることはあまりにも明確だろう。ドイツ国民はかつてヴィルヘルム一世のもとで結束し、フランスと戦って勝利した。ドイツ国民は今後も皇帝のもとで結束して外敵に当たらなければならない――。

この記念碑にはこれ以外にも、普仏戦争の勝利とドイツ帝国の成立が細やかに表現されている。

普仏戦争の勝利をあらわすのは、ヨコの軸線だ。記念碑の正面向かって左側には、「兵士の出征」を描いたレリーフと戦争の寓意像が、右側には平和の寓意像と「兵士の帰郷」を描いたレリーフが配置されている。これらの要素は、正面中央のレリーフをあいだにはさみながら、出征から勝利、そして帰還までの輝かしい戦争の経過を表現している。

そのいっぽうで、ドイツ帝国の成立をあらわすのは、記念碑のタテの軸線だ。ゲルマーニアの下には、ドイツ帝国の国章である帝国鷲が飾られており、その背後にはドイツ諸邦の紋章が控えている。そして、正面中央のレリーフを経て、最後に「老父が若い娘に角笛を渡す像」にたどりつく。この像は、父なるライン川と娘に象徴されるモーゼル川をあらわし、普仏戦争の結果、モーゼル川流域のアルザス・ロレーヌ地方がドイツ領となったことを示している。

そして、このヨコとタテの軸線が交わる中央に鎮座するのが、ほかならぬヴィルヘルム一世なのである。もちろん、かれははじめからドイツ統一の象徴だったわけではない。この記念碑が図らずも随所で示しているように、ドイツのナショナリズムを盛り上げたのは、つねに宿敵フランスだった。とはいえ、念願のドイツ帝国が成立してナショナリズムが落ち着くと、そのおどろおどろしい側面は隠蔽され、ドイツ皇帝という壮麗な象徴によって上書きされることとなったのである。

敵を対置することで「われわれ」の一致結束を図る。これはドイツや過去に限った話ではない。ほとんど同じ時期に統一国家を形成したイタリアでは、オーストリアが共通の敵として位置づけられていた。中国の国歌「義勇軍行進曲」も、もともとは抗日映画「風雲児女」の主題歌だった。同国では、愛国教育のための施設として、抗日戦争をテーマにした遊園地までつくられている。ナショナリズムの高揚と「敵」存在は切っても切り離せない関係にある。

では、現在の日本ではどうだろうか。そこで「敵」の設定は認められるだろうか。ナショナリズムが高まりやすい問題として、まずあげられるのは領土問題だろう。さらに、最近よく議論される歴史認識問題も考えられる。

この第三部では、こうした問題で沸き立つ「ナショナリズムの戦場」に焦点を当てていきたい。

第一五章

「保守の島」の運転手たち

沖縄県／尖閣神社、戦争マラリア慰霊碑
（2023年12月訪問）

石造りで頑丈そうな尖閣神社

南国リゾートとして名高い沖縄県の八重山諸島は、また国防最前線でもある。日本の最西端に位置し、尖閣諸島が最寄りにあるからだ。領海侵犯を繰り返す中国船に対応する海上保安庁の巡視船も、主島たる石垣島より出動している。二〇二三（令和五）年春には、同島に陸上自衛隊の新しい駐屯地が開設され、もともと駐屯地があった与那国島でも、地対空ミサイル部隊の配備が検討中だ。

ゴールデンウィークや夏休みは繁忙をきわめるこの地域も、冬ならば安価で訪問できる。いかに寒風が吹きすさぼうと、わたしは海水浴などしないので関係ない。とはいえ、さすがに尖閣諸島そのものには近づけないので、ホテルにチェックイン後、まずは石垣島北部の桴海に位置する尖閣神社に向かうことにした。

尖閣神社はもともと二〇〇〇（平成一二）年四月、政治結社の日本青年社によって、尖閣諸島の魚釣島に創建された。約六〇センチ四方の木造の祠で、小ぢんまりとしたものだった。

日本青年社は、さかのぼること一九七八（昭和五三）年、同島に灯台を設置。一〇年後、さらにその灯台を新調するなどして、尖閣諸島の「実効支配」を進めてきた。尖閣神社の祭礼も、灯台のメンテナンス作業にあわせて、毎年一回、執り行われていた。

ところが二〇〇四（平成一六）年、不法上陸した中国人活動家たちによって神社が損壊され、その後石造りで再建されるものの、四年後にまたもや破壊された。そうこうするうちに民主党政権下で中国漁船衝突事件が起こり、二〇一二（平成二四）年に尖閣諸島が国有化され、民間人の上陸が困難になった（灯台は二〇〇五年に国に移管された）。

こうした事情を受けて、尖閣神社は二〇一九（平成三一）年二月に現在地に移設・再建されたのである。同社は、近年の尖閣諸島をめぐるきな臭い動きの、まさに渦中にあったのだ。

もっとも、いざ足を運ぼうとするとなかなか不便だった。観光客が多く滞在するエリアは石垣港離島ターミナルがある同島の南部だが、そこから尖閣神社に行くには、タクシーで山間を突っ切って約三〇分も北上しなければならない。

途中、できて間もない石垣駐屯地の脇を通ると、「この国のために…ありがとう自衛隊！」という横断幕が目に飛び込んできた。現物を確認できなかったものの、報道では反対派のノボリも存在すると聞く。それまで親しく付き合ってきたもの同士が、基地の新設や増強をめぐって対立してしまう。国境地帯の悲運というほかない。

「中国に毒されてますよ」

めざす尖閣神社は海に近い小高い丘にあった。あたりに人家はなく、降車すると、獣臭がかすかに鼻をついた。リュウキュウイノシシでも近くにいたのかもしれない。

石造りの明神（みょうじん）鳥居をくぐり、コンクリートで舗装された参道を進むと、やはり石造りの小さな祠（本殿）が目のまえにあらわれた。

度重なる破壊を受けてか、とにかく頑丈そうな造りだった。ついで、神紋の日の丸扇子がいたるところに描かれていることに気づく。しかも、それが白地ではなく黒地なのが印象的だった。祭神は天照大御神（あまてらすおおみかみ）と日本武尊（やまとたけるのみこと）。これだけでもこの神社が国家的な性格を帯びていることがよくわかる。沖縄らしさを感じさせるのは、祠の両脇を守るシーサーくらいだった。

尖閣神社由来記という石碑には、遷座にいたる経緯が事細かに記されている。尖閣諸島をうかがう外国勢力を一貫して「妖氛（ようふん）」「妖雲」「妖賊」などと呼ぶ独特な文体で、平成末に書かれたものとはとうてい思えない。

尖閣　一葦纔（いちいわずか）に西すれば大陸に通ず　昭和五十年（引用者註、一九七五年）以降　尖閣近海の海底天然資源狙う妖氛漂い　平成以降　妖雲色濃く漠々として天を捲いて尖閣に迫る　時局艱難急にして妖雲掃わざるは　六十余州の大事なり（中略）

平成二十年（引用者註、二〇〇八年）妖賊突如として尖閣に侵入　畏れ多くも神殿を損壊　天も許さざる不敬　吾ら祈らん　御神罰降下　千歳の妖賊骨を亦（また）朽ちさせ他の賊をして胆寒からしむことを

また興味深いのは、この神社の方角だった。正面から本殿に向き合うと、なんと約一六

〇キロメートル北西にある魚釣島にも向き合うように設計されているのである。なるほど、交通の不便な北部に位置しているのは、こういう理由があるのかと納得がいった。

さらに本殿の後ろには、かつて魚釣島に設置されていた祠が修復され、奥宮として鎮座していた。

最後に社務所を訪ねた。無人だったが、携帯電話の番号が掲示されていたため、電話をかけてみた。すると神職が五分ほどで車で駆けつけ、お土産を販売してくれた。お守りには「国家安泰」と力強く書かれており、航海安全と交通安全のステッカーには旭日模様のだるまが描かれていた。ここでも国家を強く意識させる要素が前面に出ていた。

参拝者は一日あたり一五名ほどだという。この不便な場所にしては、悪くない数字だろう。

もっともいちばんの驚きは最後にやってきた。それまで自然や風景の解説に終始していた三〇代ぐらいの男性運転手が、離島ターミナルに戻る道すがら、突如として「知事は中国に毒されてますよ」と言ってきたのだ。

「玉城(たまき)デニーのことですか」と聞くと、「沖縄の二紙も中国に毒されてます。まともな報道をしているのは八重山日報だけですよ」。

八重山日報は石垣市に本社をおく地域紙で、保守的な論調で知られており、保守派からの信頼が厚い。それに比較するかたちで批判されるのが、沖縄本島に本社をおく沖縄タイムスと琉球新報の二紙だ。かつて作家の百田尚樹氏が、自民党有志の勉強会で「沖縄の二つの新聞社は絶対つぶさなあかん」と述べて物議を醸したこともあった。

とはいえ、まるで保守系のＳＮＳアカウントで見かけるような典型的な沖縄メディア評を、直に聞くことになろうとは。自衛隊基地や尖閣神社を訪ねていたことで、運転手氏にはわたしが保守派で、同じ意見の持ち主と思われたのだろうか。

八重山諸島では、二〇一〇（平成二二）年に中国脅威論を唱える石垣市長が誕生し、翌年に育鵬社（いくほうしゃ）の中学校公民教科書（「新しい歴史教科書をつくる会」から分裂した「教科書改善の会」が編纂などを手掛ける）が採択されるなど（ただし、二〇二五年度から他社に変更）、沖縄本島より保守的な傾向がみられるけれども、その一端を垣間見た気がした。

タクシー運転手の気使いと苦労

たしかに国防最前線の石垣島は「保守の島」として、保守派から熱視線が注がれている。離島ターミナルの二階には、二〇二一（令和三）年、ふるさと納税を財源に尖閣諸島情報発信センターが開設された。寄付者のなかには作曲家の故・すぎやまこういちもおり、前述の石垣市長がオープニングセレモニーでわざわざ名前をあげて謝意を示したほどだった。

すぎやまは「ドラゴンクエスト」シリーズの作曲者として知られるが、同時に愛国者を自認し、安倍晋三の熱心な支持者でもあった。民主党政権下の日本を「日本軍と反日軍の内戦状態」と表現し、沖縄の二紙について「とても駄目みたい」「とても危ない」などと述べたこともある。

もちろん、島内には「リベラル」な意見の持ち主もいないわけではない。

翌日、こんどは同じく石垣島の県営バンナ公園内に位置する「八重山戦争マラリア犠牲者慰霊之碑」を訪れた。

あまり知られていないが、八重山諸島は沖縄本島と異なり、米軍の上陸を受けることはなかった。にもかかわらず、大東亜戦争で多くの犠牲者が出た。その理由がほかならぬ戦争マラリアだった。

戦争末期、日本軍は米軍の上陸に備えるとして、八重山諸島の住民を石垣島の山間部や西表島に強制的に避難させた。ところが、そこはマラリアの有病地帯だった。マラリアは蚊によって感染する熱帯病。特効薬としてキニーネがすでに開発されていたものの、十分に行き渡らず、栄養不足なども重なって多くの犠牲者が出た。

八重山平和祈念館の資料によれば、当時の全人口三万一六八一人のうち、一万六八八四人が罹患、三六四七人が死亡した。戦時特有のマラリアなので、これを戦争マラリアと呼ぶのである。

今回もタクシーに乗り行き先を告げると、初老の男性運転手から「歴史に興味があるんですか」と訊ねられた。そうだと答えると、「酒井清を知っていますか。戦争マラリアの戦犯ですよ」と言われた。酒井は住民を強制避難させた張本人の陸軍軍人だ。「それなの

パンナ公園の「八重山戦争マラリア犠牲者慰霊之碑」

に、戦後ものうのうと生きていた」。奇しくも、歴史に詳しい乗務員に当たったらしい。「八重山戦争マラリア犠牲者慰霊之碑」は、終戦五〇年の二年後、一九九七（平成九）年に建立された。

到着すると、運転手氏も一緒にタクシーを降りて、小雨のなかを案内してくれた。慰霊碑のまえには巨石を積み上げてつくられた門があり、両脇をシーサーが固め、正面の祭壇には真新しい花束が捧げられていた。運転手と一緒に手を合わせる。いまは枯れてしまったが、かつては碑の裏にキナノキ（キニーネの原料となる）が植えられていたという。

六月二三日の沖縄慰霊の日には、この碑のまえで八重山戦争マラリア犠牲者追悼式が行われ、ついで隣接する八重守之塔（やえもりのとう）のまえで全戦没者追悼式・平和祈念式が執り行われる。

八重守之塔は、一九六七（昭和四二）年に

建立され、現在、日露戦争以降の軍人軍属戦没者一〇〇〇名あまりが合祀されている。

そこでこちらも見に行こうとしたところ、こんどは運転手氏がついてこなかった。ふしぎに思って塔のまえに行くと、その理由がなんとなく察せられた。

両脇の碑文には「戦陣に散華された」「英霊」「殉国の偉勲を永く世に伝う」「マラリヤのしようけつ甚しき中に全将兵並びに関係住民は渾然一体となり堅忍不抜の意気に燃え死生を超越してよくその任を全うせり」などの文字が躍っていたのだ。

これではまるで戦時中のプロパガンダではないか。この碑のまえで毎年追悼式をやっているのかと驚きを禁じえなかった。

自分なりに考えて、どの石碑に頭を下げるかを決める。大事なことながら、なかなか実践できることではない。

ただ気になったのは、運転手たちが乗客であるわたしの興味関心に話題を無理やりあわせていなかったかという点だ。後者の運転手はともかく、前者も本当にあそこまでわかりやすく保守的だったのかどうか。さまざまな観光客や出張者がやってくるだけに気を使わざるをえない。島内のだれとつながっているかわからないし、とくに自衛隊の話題はセンシティブ。現に、公務員かどうか乗車時に確認されたことも何度かあった。

何気ないタクシー運転手との雑談にも、ただのリゾート地ではない、国防最前線に立つ小さな島の苦労が忍ばれた。

第一六章

観光資源としての北方領土

北海道／根室市役所、納沙布岬

（2024年4月訪問）

根室市役所新庁舎の交流サロン

北方領土を間近に望む、北海道最東端の根室市。その市役所の新庁舎が二〇二四（令和六）年五月七日に開庁した。

真っ白な外壁が印象的な地上四階・地下一階建て。いかにも頑丈そうな奇をてらわない造りで、震度七の地震にも耐えられるという。この開庁直前の四月二〇日、一日限りの市民向け内覧会が開かれた。わたしはたまたまその日、取材で同市を訪れていたため、またとない機会だと思って飛び入り参加した。

根室市民にとっても一大イベントだったようで、駐車場は満杯。子連れから車椅子のユーザーまでたくさん見物にきていた。その賑わいに、市役所は市民のものという当たり前のことを再認識させられた。

ふつう役所のなかは個人情報の山なので自由に歩き回れない。ただ今回は書類が運び込まれるまえだった。そのため市長室や議場はもとより、職員食堂の調理場や市長専用トイレまで完全に出入りし放題だった。

役所の建物というと、古くてくたびれたイメージがつきまとうが、新庁舎は染みひとつなく、備品のカラーも統一されており、ずいぶんと見栄えがした。カニ、ウニ、イクラという最強クラスの返礼品を武器に、ふるさと納税の寄付額でつねに上位を占める〝勝ち組自治体〟の資金力を見せつけられた思いがした。サッと見て回るつもりが、たいへん長居してしまった。

見学はまずエレベーターで四階に移動し、そこから一階ずつ階段で下りていく。最上階の市民交流サロンは、晴れていると国後島や知床連山が海越しに見える。この日はあいにくの悪天候で景観を十分に楽しめなかったが、三階と二階の何気ない相談室の名称にはオッと目がとまった。その名も「択捉」「国後」「色丹」。北方四島のうち三島の名なのはいうまでもない。

ドア横の表示板には朝日が水平線より昇るマークが施されており、それを左右に動かすと空室と使用中を切り替えられる。「朝日にいちばん近い街」という根室市のキャッチフレーズをかたちにした心憎いデザインである。

では、残りの「歯舞」は一階か。そう期待しながら階段を下りると、あったのは「水晶」「秋勇留」「勇留」「志発」「多楽」の五相談室。なにかと思いきや、これらは歯舞群島を構成する島々の名前だった。

歯舞群島は一九五九（昭和三四）年に根室市に編入された。つまり同市の島々なので、島名が個別に採用されたというわけだった。地元ならではのこだわりだと唸らされた。

いち早く返還に動いた安藤石典

そんな根室市は、人口約二万三〇〇〇人の小さな町である。今回は最寄りの釧路空港に下り、そこから車で片道二時間以上をかけておもむいた。

道路脇から飛び出してくるエゾシカに注意しながら市域に入ると、さっそく登場したのは「北方領土は日本の領土」の文字だった。「ようこそ根室へ」よりよっぽど目立っている。そう、ここでは北方領土こそが観光資源なのである。

市役所には「世代越え　心に願うは　四島返還」。町中にも「返せ！　北方領土」「断固たる　決意と熱意で　四島返還」「取り戻せ　歴史も語る　北の四島」。とにかく北方領土のアピールがすさまじい。

北方領土イメージキャラクターのエリカちゃんもよく見かけた。エトピリカという海鳥の女の子という設定で、語尾に「ピィ」や「ピッ」をつけてしゃべる。一見可愛らしいが、その宣伝内容とのギャップがシュールだとしばしばネット上で話題になったりする。

たとえば、ツイッター（現・X）で「北方領土を不法に占拠しているのはどの国でしょう？」というクイズを出して、「皆さん、答えがわかったピィ～？　正解は、『ロシア』だピッ！　第2次世界大戦終了後、ソ連軍によって不法に占拠され、現在も、ロシアによってその状態がつづいているんだピ・・・。」と答えるという具合だ。

そのエリカちゃんがあちこちの看板で訴えているのは、根室が「北方領土返還要求運動原点の地」ということだった。

あらためて確認するまでもなく、北方領土は日本の降伏後、ソ連によって武力占領された。その事態に一九四五（昭和二〇）年一二月、早くも対応したのが当時根室町長の安藤石典だった。安藤は「米国ならあとで返してくれるかもしれない」と考えて、ソ連の代わりに米国が保障占領することをマッカーサーに陳情したのである。

安藤は一般にあまり知られておらず、取材時点でウィキペディアにも項目がなかった。ところが根室では一大英雄のごとき扱いであり、どの施設にいっても顔写真とともに、数次にわたった陳情の抜粋などが掲げられていた。

現実には安藤の願いはかなわなかったものの、戦後日本でいち早く北方領土の返還をめざして動き出した人物がいたということで、根室は返還要求運動原点の地とされているのである。

触れられない「不都合な真実」

こうした事情もあり、根室には北方領土関係の施設が多い。

中心部の外れには、北海道立北方四島交流センター（愛称ニ・ホ・ロ。日本とロシアをつなぐ北海道の意味）があり、コロナ禍とウクライナ戦争にともなう両国の関係悪化までビザなし交流の拠点だった。国後島にある日本人とロシア人の「友好の家」（いわゆるムネオハウス）に相当する施設といえばわかりやすいだろうか。

さらに歯舞群島が目と鼻の先にある納沙布（のさっぷ）岬には、北方領土問題対策協会の北方館と、根室市の北方領土資料館が別々に建っている。近くには、ＮＰＯ法人が運営するオーロラ

納沙布岬の「北方領土奪還」碑

タワーという巨大な展望塔も屹立しているが（笹川良一が建てたもので、かつては笹川記念平和の塔と呼ばれていた）、こちらはコロナ禍で閉鎖されたままになっており、白い壁面はすっかり黒ずんで、まるで廃墟の様相を呈していた。

訪ねた日は猛烈な風が吹き荒(すさ)んでおり、車のドアが開けられないぐらいだった。国旗を立てるポールも、心なしか歪んで見えた。

意を決して取材に向かった。気温は三度なので、あっという間に手がかじかみ、頬の感覚がなくなっていく。それなのに、撮影すべきモニュメントが多いから困ってしまう。

身を守るため、少し撮影しては建物に逃げ込む。体が温まったらまた外へ。活動時間は五分がやっと。窓口の職員は「こういう日もありますよ」とあっけらかんとしていた。防寒対策が甘かったと後悔したがあとの祭り。

さすがに観光客の姿はまれだった。

もっとも目立つモニュメントは、北方領土返還祈念シンボル像「四島のかけ橋」だった。高さ一三メートルのアーチ状の構造で、その下には沖縄県波照間島で自然発火した炎が「祈りの火」として灯され、寒風に負けずに力強く燃え盛っていた。

そして岬の先端に近づくと、今度は右翼団体などが建てた碑が陸続と並んでいた。市の北方領土対策課に聞くと、同種のものは約一〇個あり、このあたりだけ私有地になっているという。

「祈願　北方領土奪還」「魂　北方領土　祖国復帰は日本国民の悲願」「奪還日本の皇土・国土北方領土」「返せ全千島樺太　北の防人」

返還対象が北方領土より広いのは民間ならでは。なかには領土が返るにかけてカエルの像がたくさん添えられたユニークなものもあった。

「返せ！　北方領土」「北海道根室市納沙布岬において北方領土返還を願ったことを証明する」「呼び返えそう父祖の地を」

土産物屋にあるステッカーや手ぬぐいにも、そんなメッセージがしっかりと書かれていた。

このように北方領土尽くしの根室だが、じつは資料館などでは指摘されていない重大なことがある。それは北方領土という用語が、政治的な事情で定着したという「不都合な事実」である。

掻い摘んでいえばこうなる。

戦後しばらく北方四島の返還はふたつにわけて論じられていた。歯舞・色丹は北海道に付属する島である。そのいっぽうで国後・択捉は南千島に属するものの、外国に領有されたことのない島である。結論は同じく「だから返還せよ」だが、そこにいたる理由付けが微妙に異なっていたのだ。

ところが、一九五二（昭和二七）年に発効したサンフランシスコ講和条約では千島列島の放棄がうたわれていたため、このままでは国後・択捉が返ってこないおそれがあった。そこで日本政府は、一九五六（昭和三一）年に両島が千島列島に含まれないと解釈を変更し、さらに一九六四（昭和三九）年には南千島という用語が誤解を招くとして、その使用を「一切避けることが適当」との外務事務次官通達を出した。このとき、すでに使われつつあった北方領土という用語が、歯舞・色丹を含む適切なものとして推奨され、以後定着することになったのである。

つまり北方領土という用語は、以上の事情を受けて広く使われるようになったものなのだ。ここまで紹介してきた根室市内の施設も、この通達以降に続々と建てられ、北方領土という括りの浸透に貢献した。いまではスローガンの「四島」を「しま」と読ませることも一種の刷り込みだという意識すらなくなっている。これは数ある情報戦のなかで、珍しく成功した貴重な一例といえるだろう。

市の北方領土対策課に、このあたりの経緯はあえて展示では詳しく触れていないのかと訊ねてみた。だが、そもそもそんな問題意識自体がないようだった。こうして四島一体の意識が自然と根づき、かつて検討されたこともあった歯舞・色丹の二島返還論はもはや「許されざる妥協」となってしまった。

しかし、昨今の日ロ関係を考えれば、それすら道が遠いだろう。

あらためて納沙布岬の先から、歯舞群島のほうを望んでみた。目を凝らすと、垂れ込める雲の向こうにわずかに島影らしきものが浮かんだ気がした。はるばるやって来たのに、なんとも心もとないことだ。それはまるで、先行きが見通せない両国の関係を象徴するようでもあった。

第一七章

「歴史戦」の最前線へ

東京都/産業遺産情報センター、
長崎県/軍艦島
（2022年3月訪問）

海上より軍艦島を望む

ご来館のきっかけ。ホームページ、新聞、テレビ、家族・友人・知人、SNS（Facebook、Twitter、ブログ等）、虎ノ門ニュース、YouTube、月刊Hanada、その他――。

手渡されたアンケートを見て、思わず二度見した。なぜゴリゴリの保守系メディアの名前が？　右寄りの政治集会ではない。ここは産業遺産情報センター。東京新宿区の総務省第二庁舎内にある、れっきとした国の施設なのである。

同センターは、世界遺産「明治日本の産業革命遺産」の広報施設として、二〇二〇（令和二）年六月に一般公開された。コロナ禍を受け、いまも予約制なので、あまり世のなかには知られていない。

それでもこの施設が存続しているわけは、その特殊な来歴にある。

「産業革命遺産」を構成する二三の資産は、岩手県から鹿児島県まで全国八県に散らばっている。内容もクレーンや港、炭鉱跡など、個々では正直意味合いがわかりにくく、パッとしないものも多い。

それでも世界遺産に登録されたのは、複数の資産をひとつの物語でまとめて登録する「シリアルノミネーション」という仕組みがあったからだ。「産業革命遺産」の場合、その物語は「非西洋諸国で初めて産業革命の波を受容し、50年余りで植民地にならずして、自らの手で産業化を成就した」（内閣官房のパンフレット）というものだった。したがって、全体像を伝える施設が必要不可欠だったのである。

この厄介な登録を推し進めたのが、現センター長の加藤康子（かとうこうこ）氏。加藤六月（むつき）元農水相の長女で、一九九九（平成一一）年に『産業遺産』という本を刊行するなど、長く産業遺産に取り組んできたキーパーソンだ。センターの運営も、彼女が専務理事を務める産業遺産国民会議が受託している。

本人の弁では、安倍元首相の後押しも大きかったらしい。自民党が野党の時代に「君がやろうとしていることは『坂の上の雲』だな。これは、俺がやらせてあげる」と励まされ、安倍が総裁に復帰した直後に「産業遺産やるから」と電話をもらったという。

そのためか、ガイドの説明にも熱がこもっていた。最初のコーナーでは、一九世紀半ばから二〇世紀初頭にかけて、製鉄・製鋼、造船、石炭といった分野で急速に産業化を成し遂げた日本人の偉業と勤勉さについて、数多くのパネルを使って詳しく解説してくれた。なるほど、これはいかにも安倍が好みそうな内容だと納得した。

ただ、ここまではよかったものの、最後のコーナー（ゾーン3）に差し掛かると、違和感を禁じえなかった。テーマは長崎市にある端島（はしま）、通称軍艦島だったのだが、別のガイドが交代であらわれて、突如、韓国批判を展開しはじめたのだ。「この写真は捏造」「この本の記述は信用ならない」。展示の雰囲気も一変して、元島民らの大きな顔パネルや映像などが並び、なんとも圧迫感のある雰囲気が漂っていた。

これはいったいどうしたことなのか。

じつは、二〇一三（平成二五）年以来、韓国が「産業革命遺産」の一部で朝鮮人が強制的に働かされていたと問題視していた。そのため、二〇一五（平成二七）年の世界遺産登録の際に、日本のユネスコ大使がつぎの声明を発せざるをえなくなった。

　より具体的には、日本は、１９４０年代にいくつかのサイトにおいて、その意思に反して連れて来られ、厳しい環境の下で働かされた多くの朝鮮半島出身者等がいたこと、また、第二次世界大戦中に日本政府としても徴用政策を実施していたことについて理解できるような措置を講じる所存である。

つまり情報センターには、このような使命もまた課せられていたのである。

ところが、センター側は端島の元島民ら一〇〇人以上にインタビューを実施した結果、韓国側の主張の一部が事実とは認められなかったとして、なんと展示を通じて反論を開始した。加藤氏もまた、保守系メディアで積極的にこの問題を取り上げた。こうして先述のようなアンケートや展示ゾーンが形成されたわけだ。以上のような複雑な背景を理解していないと、突然の韓国批判に戸惑ってしまうことだろう。

もっとも、加藤氏らの主張にまったく理がないわけでもない。韓国側の強調していた「過酷な労働の証拠写真」が、実際は完全に別物（撮影の場所、時期が異なり、被写体も日本人）だったからである。突き止めたセンター側もそれゆえ、韓国のプロパガンダには負けぬと鼻息が荒い。

　このように端島は、図らずも「歴史戦」の最前線となっている。

「負の歴史」の影はまったく感じられない

その端島を訪れてみた。

島は、長崎市の南西、野母（のも）半島の西方約五キロにポツンと浮かんでいる。幅一六〇メートル、長さ四八〇メートルの小さな島ながら、良質な海底炭層を擁し、一八九〇（明治二三）年三菱の所有になってから本格的な炭鉱開発が進められ、多くの坑夫やその家族が集まった。

大正時代には、土地の有効活用のため、日本初の鉄筋コンクリート造りのアパートがつぎつぎに建てられた。最盛期の一九六〇（昭和三五）年には、世界一の人口密度を誇ったが、一九七四（昭和四九）年に閉山し、現在は無人島となっている。「産業革命遺産」のなかでもひと目で「特別な場所」とわかる希少な例であり、観光客の人気を博している。

そのため、長崎市からは複数のクルーズ船が運航されている。わたしもそのひとつに乗り込み、海上へと進んだ。晴れていると、適度な揺れと海風が心地よい。長崎港や炭鉱の歴史についての説明を聞きながら、約一時間で端島に到着した。

縦に細長く、ゴツゴツとした外観は、たしかにかつての軍艦を思わせた。木造の建物は朽ち果て、残っているのは石と煉瓦とコンクリートと鉄骨のみ。石炭時代の島らしく、丸みを帯びたプラスチック類が見当たらないのが印象的だった。

栈橋より上陸し、観光客用に整備された広場をめぐりながら、元島民より生活していた当時の話を聞く。天下の三菱の島だったので、生活費は安く、映画館など娯楽施設も完備していた。各家庭には早くから白黒テレビや冷蔵庫、電気洗濯機が備わり、留守中も鍵をかける必要がないほど、狭いながらも家族的なコミュニティーだった――。

そこには「負の歴史」の影はまったく感じられなかった。事前に知識を得ていなかったら、ここが「歴史戦」の舞台になっていることなどまったくわからなかっただろう。

長崎港に戻ってきて、グラバー園近くにある軍艦島デジタルミュージアムにも立ち寄った。

このミュージアムは、二〇一五（平成二七）年に開館し、端島クルーズを運航する会社のひとつが運営している。館内には大きなスクリーンやさまざまな再現セットがあり、エアロバイクを漕ぎながら島に「仮想上陸」するVR体験や、ゆるキャラ「ガンショーくん」の部屋もあり、ビルの二階から四階まで遊園地のような雰囲気で楽しめる。日本の世界遺産ミュージアムとしては、かなりエンタメ寄りに振った内容で興味深かった。

そのなかでオヤと思ったのは、三階の一角だった。そこでは加藤康子氏の功績を讃えるビデオが流され、すぐ隣には韓国の「事実歪曲」や「反日宣伝」を批判し「誰が歴史を捏造しているのか？」と訴えるパンフレットが平積みにされていた。発行元は、真実の歴史を追求する端島島民の会。ここだけは少し雰囲気が異なり、まるで産業遺産情報センターの出張所のようだった。

愉快な娯楽に、少しだけ政治的メッセージを入れておく。すると、知らず知らずのうちにそのメッセージが浸透していく。なるほど、これが「たのしいプロパガンダ」というやつだなと自分の著作を思い出したりした。もちろん、実際はそんなに都合よく機能するわけではないのだが……。

それはともかく、長崎市の公共施設では端島の歴史をどのように扱っているのだろうか。同市発行の『新長崎市史』第三巻（近代編、二〇一四年）には、戦時中に端島炭鉱で朝鮮人や中国人が過酷な労働を強いられていたとの記述がわずかながらある。

ただ、野母町にある軍艦島資料館や高島町にある高島石炭資料館はいずれも規模が小さく、詳細な記述はほとんどない。それ以前にこれらの施設は市の中心部から遠く、アクセスが悪いので、訪問者の姿はまばらだった。

「ああでもない、こうでもない」という視点で

「負の歴史」について学ぶためには、長崎駅より徒歩一〇分ほどの近さにある岡まさはる記念長崎平和資料館を訪れなければならない。この施設はやはり民間が運営しており、建物こそ四階建てで立派だが、大量の写真や解説がセロハンテープやピンで壁に貼り付けら

岡まさはる記念長崎平和資料館

れており、いかにも一昔前の左翼的な手作り感を漂わせていた。最先端の軍艦島デジタルミュージアムとは好対照だった。

建物名にもなっている岡正治は、プロテスタントの牧師。長崎在日朝鮮人の人権を守る会の設立者で、長崎市議を務めるかたわら朝鮮人被爆者などの調査に取り組んできた人物だ。この資料館は、かれが亡くなった翌年の一九九五（平成七）年、その遺志を継いで日本の「すべての犯罪行為」を明らかにするために設立された。

こういう事情から、慰安婦、南京大虐殺、七三一部隊、安倍晋三批判などお決まりのテーマが多く扱われているものの、岡らが一九八〇年代に独自に集めた証言や資料も多数展示・販売されており、大きな見どころとなっている。

端島を「絶対に逃げられない監獄島」と訴

える朝鮮人の証言や、戦争末期の端島では日本人よりも朝鮮人・中国人の死亡率が高かったことを示す資料。歴史屋としては、ほかの証言や資料と照らし合わせるまで鵜呑みにするわけにはいかないが、他所(よそ)では紹介されていないものだけに、非常に刺激的だった。

もっとも受付の女性は、「ここは政府にとって都合が悪いので、市の観光地図にも載せられていない」とこぼしていた。かつては修学旅行生もよく来ていたが、「櫻井よしこさんたちの活動で」めっきり減り、コロナ前にはむしろ韓国からの来訪者が多いような状態になっていた。

貴重な場所なのだが、それでも気になるところがあった。日本人向けのパンフレットは白黒で安っぽいのに、外国人向け（韓日英語併記）のそれはフルカラーで紙質が分厚かった。理由を訊ねると、後者は韓国からダンボールで大量に送られてきたものだという。

裏を返すと、韓国の政治活動家ソ・ギョンドク氏らの名前があった。これには頭を抱えた。かれこそ、先述の「端島炭坑における過酷な労働の証拠写真」を誤って広めた人物のひとりなのだから。

案の定、中身には「産業革命遺産」への批判が含まれていた。これでは客観性が疑われてしまう。たとえ外国語でも、パンフレットは自前で作成するべきではないか。戦争責任への取り組みとは、たちの悪い活動家の言いなりになることではないはずだ。

ここで「どっちもどっち論」をやりたいのではない。今日ではすぐにものごとの真偽や正邪を判別しようとするが、歴史については「ああでもない、こうでもない」とさまざまな視点でひとりひとりが考えることが欠かせない。そのためには、ここで紹介したような施設をひと通り回ってみる必要がある。

そのうえで、少なくともわたしは、宗主国の法令によって動員された植民地のひとびとが、たとえその動員が当時いかに「合法的」とされていたとしても、不当だと感じるのは自然なことだろうと想像した。

もちろん、「産業革命遺産」は端島だけではない。ほかの構成資産にも徴用や虐待にかんする証言が残っている。情報センターは遺産全体の広報施設である以上、もう少し広い視野をもつことが求められるのは当然だろう。

加藤氏は前述の『産業遺産』という著作のなかで、英国の産業遺産について「陰の部分をも客観的かつリアルに次世代に伝えている」と高く評価していた。一九九九（平成一一）年の本ではこういう構えだったのだ。日本のそれも同じように扱うべきではないか。観光客が「歴史戦」に巻き込まれないよう、公共の施設としてバランスの取れた展示を期待したい。陰の部分があったとしても、明治日本が成し遂げた世界史的な偉業は揺らぐことはないのだから。

追記　岡まさはる記念長崎平和資料館は、二〇二三（令和五）年一二月、長崎人権平和資料館と改称され、翌年四月、リニューアル・オープンした。岡正治が生前に知人女性に同意なく抱きつくなどの行為を行っていたと判明したことを受けての措置だった。

岡がやったことはもちろん問題だが、それで資料館自体を閉鎖してしまえば、長崎市で軍艦島の負の歴史を学ぶ身近な場所がなくなってしまう。「白か黒か」の二者択一をするのではなく、「問題は問題、功績は功績」として切り分けることが求められているのではないか。同じことは、戦前日本の振る舞いについても同様だろう。反省すべきところは反省し、継承すべきところは継承する。その意味で、本章の結論部分はいまも色褪せていないと信ずる。

第一八章

差別的煽情の果てに

京都府／靖国寺、ウトロ平和祈念館
（2022年6月訪問）

宇治市の靖国寺本堂

「全国の戦没英霊を仏式に合祀する日本唯一の寺」。京都府宇治市にある靖国寺は、公式サイトでこう自己紹介している。

創建以来、戦没者の遺骨、無縁の英霊が全国各地より奉安置され、昭和26（引用者註、一九五一）年には靖国神社より二百四十万余りの御分霊をお迎えし、お祀りしています。

なんとも興味をそそられる記述ではないか。とはいえ、終戦記念日のたびに取り上げられる靖国神社にくらべて、この靖国寺はまったく語られていない。本稿執筆の時点で、ネットニュースはおろか、ウィキペディアにも項目がなかった。

なるほど、さきのサイトにはかなり詳しく書かれてはいる。同寺は一九二九（昭和四）年、中井祖門という僧侶がときの首相田中義一の賛同を得て発願。大東亜戦争下の一九四三（昭和一八）年一一月に入仏式を行い、敗戦後の一九四九（昭和二四）年四月に勤皇山靖国寺として落慶した。本尊の金銅製釈迦牟尼仏坐像は戦時中、ビルマ国王より贈られたもので、宗派は曹洞宗云々。

だが、疑問は尽きない。〝仏教版の靖国〟がなぜ宇治にあるのか。なぜ曹洞宗なのか。田中義一や靖国神社との関係は。A級戦犯の扱いは――。

これは直接訪ねるにしくはない。わたしは新幹線に飛び乗って京都に向かった。

コロナ禍の影響で観光客は少なかったものの、京都の夏の暑さは相変わらずだった。JRの宇治駅からはタクシーを拾い、宇治川をさかのぼるように南東へと進む。世界文化遺産の平等院を横目に山道を登っていくと、まもなく山門前に到着した。乗車時間は約一〇分。景勝地として知られる天ヶ瀬(あまがせ)ダムも近くにあり、たいへん風光明媚な場所だった。

山門には「鳳翔山(ほうしょうざん)靖国寺」と書かれた看板が掲げられていた。山号は「勤皇山」と聞いていたが、どうやら変わったようだ。寺紋は、菊の御紋の中央に卍をあしらった独特なデザインで、靖国神社の神紋(菊の御紋に桜)を思い起こさせるものだった。

小高い山のうえに位置するため、境内はそれほど広くない。不動堂や鐘楼堂をすぎると、すぐ本堂が目の前にあらわれた。一九四一(昭和一六)年に起工され、一九四五(昭和二〇)年に落慶した八間四面の本堂は立派な造りで、戦時下の資材不足を感じさせない。瓦はきれいに葺き直され、扁額には緑色で「靖国寺」と墨痕鮮やかに記されていた。

境内の案内板には、「天皇・皇后両陛下の御木像安置」との記述があった。気になって、正面の窓よりなかを覗き込んでみたものの、ガラスの曇りもあり、暗くてよくみえなかった。扉を開けようとすると、しっかり施錠されていた。

そこで、隣にある住職の家へと向かった。幸いに、前住職の中井祖英(なかいそえい)氏が在宅だった。祖門の逝去後、一九六四(昭和三九)年に寺を継ぎ、二〇一四(平成二六)年に引退したという。御年八三歳(取材時)ながら記憶力は健在で、固有名詞や数字もすらすら出てきて、参考になる話をたくさん聞くことができた。以下、わたしの責任でその話をまとめてみたい。

ある僧侶の個人的な尽力で成立

先述したとおり、靖国寺は中井祖門の発願になる。曹洞宗の僧籍をもつかれは、戦没者を仏式でも祀るべきだと考え、京都府選出の代議士の紹介で、一九二九（昭和四）年、田中義一首相に三日間（一日一時間の約束で）面会した。

祖門ははじめ、かつて朝廷が国分寺を建てたように、靖国寺を「国で建ててくれ」と訴えた。これに田中首相は「特定の宗教に肩入れできない」と難色を示したものの、趣旨には賛同し、「全面協力するので、全国に呼びかけて、中井さんがご自分でお建てになったらよい」と応じた。

戦前、神社神道は国民の道徳や倫理に関わるものであり、宗教ではないとされ、国家によって特別に保護されていた（いわゆる国家神道）。靖国神社も陸海軍の管理下におかれていた。いっぽうで仏教はあくまで民間の一宗教だったため、田中首相は「特定の宗教に肩入れできない」との立場を取ったのだろう。

そこで祖門は、みずからの力で靖国寺の建立に取り組むことになった。だが、それは茨の道だった。支援を約束してくれた田中も、同年七月に首相を辞任し、そのわずか三ヶ月後に病死してしまった。

場所を探すこと五年、山崎の天王山をはじめ候補地を転々とすること一六回。ついに当時の宇治町長・河村門太郎より「町有山林を無償で提供する」との申し出があり、一九三四（昭和九）年九月、現在地にたどりついた。

翌年には寺務所を、さらに翌々年には歴代天皇を祀る奉安殿を建立し、本堂の建立にも取りかかろうとしたが、不運にもそこで日中戦争が勃発してしまった。祖門は軍の命令により、一九三八（昭和一三）年から一九四〇（昭和一五）年まで、中国、モンゴル、満洲、朝鮮、台湾、樺太、北海道など各地を巡錫し、戦没者の回向を行うことになった。その際、供養用の三十三観音像をつくるため、各地で戦跡の土砂や遺骨も集めた。

そして一九四一（昭和一六）年、ようやく本堂建立に着手したものの、こんどは大東亜戦争がはじまってしまった。またもや計画の実現が危ぶまれたが、托鉢によって建設費を集め、篤志家より木材の喜捨も受けることで、敗戦後の一九四六（昭和二一）年三月、本堂の竣工にこぎつけた。このようにして、靖国寺は祖門の個人的な尽力で成り立ったため、曹洞宗の寺となったのである。

本尊はもともと、曹洞宗の一八代目管長・高階瓏仙が静岡県の可睡斎（可睡斎については第二二章参照）の住職だったときに、ビルマにおもむいて王族より進呈されたものだという。それが入仏式にあたり、靖国寺に安置された。ビルマは当時、英領で王国ではなかったはずだが、贈り主はその子孫だったのだろうか。詳しいことはわからなかった。

祀られているのは戦没者だけではなく、勤皇烈士、殉職警察官、国事に殉じた功労者も含まれている。靖国神社からは一九五一（昭和二六）年に分霊されたが、位牌として「靖国神社祭神御分霊」と記されたものが一基あるだけで霊璽簿（戦没者の名前などを浄書したもの）のようなものはなく、その後靖国神社との交流もない。そのため、A級戦犯の合祀をめぐって紛糾するようなことも起こらなかった。

それにしても、訪問したのは日曜日だったが、境内はじつに静寂だった。終戦記念日は参拝者が増えるのかと訊ねると、「そういうことはありません」と祖英氏は答えた。一九七〇（昭和四五）年ごろまでは、各地の遺族会がバスをチャーターして団体参拝することもあったが、その後はめっきり減ってしまった。

そこで寺を維持するため、一九七〇年代から一九八〇年代前半にかけては、民泊を経営し、当時増えていた女性の旅行客、いわゆる「アンノン族」（ファッション誌『アンアン』と『ノンノ』に由来する）を受け入れていた。

その後、民泊も次第に下火になると、宇治市周辺に引っ越してきた曹洞宗の信徒を新たに檀家として受け入れるようになり、一九八八（昭和六三）年には山号も「勤皇山」から「鳳翔山」にあらためた。なるほど、それで山門の看板が「鳳翔山靖国寺」となっていたわけだ。護持の苦労は各地の護国神社などと同じとはいえ、最初から民間の力のみで支えられてきただけに、その生存戦略はなんともたくましいものだった。

せっかくなので本尊の拝観を希望したが、セキュリティーの都合で、行事のとき以外には公開していないとのことだった（写真は公式サイトで確認できる）。また、天皇皇后の木像も昭和につくられたものなので、現在は人目に触れない場所に保管しているという。

かつて一九七〇年代前半に、極左のテロ組織（のちに東アジア反日武装戦線を名乗る）が、各地で「日本帝国主義的」とみなした記念碑や施設をつぎつぎに破壊してまわったことがあった。その対象には、曹洞宗の大本山である総持寺の納骨堂（ソウルの墓地に納められていた日本人の遺骨を預かる）も含まれていた。そのため警戒するのも理解できる。ただ、いまはその存在自体があまりに知られていない。はじめて訪問したわたしも、不明を恥じざるをえなかった。

在日コリアン集住地区の焼け跡

宇治を訪れたからには、もう一ヶ所、ぜひ訪問しなければならない場所があった。靖国寺より西へ約四・五キロのところに位置する、ウトロ平和祈念館である。この三階建ての施設は、二〇二二（令和四）年四月にオープンしたばかりで、二階と三階が展示室になっており、在日コリアンの集住地区として知られるウトロの歴史が詳しく紹介されている。

ウトロの地名は、宇土口（うどぐち）が変化したものといわれる。一九四〇（昭和一五）年、いまの宇治市に京都飛行場などの建設が計画され、大量の労働者が集められた。その際、朝鮮半島出身者の飯場（宿舎）となったのがこの地区だった。

ウトロの放火現場。左に落書きが残る

日本の敗戦後、なんの補償もなく放置されたため、一部の労働者やその子孫らがそのまま同地に住み続けざるをえなかった。二〇〇〇（平成一二）年、地権者に土地の明け渡しを求められて敗訴したものの、募金や韓国政府の支援もあって土地を購入し、現在では公営住宅の整備も進められている。

すぐ隣にある祈念館の前庭には、かつての飯場が移築されている。廃材を組み合わせ、杉皮を載せただけの粗末なつくりがそのまま展示されていて、当時の生活の厳しさを生々しく伝えていた。

このようにウトロは日本の戦争に深く関係するわけだが、二〇二一（令和三）年八月、思わぬ惨事があった。地区内の空き家が放火され、民家を含む七棟が全半焼したのである。その際、祈念館に展示される予定だった資料の一部も損傷を受けた。

ただそれ以上に衝撃的だったのは、実行犯がメディアに語った犯行動機だった。二〇代のかれは、架空の「在日特権」をあげ、ヤフーニュースのコメント欄をヒートアップさせたかったと述べたのだ（「『ヤフコメ民をヒートアップさせたかった』在日コリアンを狙った22歳。ウトロ放火事件〝ヘイトクライム〟の動機とは」『バズフィード・ニュース』）。

わたしが訪問したとき、その現場はまだ残されていた。祈念館より西へ三分ほど歩くと、取り壊されていない集落に入る。かつては土地接収などに抗議する立て看板が立ち並び、独特の雰囲気を醸し出していたというが、いまはまったくその面影はない。むしろどこにでもある町の、生活感が漂っていた。わたしは、こどものころにすごした南河内の町並みを思い浮かべた。

それだけに、角を曲がった瞬間、突如としてあらわれた焼け跡には驚かされた。黒く煤けた木材、むき出しになった壁紙、錆びて朽ちかけたドラム缶。犯人はこんな住宅地のど真ん中で火を放ったのか。差別的な煽情がもたらした、痛ましい爪痕がこれだった。

その一角には、「喧嘩上等　特攻」といった落書きが記されていた。不良の常套句とはいえ、歴史意識の欠落が垣間見えて、いたたまれない気持ちになった。

まもなく終戦より八〇年になる。なるほど、昭和史も過去のものとなりつつあるのかもしれない。だが、あの戦争はいまもさまざまなかたちでわれわれの生活につながっている。終戦記念日には、靖国神社の喧騒だけではなく、その裏にある歴史にも思いを馳せたいものだ。

第一九章

竹島より熱烈な「島内紛争」

島根県／隠岐諸島

（2022年3月）

北朝鮮が非難した「竹島海鮮カレー」

「独島を強奪したいとの野望も骨髄にまで徹すると、もはや料理に仕立て上げて一口で平らげてしまおうというほどおぞましき発想にまでいたるわけで、島国特有の見苦しさ、邪悪さには驚きを禁じえない」。北朝鮮の対外宣伝メディアが二〇二一（令和三）年一〇月、このように激越な調子で批判したのが、島根県隠岐の島町の直営店「喫茶　木かげ」で提供される竹島海鮮カレーである。

そんな面白いメニューがあるのかと思い、わたしは直ちに「絶対訪問するリスト」に同店を加えた。そしてあくる年の三月、飛行機と船とタクシーを乗り継いで、さっそく現地を訪問した。

提供されたカレーは、竹島を構成する男島と女島が白米の山でかたどられており、男島の頂上には「隠岐の島・竹島・久見」と印字された日章旗が突き刺さっていた（裏は同町のマーク）。海に見立てられたルーをすくうと、地元特産のサザエやイカがふんだんに入っており、海鮮の香りが鼻孔をくすぐった。カレーを平らげるために空腹で来たので一気にかき込む。コリコリとした食感が新鮮でなかなか美味しかった。

北朝鮮メディアは「このほど島国日本で奇っ怪な特産商品が新たに商品化」と述べるが、このカレーが登場したのは二〇一五（平成二七）年。竹島の日制定（二〇〇五年）や、李明博大統領による竹島上陸（二〇一二年）の記憶も薄れゆくなかで、当時の隠岐の島町長が意識啓発のため音頭を取り、みずから紙粘土で島の型枠までつくって完成させた。近年ではあまり話題にならなくなっていたが、北朝鮮メディアが奇っ怪な批判を加えたことで、かえって注目を集めてしまったわけだ。

隠岐諸島は、後鳥羽上皇や後醍醐天皇も流された古来の流刑地で、本土より北に約八〇キロの海上にあり、現在の高速船で日本海の波濤を蹴っても一時間以上を要する。竹島はそこからさらに北西約一五八キロ。距離でいえば、東京駅から静岡駅を直線で結んだぐらいに相当する。

竹島は先述したふたつの主島と十数個の岩礁からなり、行政上は隠岐の島町に属する。韓国が一九五二（昭和二七）年に李承晩ラインを設け、その二年後より実効支配を続けているものの、それ以前は好漁場として知られ、同町北西の久見地区より漁船が出て、アシカ猟やアワビ漁などを盛んに行っていた。

生々しい証言が聞ける醍醐味

二〇一六（平成二八）年、その久見地区に久見竹島歴史館がオープンした。竹島カレーで腹ごしらえしてから向かうと、島の端っこの港町に位置していた。町営の木造平屋で、できたばかりなので真新しい。わたしが訪れた際には、地元の住民が三人交替で来館者への説明に当たっていた。

そのひとりの高齢女性に話を聞いた。展示された写真に写る漁師たちは、みな顔見知り

隠岐の島町の久見竹島歴史館

やその親族にあたるそうで、「このひとはともだちの兄だ」などとひとりずつ詳しく教えてくれた。

また一九三四（昭和九）年に女島で撮られた写真には、久見の漁師とともに、チマチョゴリを着た朝鮮出身の海女の姿も写っていた。彼女たちは現地に小屋を建て、一、二週間にわたって漁業を行い、「漁師以上」の給与をもらっていたという。

歴史館の場所は、もともとフェリーが入港する同町南部に計画されており、観光客も立ち寄りやすいはずだった。しかし、地元の強い要望で現在の場所に変更された。なるほど、さきのような生々しい証言はここでしか聞けまい。次第に地元のひとが集まってきて、「船は夜に出ていった」などと思い出話に花を咲かせる。その様子をかたわらで聞けるのも、現地ならではの醍醐味だった。この地区と竹島との関わりがいかに深かったのかも実感できた。

そのいっぽうで、課題も少なくない。来館者の誰もがすぐ気づくように、資料閲覧コーナーがたった一室にすぎず、あまりに狭すぎる。広さは小学校の教室の半分にも満たない。展示物も数が少なく、文字資料が中心になっているため、説明なしでその内容を完全に理解するには根気がいった。

竹島問題を啓発するＤＶＤもあるにはあった。ただ、まるで大学の退屈な講義のようだった。せっかく遠路はるばる訪れたというのに、これでは拍子抜けしてしまうひともいるだろう。

そういう事情もあり、来館者数は開館初年度こそ一八〇〇〇人弱を記録したが、近年ではコロナ禍の影響もあり、一〇〇〇人を下回る状態が続いている。

町にも言い分はある。領土問題が絡む以上、政府が国立の立派な施設を建てるべきだというのだ。しかし、すでに竹島関係では松江市に県立の竹島資料室があり、東京・虎ノ門に国立の領土・主権展示館がある。とくに後者は規模も大きく、政府としてはこれで十分だと判断しているのだろう。

ただ韓国では、ソウルの独島体験館のみならず、竹島から北西約八八キロに位置する鬱陵島（ウルルンド）にも独島博物館が設けられている。中央日報と三星文化財団が建設費を拠出したこの博物館は、地下一階、地上二階の威容を誇り、延床面積は約一六〇〇平方メートルにもおよぶ。

ソウルの体験館も4D映像館が設置されており、3Dメガネを通じて立体的な竹島の映像を楽しめるだけではなく、その映像にあわせて座席が激しく動き、（やや車酔いのようになりながら）「独島を体験」できる。

穏やかな隠岐諸島にけばけばしいプロパガンダ施設は似合わないが、せめて、韓国から研究者が訪れた際にはしっかり対応できる学芸員を配置するくらいは検討してもいいのではないだろうか。そうでもしないと、当時を知る住民がいなくなれば、役所の一角にあるような無味乾燥な展示スペースに陥ってしまうかもしれない。

たしかに、竹島海鮮カレーはいいアイデアだった。旅先での味覚は思い出にも残りやすい。しかし、それだけではアピールが十分ではない。そんななかで、北朝鮮のメディアがありえないほど大きな「意義」を見出してくれたのは皮肉というほかなかった。

後醍醐天皇はどこに滞在していたか

ところで、これまで一口に隠岐諸島といってきたが、実際には北東に位置する島後（どうご）と、南西に位置する島前（どうぜん）とで大きくエリアが分かれている。

安定感のある大きな丸い島がドシリと構えるのが島後で、隠岐の島町も（久見竹島歴史館も）ここに位置している。これにたいして、西ノ島、中ノ島、知夫里島（ちぶりじま）という三つの島が環状に連なるのが島前である。フェリーで約一時間、高速船でも約三〇分の距離があるため、ひとの行き来はそれほど盛んではない。

島後のタクシー運転手いわく、両者のあいだで「どちらが都会か」と争ったりもするという。東京から来たものとしては答えに窮してしまった。

そんな争いの一種に、後醍醐天皇の行在所（あんざいしょ）をめぐる問題がある。後醍醐天皇は鎌倉時代の末期に倒幕を企てたが失敗し、一三三二（元弘二／正慶元）年に隠岐に流された。翌年、脱出して京都に戻り、建武の新政を行ったものの、それも長続きせず、やがて奈良県の吉野に逃れ、南朝を開いたことはよく知られている。

問題は、後醍醐天皇が隠岐のどこに滞在していたかという点だ。じつは、島後では自分たちのエリアにある隠岐国分寺を、島前では同じく西ノ島にある黒木御所を、それぞれ後醍醐天皇の行在所と主張しており、昔から一歩も譲っていないのである。

その激しさたるや、作家の吉川英治が南北朝時代をテーマにした小説『私本太平記』を連載中に、「いったい、どっちへ天皇をお流ししてよいものやら頭がいたい」とあるエッセイで愚痴ったほど。どちらを選んでもクレームが起こりかねない。結局吉川は、行在所が島後から島前へ移ったとの折衷案を取らざるをえなかった。

現在はどうなっているのか。

わたしはまず、島後南部の国分寺を訪ねた。隠岐では明治初期の廃仏毀釈（はいぶつきしゃく）がとくに激しく、寺院の数が明らかに少ない。奈良時代に聖武（しょうむ）天皇の命で建てられた由緒ある国分寺でさえ、徹底的に破壊されたあとに再建されたものだった。

その旧本堂跡とされる場所には、「凡（およそ）一ヶ年後醍醐天皇の行在所（中略）中興の偉業を尽し給ひたる処なり」と記された文部省の看板（一九三七年）が立ち、その隣に、公爵近衛文麿の筆になる石碑「後醍醐天皇行在所阯」がそびえていた。この場所が一九三四（昭和九）年に国史跡に指定されたことを受けてのものだった。

境内の資料展示場には、国分寺説を裏付ける史料「頼源（らいげん）文書」がここぞとばかりに掲示されている。出雲の鰐淵寺（がくえんじ）に属した勤王僧の頼源が、この国分寺で後醍醐天皇より文書を賜ったと書き記しており、現住職は「当時の一級史料」と胸を張っていた。なるほど、これは貴重な文献にちがいない。

ただ、参道の脇にある「後醍醐天皇御遷幸六百六拾年記念之碑」（一九九一年）という石碑にはのけぞった。碑文には前述の『私本太平記』の一節が刻み込まれているが、当然のごとく国分寺の部分のみが引用されており、島前についてはまるで存在しないかのように無視されていた。建立者は地元の西郷町（現在は合併して隠岐の島町の一部）や西郷町商工会、西郷町観光協会などと錚々たる面々だったが、この恣意的な引用には吉川も泉下（せんか）で唖然としていることだろう。

では、たいする島前の黒木御所はどうだろうか。船を乗り継いで西ノ島の別府港にたどりつくと、やはり小さな島のためか、待機のタクシーは見当たらなかった。賑やかさにおいては、島後にくらべてやや見劣りした。

行在所跡は、港のすぐ北にある天皇山と呼ばれる小高い山に位置していた。黒木神社という小さな社の奥がその場所だった。

ふもとには、「ここは元弘の昔、後醍醐天皇が隠岐へ遷宮されて約一年間行宮されたところである」と記された「史跡　黒木御所」の看板が掲示され、公爵一条実孝の筆になる石碑「黒木御所阯」が屹立していた。国分寺への対抗意識がひしひしと伝わってくるようだ。

ただし黒木御所は国史跡ではなく県史跡であり、その指定も一九五八（昭和三三）年と遅かった。

では、国分寺説に軍配が上がるのかというと、話はそう単純ではない。もともと隠岐では黒木御所こそ行在所跡と信じられていたが、明治末になって前出の新資料にもとづいて国分寺説が台頭した。これを受けて、国分寺は国史跡に指定された。

ところがその後、「当時の衰微した国分寺では天皇を迎えられなかったはずだ」との反論が起こり、黒木御所が県史跡に指定された。こうしてふたつの史跡が並立するという奇妙な状況が発生したのである。隠岐を訪れた皇族も、事情をおもんぱかってか、両方の史跡に足を運んでいる。

ただし、捲土重来を期する黒木御所側は、明らかに記念碑のたぐいが多く、宣伝に余念がない。

現代書道の父として知られる、比田井天来の染筆を懇願してなった「黒木御所遺阯」碑

（一九三六年）。日露戦争時、旅順沖で沈んだロシア戦艦「セヴァストポリ」の砲弾をわざわざ引き上げて設置した、紀元二六〇〇年記念碑（一九四〇年）。さらに比較的新しいものとしては、別府振興会による「建武中興発祥之地」碑（一九九一年）がある。

そのなかでも目を引いたのは、吉野の吉水神社から贈られた杉の木の植樹だった。吉水神社といえば、南朝の行宮（あんぐう）が置かれたことで知られるが、本書では安倍神像神社を創建した佐藤素心氏がかつて宮司を務めていたところとして何度も言及した（第三章、第一一章）。寄贈されたのは二〇一五（平成二七）年だったので、佐藤宮司の関与があったと考えてまちがいない。国威発揚スポットを訪ね歩くと、こうした意外なつながりを発見して愉快な気持ちになる。

もっとも、行在所跡の並立は事情を知らない観光客にとっては混乱の原因でしかない。島前には後醍醐天皇だけではなく、後鳥羽上皇ゆかりの地もある。後鳥羽上皇は、後醍醐天皇に約一〇〇年さきだち、倒幕を試みたものの失敗し（承久の乱）、中ノ島に配流された。そのためこの島には上皇の陵墓と、上皇を祀る隠岐神社という立派な名所旧跡がある。

後醍醐天皇は島後に、後鳥羽上皇は島前にゆかりの地があるということでいいではないか。中ノ島は黒木御所から望見できるほど近いのだから――。しかし、同じ島前でも西ノ島からすれば「あれは向こうの島の話」となるらしい。

いずれにせよ、隠岐では懸案の竹島問題より後醍醐天皇の行在所跡のほうが熱烈にアピールされており、なんども苦笑させられた。やはり現地には足を運んでみるものだ。

第二〇章

エンタメ化する国境

インド／アタリ・ワガ国境
（2023年9月訪問）
中国／丹東
（2017年9月訪問）

アタリ・ワガ国境のフラッグセレモニーの様子

「敵」を通じて「われわれ」の存在を確かめる。ナショナリズムの逃れられない宿命である。領土問題や歴史認識問題では、隣国が「敵」として名指されがちだ。

そのいっぽうで、前章の隠岐諸島のように、遠く離れた外国より近くの島同士の対立が目立つケースもあった。すべてが教科書どおりに進むわけではないが、こうした例が、過激化するナショナリズムに冷静な視点をもたらす可能性もある。

ところで、アジアの一部の国々では国境が「エンタメ化」し、それが「われわれ」という国民意識を再確認する新しい手段になりつつある。第三部の最後にその報告をしながら、日本の将来についても思いを馳せてみたい。

まず取り上げるのは、インドとパキスタンの国境だ。第四章で述べたように、両国は一九四七年に英国から独立する際、宗教的な理由で分離独立した。ただ、その国境線は英国の都合で引かれたため、紛争を引き起こすこととなった。とくに、ムスリムが多く住むカシミール地方がインド領となったことが大きな火種となり、四度の戦争が起こった。現在でも両国は核兵器を保有し、互いに睨み合う状況が続いている。

そんな犬猿の仲であるインドとパキスタン国境の検問所で、毎日、ある奇妙なセレモニーが行われている。夕刻、両国の国境守備隊が国境を閉鎖して国旗を降納する際に、まるで相手を挑発するかのような派手なパフォーマンスを披露しているのだ。その様子は、観光客によって撮影され、しばしば動画サイトなどで話題になっている。

実際はどんな光景が広がっているのだろうか。降納セレモニーが行われている検問所はいくつかあるが、今回はそのなかでもっとも有名なアタリ・ワガ国境検問所にインド側よりおもむいた。

マイクパフォーマンスに熱狂する観客たち

首都デリーより飛行機で北西に約一時間、まずパンジャーブ州のアムリトサルへ向かう。インド人がターバンを巻いているというステロタイプなイメージは、じつはシク教徒に由来する。アムリトサルはまさにこのシク教徒の聖地だ。ここには黄金色に光り輝く聖所ハリマンディル・サーヒブがあり、観光名所のひとつとして「黄金寺院」の名でも知られている。

そんなアムリトサルより西へ約三〇キロ進むと、アタリ・ワガ国境検問所に到達する。東京駅から横浜中華街ぐらいまでの距離に相当するが、ほぼ一直線の道路が整備されているため、車では一時間もかからない。アタリはインド側、ワガはパキスタン側の地名を指しており、そのまま国境を越えてまっすぐ進むと、パキスタン第二の都市ラホールにまでたどりつく。

対立する国同士の国境なので、緊迫した雰囲気を想像していたが、実際に足を運んでみるとまるでテーマパークのような場所だった。巨大な立体駐車場が整備され、レストランも併設されている。ひとびとは楽しげな様子で続々と入場ゲートに向かっていた。手荷物検査は厳重だったものの、いったんパスすれば出店も並んでいて非常に平和的だった。訪れる外国人はわずかで、大多数がインド人のようだった。

入場ゲートを進んでしばらくすると、目の前にサッカースタジアムを半分で切ったような半円形の巨大な建物があらわれた。二階建てで、観客席は階段状になっており、どの席からでもパキスタンとの国境を見下ろせるようになっている。同じような建物がパキスタン側にも建てられており、上空から見ると、ほんとうにサッカースタジアムのように見えるだろう。

インド側スタジアムのもっとも高いところにはガンジーの肖像が掲げられており、パキスタン側の施設にあるジンナー（パキスタン建国の父）肖像と向かい合っていた。

この日は日曜日だったため、あっという間にすべての座席が観客で埋め尽くされた。一万人ぐらいはいただろうか。外国人向けに専用の席も用意されていたが、今回はあえてインド人たちのなかに紛れて見物することにした。

午後五時ごろ、ついにセレモニーがはじまった。賑やかな音楽が鳴り響き、インド人たちが歓声をあげる。インド国旗の入場につづいて、守備隊兵士のひとりがマイクパフォーマンスをはじめた。その煽りかたがみごとだった。かれがあるフレーズを言うと、観客が一斉にそれに応じたフレーズで返すのだ。それも、なんどもなんども。

「ヒンドゥスターン（インド）！」

「ジンダーバード（万歳）！」

「ヒンドゥスターン！」

「ジンダーバード！」

組み合わせはほかにもあり、「ヴェンデ（われは讃える）！」と言えば「マタラム（母なる国を）！」、「バーラト・マタ・キ（母なるインドに）！」と言えば「ジェイ（勝利を）！」。これが延々と繰り返されるなかで、観客のボルテージはどんどん高まっていく。

パキスタン側も同じようにマイクパフォーマンスをやっており、その声が聞こえてくると、インド側の隊員は「あっちに負けているぞ！」「もっと声を出せ！」と言わんばかりに大きな身振りで煽り立てる。観客も満腔よりこれに応じる。スポーツの試合のようでもあり、コンサートのようでもある。清々しいばかりの国威発揚ぶりだった。

この熱狂が最高潮に達するのは、守備隊の兵士が整然と列をなしてスタジアム内に入場してきたときだった。そう、かれらこそパキスタン側と煽り合う〝主役〟なのである。頭に鶏冠のような飾りをつけ、頭にぶつかるぐらいに足を大きく振り上げながら、パキスタンに向かって進んでいく。そして国境線を挟んでパキスタンの守備隊と対峙すると、まるでボディービルダーのように両腕を上げて相手を威嚇するのだ。

観客たちは、そのコミカルな一挙手一投足に大喜びだったが、わたしは失礼ながら動物の威嚇行動を連想してしまった。

興味深いことに、パキスタン側もほとんど同じようなパフォーマンスを繰り広げていた。このセレモニーは一九五九年にはじまり、日々行われるなかで徐々に定式化し、ときに緊張が高まるときがありながらも、いまや定番の行事として根付いているのである。そのため、双方の部隊が一触即発のように見えても、けっして衝突することはない。両国の観客たちもそれを承知しており、スポーツ観戦のように楽しんでいるのだ。

午後五時三〇分、ついに国境が閉鎖され、両国の国旗が降納された。セレモニーの最後には、両国の国境守備隊の兵士が握手を交わしていたのが印象的だった。

ふと国境線の向こう側をみると、パキスタン側の観客は少なかった。経済的に躍進するインドにくらべて、パキスタンは遅れを取っている。パキスタン人はインドの勢いをみて、どんな感情を抱いたのだろうか。

インド人はそんなことお構いなしに、まるでディズニーランドのエレクトリック・パレードを見終わったあとのように、大挙して駐車場に引き上げていった。帰り道、ひとりのインド人男性に「中国人か？　インドをどう思う？」と聞かれた。「グレート・カントリー」と適当に返したら、かれはニヤリと笑った。

キティと並んで売られる金日成

こんどは、中朝国境にある都市、丹東（たんとう）に向かってみよう。

中国遼寧（りょうねい）省に属する丹東は、朝鮮半島の付け根の西端に位置し、鴨緑江（おうりょくこう）を隔てて北朝鮮の新義州に接する。北朝鮮が核実験などを行うと、テレビの中継が行われる場所といえばわかりやすいだろうか。

戦前には、日本領朝鮮の鉄道と南満洲鉄道の安奉（あんぽう）線をつなぐ交通の結節点であり、日本によって建設された鉄橋は「中朝友誼橋（ゆうぎきょう）」と改称されて、現在でも中朝間の交易を支える重要な交通手段となっている。

そのため、朝鮮半島の南北軍事境界線のような緊張感はないものの、現地を訪れると同じ社会主義国でありながら、経済格差の存在をいやでも突きつけられる。わたしが丹東を訪れたのはコロナ禍以前の二〇一七年九月だが、その後も大きな変化はないだろう。

中国側にはガラス張りのタワーマンションが川沿いに立ち並び、夜になると飲食店のネオンが煌々と輝いて繁栄を謳歌している。それにたいして、北朝鮮側は橋をわたったさきに古びた町並みが広がるばかりで、少し離れると平屋の住宅や監視小屋らしき建物がぽつりぽつりと建つだけ。あとはほとんどが延々とつづく畑であり、夜になると真っ暗になってしまった。

そんな丹東にとって最大の観光の目玉は、やはり北朝鮮だった。古い世代の中国人にとって、北朝鮮の風景はかつての中国を思い出させるようで、観光目的で足を運ぶひとも少なくない。国境を越えなくても、鴨緑江にいくつものクルーズ船が出ており、川を挟んで北朝鮮の様子を間近で観察することができる。

裕福そうな中国人たちは、スマートフォンを片手に北朝鮮のひとびとに大声で話しかける。しかし、やせ細った北朝鮮の漁民は木造の小さな船でせっせと魚を取るばかりでいっさい反応しない。そんな切ない光景をなんども目にした。

ただ、北朝鮮はこの中国人のノスタルジーをたくみに利用して外貨稼ぎをしている。丹東にはたくさんの朝鮮料理のレストランがあり、わたしが訪問した際には、平壌高麗飯店、平壌松濤園飯店、柳京飯店、丹東高麗館、高麗香の五軒が北朝鮮の関係者によって運営されていると見受けられた（いわゆる北朝鮮レストラン）。

その特徴はわかりやすい。ふつうの朝鮮料理店には韓国と北朝鮮の国旗が両方飾られているが、北朝鮮レストランには絶対に韓国の国旗がない。そして店内に足を踏み入れると、テレビでは北朝鮮のプロパガンダ番組が延々と流れており、金正恩（キムジョンウン）総書記の姿が何度も画面に映し出されている。時間を持て余した店員が、ときに無言でその画面をじっと見つめており、店内には独特の緊張感が漂っていた。

時間帯や店舗によるものの、満席で入れないことはなかった。メニューの定番は、北朝鮮自慢の平壌冷麺。金属製の器に、蕎麦粉が混ざった黒い麺がたっぷり盛られており、店員がハサミでカットしてくれる。舌の肥えた中国人に満足してもらうため、味はどれも申し分なかった。ほかにも、朝鮮料理でお馴染みの犬肉料理なども提供されていた。

とはいえ、北朝鮮レストランの名物といえば、やはり女性店員たちによる音楽ショーだろう。彼女たちはチマチョゴリをまとい、北朝鮮歌謡や、中国人民志願軍の軍歌を披露する。ときには、金正恩がK－POPに対抗しようとして創設した「モランボン楽団」とい

丹東の土産物店。金日成、金正日、金正淑の肖像が使われている

う女性音楽ユニットの白い制服を着ていることもあった。

彼女たちは、歌っているあいだは笑顔だったが、音楽が終わりステージから降りるとすぐ無表情になった。その変わりようにはゾクッとさせられた。そしてカメラを向けると、サッと顔を背けた。それでも閉店が近づくと、空いているテーブルでハローキティーの毛布をかぶりながら無防備にスマートフォンをいじっている姿も見かけた。

このように丹東の光景は驚きの連続だったが、そのなかで最大級のものは鴨緑江沿いの土産物店で訪れた。そこでは、金日成や金正日、金正淑（金日成の妻）の肖像が、北朝鮮の紙幣や切手を収載したフォルダなどの表紙に勝手に使われていたのだ。

しかもそれらが、ドラえもんやハローキティーのグッズと並んで売られているではないか。丹東では、金日成や金正日はいわばご当地キャラクターの一種になっているのである。せっかくなのでひとつ購入すると、店員はハローキティー柄のビニール袋に入れてくれた。半透明のビニール越しに、金日成の笑顔が透けて見えてくる。しかも、金日成の印刷はぼやけているのに、ハローキティーはくっきりしている。社会主義と資本主義が奇妙に交錯した姿は非現実的で、悪い夢のようだった。

北朝鮮では、最高指導者たちの肖像は神聖不可侵なものであり、軽々しく扱えば重い処罰を受ける。それなのに、丹東ではこれらの肖像が路上で土埃をかぶっていることすらある。鴨緑江ひとつ隔てただけで、まるで別世界だった。

ようするに、丹東では北朝鮮が〝消費〟されているのだ。中国側がノスタルジーとともにある種の優越感に浸っているだけではない。北朝鮮側もそれを容赦なく利用しながら外貨を稼いでいる。朝鮮戦争でともに戦った盟邦というプロパガンダとは裏腹に、実利を重視した冷えた関係性が垣間見えた。

こうした国境の「エンタメ化」は、従来の領土問題などとは異なる、新しい「われわれ」と「かれら」の関係性の出現を示唆している。

経済格差から生まれる優越感、羨望、嫉妬――。インバウンドが増える今後、日本国内にも「ミクロ化した国境」があらわれるかもしれない。われわれが豊かな外国人観光客を見て、自分たちがインドや中国の側ではなく、むしろパキスタンや北朝鮮の立場にあると気づいたとき、内なるわだかまりの感情ははたしてどのように表出されるのであろうか。

第四部

記念碑という戦場

永遠を希求する

第二一章

もうひとつの「八紘一宇の塔」

兵庫県／みどりの塔
（2023年11月訪問）

「みどりの塔」全景。かつては「八紘一宇の塔」と呼ばれた

見るからに重そうな石造りの地球儀が木々の合間に不自然に落ちている。北半球が地面にめり込み、日本列島も通常と逆さまだ。

この直径一・二メートル、重さ二・四トンの地球儀を落下させた兵庫県南部地震は、正に『地球』すなわち『わたしたちの世界』を根底から揺り動かした、言語を絶する出来事だったことはまちがいありません。

神戸市が設置した案内板はそう解説する。

ここは神戸市須磨（すま）区の須磨浦公園。同園の東端に位置する「みどりの塔」には両脇に小さな地球儀が備え付けられていたが、そのうち向かって左側の地球儀が、一九九五（平成七）年一月の震災で落下し、破損してしまった。それをあえて修復しないことで、「あの忌まわしい震災の日々の記憶を失ってしまわない」ようにしているのだという。なるほど歴史の継承としては悪くない試みだろう。

ところが、ここではもうひとつの「忌まわしい」歴史がみごとに隠蔽されている。それは、「みどりの塔」がかつて八紘一宇の塔と呼ばれていたことだ。じつはこの塔は、神武天皇の即位から二六〇〇年にあたるとされる一九四一（昭和一六）年一一月に、神戸新聞の呼びかけで皇紀二千六百年記念塔として建てられたものだったのである。

かつての八紘一宇の塔は、石造りの尖頭型で、土台を含め高さ一六メートル弱の堂々たる姿だった。神武天皇の神話に由来する金鵄をいただき、兵庫県出身で関東軍司令官などを歴任した本庄繁の揮毫による「八紘一宇」の文字を刻み、「〝天壌無窮〟の国体を象徴」していた（『神戸新聞五十五年史』）。

ところが、戦後の流れのなかでまず碑面の文字が除去され、ついで一九五四（昭和二九）年四月、昭和天皇・香淳皇后の行幸啓をまえに、緑化運動を象徴する「みどりの塔」に改造された。金鵄は取り除かれ、代わりに手を大きく広げた裸婦像「薫風」が置かれ、正面にも女性のレリーフが添えられた。いずれも神戸で彫刻の振興に尽くした新谷英夫の作品だった。

戦後日本の公共空間では、軍国主義からの脱皮をあらわす象徴として裸婦像が多用された。東京・三宅坂にあった寺内元帥騎馬像の台座が、一九五一（昭和二六）年に三体の裸婦像からなる「平和の群像」へと改造されたのがその嚆矢だという（小田原のどか『近代を彫刻／超克する』講談社、二〇二一年）。「みどりの塔」はその典型的な後追いだった。

あらためて見ると、裸婦像にたいして台座が大きすぎて、全体的にアンバランスな印象を受ける。台座の説明には、しかし、改造以降の歴史しか記されていない。『昭和天皇実録』にも、「緑化運動の象徴として建設」されたとしか書かれていない。

とはいえ、よくよく観察すると、戦前の痕跡はあちこちに残されている。

記念碑に向かって右側の、地震で落下しなかったほうの地球儀をみると、中国大陸に不自然な線が引かれている。東北部から華北を経て華南へ。わたしはすぐ気付いた。ああ、これは当時の日本の勢力圏だ。神戸市の説明と異なり、これはたんなる「『地球』すなわち『わたしたちの世界』」ではなかった。

ほかにも戦前の名残はないだろうか。舐め回すように記念碑を細かくチェックしていくと、石段の両端に置かれた方位盤に宮崎神宮、橿原神宮、伊勢神宮、皇居の方角が示されているのを発見した。書いてあるのはこの四つのみ。このうち宮崎神宮以外は、すべて東に偏っているのでバランスが悪い。

それでも、いかにも皇紀二六〇〇年らしいチョイスだと感じた。神武天皇はもともと拠点としていた九州南部を出発し、瀬戸内海などを経て、大和の橿原で初代天皇に即位したと伝えられている。宮崎神宮と橿原神宮はその神話を踏まえているのだろう。また伊勢神宮は神武天皇の祖先を、皇居はその子孫を示している。これもまた「天壌無窮の国体」の具現化にほかならない。

さらに探索を進めると、塔の後ろ部分に富士山や神武東征の場面が描かれたレリーフが残っているのも見つけた。かなり風化していたものの、「神武天皇橿原ニ建国元肇（げんちょう）ノ大典ヲ行ヒ給ヒ」云々と刻まれた文字がかろうじて読み取れた。

このレリーフは戦後、やはりセメントで塗り込められていたが、年月が経つにつれて徐々に剝落し、地震の影響でついにもとの姿があらわになったという。負の歴史を隠蔽するにしても、そのやりかたがあまりに杜撰（ずさん）で苦笑せずにはいられなかった。

八紘一宇の塔というと、同じく皇紀二六〇〇年記念に宮崎市に建てられたものがよく知られている（八紘之基柱(あめつちのもとはしら)）。高さ三七メートルの威容を誇り、現在でも「平和の塔」として観光名所になっている。それにくらべて、神戸のものはほとんど知られていない。だが、「みどりの塔」のほうが日本のありかたをよりあらわしているように思われた。

天壌無窮の国体から緑化運動の象徴へ。その変わり身の早さは、この国において「正義」がいかに空虚で、空気に左右されやすいのかを如実にあらわしている。それだけではない。震災が起こるや、戦争の記憶は隠蔽されているのに（その隠蔽さえ不徹底なのだが）、「忌まわしい記憶を失わないように」と恥ずかしげもなく掲げてしまうのだ。今日盛んに唱えられている「正義」も、同じような運命をたどるにちがいない。

とはいえ、こうも考えられないだろうか。この神戸のモニュメントは、そのときどきの歴史や空気——天壌無窮の国体、緑化運動の象徴、震災の記憶——をまるで地層のように重ねて刻み込んでいる、稀有な記録物なのではないかと。じつは日本は、よくも悪くも「いい加減な国」だからこそ、このような史跡や痕跡がたくさん残されている。

こうした記念碑を、その成り立ちや背景を踏まえながら、再評価することができないだろうか。

大東亜戦争ということばを使う理由

これは過去を適当に片付けていいといいたいわけではない。べつの角度から考えてみよう。本書ではこれまで、さきの大戦のことを大東亜戦争と呼んできた。このことに違和感を覚えるひともいるかもしれない。それはアジアへの侵略を正当化する用語ではなかったか、と。

実際、二〇二四（令和六）年四月、陸上自衛隊の第三二普通科連隊（第九章で「近衛兵の精神」を自称する部隊として紹介した）が公式Xで、「大東亜戦争最大の激戦地硫黄島」などとポストしたところ、批判を浴びて後日これを削除することとなった。

大東亜戦争は、一九四一（昭和一六）年一二月にはじまった対米英戦争の当時の称である。そこには、大東亜新秩序建設のための戦争という意味がこめられていた。ただ、敗戦後に占領軍によって使用が禁じられ、代わりに米国側の呼称である太平洋戦争が定着した。

その後、太平洋戦争という名称はあまりに米国に偏っており、戦場となったアジアへの視点に欠けるなどとの批判が生まれ、（満洲事変を起点とする）一五年戦争と呼ばれたり、近年ではアジア・太平洋戦争と呼ばれたりしている。

そのいっぽうで、大東亜戦争がまったく使われなくなったわけではない。これまでアジア解放の聖戦だったという右派的な主張をともなうものが多かったが、最近では批判的な意味をこめてあえて使ったり、歴史上の用語として中立的に使ったりすることも増えてきている。タブー扱いは徐々に収まり、前後の文脈次第になってきたということだろう。

またほかならぬ自衛隊では、大東亜戦争が幅広く使われてきたという事実もある。本書で取り上げた自衛隊の資料館や広報館に足を運べば、この用語がとくに註釈もなく当たり前のように使われているのを目にするだろう。今回のXのポストも、自衛官が「あの戦争は正しかった」と歴史認識問題に乗り込んできたというより、日常の延長線だった可能性も否定できない。

もちろん、自衛隊のSNSでいきなり大東亜戦争ということばを使えば、誤解を招くに決まっている。太平洋戦争を避けるにしても、比較的中立的な「さきの大戦」や「第二次世界大戦」などで言い換えることもできたはずだ。あえて大東亜戦争を使ったのは、注意不足だったと言わざるをえない。

少し遠回りしたが、もとの問いに戻ろう。本書ではなぜ、それでも大東亜戦争ということばを使うのか。それは一言でいえば、ことばが積み重ねてきた歴史を大切にしたいということに尽きる。

われわれは今日、大東亜戦争と聞くとドキッとして、どこか後ろ暗いものを感じてしまう。その理由は、そこにアジア解放の聖戦という肯定的な意味だけではなく、その美名のもとに行われたおぞましい虐殺や搾取などの悲劇が紐づけられているからだろう。あるいは、戦後に繰り返されてきた厄介なイデオロギー論争が連なっているからだろう。

大東亜戦争に「米英の侵略にたいするアジアの反撃」という側面がまったくなかったとまでは言わない。日本は、黒船の脅迫により急速な近代化を強いられたという「被害者」の側面をもっている。ただそれでも、大東亜戦争ということばはすでにそのような経緯を

地面にめり込む地球儀

上回るほどの「加害者」の歴史もまた背負い込んでしまっている。

そしてわたしは、このような被害と加害の歴史をすべて引き受けて、大東亜戦争ということばを使いたいのである。ここでは前後の文脈が長大にあるので、誤解されることもあるまい。それはまた、国威発揚という現象を頭ごなしに否定せず、まずその存在を受け入れたうえで考えたいという本書の態度とも共通している。

今日、歴史はあまりに政治的な動員装置となりすぎている。このことばを使えばアウト、あのことばを使えば敵などと、レッテル貼りまで行われる始末だ。だが、それがほんとうに政治や社会を深く考えることにつながるのだろうか。たとえば、政治的に正しいとされる「アジア・太平洋戦争」という表現も、熟慮の結果ではなく、「これを使っておけば後ろ指を指されない」という安全策にすぎないのであれば、「みどりの塔」の改造のようにかたちだけの対応と大差がない。

わたしは、こうした機械的な対応から距離を置き、ひとつひとつのことばを自分自身で考え、判断したい。そうでなければ、ナショナリズムやイデオロギーにまみれた現場にあえて踏み込み、取材を行う意味がなくなってしまう。

争奪戦の対象となる記憶

近年、もっとも注目を集めているテーマのひとつが、こうした歴史をどのように記憶し、語り、継承するかという問題だ。ある立場のひとはこう記録しろと言い、別の立場のひとはああ記録しろと言う。記憶はいまや争奪戦の対象であり、記憶を永久化しようとする記念碑は歴史や文化をめぐる熾烈な戦場となっている。

ドイツでは、東西統一後にユダヤ人の追悼碑をどのように設置するかをめぐって激しい記念碑論争が繰り広げられた。米国では、ブラック・ライブズ・マター（ＢＬＭ）運動の影響で、奴隷制を擁護したとされる政治家や将軍たちの銅像が撤去される事例が相次いだ。

日本でも、愛知県で開催された国際芸術祭「あいちトリエンナーレ２０１９」で慰安婦問題を象徴する少女像が大きな問題となったことは記憶に新しい。最近では、二〇二四

（令和六）年一月に群馬県高崎市の県立公園「ぐんまの森」に設置されていた朝鮮人追悼碑が県によって撤去されるという事態も起こった。

ひとは永遠をもとめて記念碑を建てる。だが、実際にはそれは儚く、破壊され、書き換えられ、取り壊されていく。その歴史的な過程を忘却するのではなく、全体として受け止めるためにはどうすればいいのか。第四部では、こうした問題意識のもとで「記念碑という戦場」に潜り込んだ。

第二二章

東の靖国、西の護国塔

静岡県／可睡斎

（2023年4月訪問）

伊東忠太設計の可睡斎護国塔

日本のモニュメントを語るとかならず名前が出てくる八紘一宇の塔。宮崎市を睥睨するようにそびえているそれは、石張りの外観でわかりづらいものの、じつは鉄筋コンクリート造りである。一九四〇（昭和一五）年一一月に宮崎県の皇紀二六〇〇年奉祝事業で建てられてから現在までこのモニュメントが存在感を失っていないのは、名称もさることながら、有無を言わさぬ圧倒的な大きさ（約三七メートル）も無関係ではないだろう。その陰の立役者こそ、ふだん目立たない先進技術の採用だった。

もっともこれに先立つ一九一一（明治四四）年四月、静岡県袋井市にも鉄筋コンクリート造りの記念塔が建てられている。その名は可睡斎護国塔。しばしばメディアに取り上げられる八紘一宇の塔にくらべてあまり知られていないものの、こちらもモニュメントの歴史を考えるときにおろそかにできない「もうひとつの塔」だ。

そもそも可睡斎は、応永年間（一三九四～一四二八年）に開かれた曹洞宗の寺院である。今川氏の人質になっていた幼少期の徳川家康を救った仙麟等膳がやがて一一代目住職に就任した機縁で、家康より駿河・遠江・三河・伊豆四国の曹洞宗寺院の統括を命ぜられて、江戸時代には東海の大僧録司として大いに勢威を振るった。

可睡斎というユニークな名前も家康と関係している。のちに成長した家康は、浜松城に恩人の仙麟等膳を招いて歓談した。ところが和尚は、疲れからコクリコクリと居眠りしてしまった。家康はあえて怒らず、「和尚、我を見ること愛児の如し。故に安心して睡る。我その親密の情を喜ぶ。和尚睡る可し」と鷹揚に述べた。ここから可睡斎の名ができたといわれる。

総門前には「徳川家康公深きゆかりの禅寺」という石碑も立っている。わたしが訪れたときは、NHKの大河ドラマ「どうする家康」の影響か、観光客が盛んに写真を撮っていた。

伊東忠太による画期的な試み

かつての寺勢をしのばせるように境内は広大で、東京ドーム一〇個分以上におよぶ。すべて見て回るのには四時間三〇分かかると豪語されるほどだ。そのなかで護国塔は、西側の小高い丘のうえに残されている。

その小高い丘へとつづく石畳の坂道は、戦前のままなのだろうか、かなり傾斜がきつく感じられた。落ち葉がたくさん積もっていたため、すべらないように気をつけながら歩を進める。息を切らしながらなんとか登り切ると、草がきれいに刈られた空き地の奥に白亜の建物が出現した。

袋井市教育委員会の案内板によれば、高さは一七・一メートル。八紘一宇の塔の半分もない。ただそのデザインは独特で異彩を放っていた。

花崗岩の石段上には、インドのガンダーラ様式を取り入れたとされる人造石洗出し仕上げの円形ドームの塔身が鎮座しており、その頂上にはチベット仏塔風の相輪が突き出している。

一六段の石段を登ると、正面入口の両脇にはギリシャ神殿風の円柱が立ち並び、馬の頭をあしらった柱頭がせり出した小屋根を支えている。隙間からなかを覗くと、「戦死病没諸精霊」と書かれた金色の位牌が見えた。背後には板塔婆がずらりと並んでいて、ここだけは日本らしい。この異国情緒あふれる建物はいったいなんなのか。

護国塔は、日露戦争で亡くなった戦没者を慰霊するため、四八代目住職の日置黙仙（ひおきもくせん）によって発願された。そのとき設計者として白羽の矢が立ったのが、建築家の伊東忠太だった。伊東は一八六七（慶応三）年、現在の山形県米沢市で生まれ、東京帝大で建築を学び、のち教鞭も取るようになった。宗教建築に秀でており、近代創建の神社はかれの手になるものが多い。橿原神宮や明治神宮のほか、靖国神社の神門や遊就館も代表作のひとつだ。伊東はこのように伝統的な木造建築を得意とするかたわらで、「建築進化論」を主張し、最新技術を取り入れながら国際色豊かな意匠を施すことでも知られた。築地本願寺がその代表作として有名だが、護国塔はその先駆的な例だった。

ただし、護国塔ははじめ石造を予定していた。それが変更になったのは、構造計算にあたった建築家の佐野利器（さのとしかた）が鉄筋コンクリート造りの採用を訴えたためといわれている。佐野は知名度では伊東に劣るものの、日本における耐震構造学の開拓者だった。

派手な設計者に寄り添う黒子のような技術者の存在は、八紘一宇の塔に通じるものがある。このプロジェクトでも、彫刻家の日名子実三が設計者として前面に立っていたが、その裏で建築家の南省吾が監修として技術的な支援を行っていた。

こうして護国塔は建築史上、きわめて画期的な試みとなった。なにせ、現存する日本最古の鉄筋コンクリート造りの建物、KN日本大通ビル（旧三井物産横浜ビル）と完成が同じ一九一一（明治四四）年なのだから。そのため護国塔は静岡県で最古の鉄筋コンクリート建造物となっており、県の有形文化財にも指定されている。

しかも、驚くべきことにこの建物は当初、現在の一・五倍の高さである二七メートルを予定していた。もし実現していれば、さらに一層の存在感を放っていたにちがいない。

仏教界復興の願望のあらわれ

こうした意欲的な取り組みを支えたのが、前述した可睡斎住職の日置默仙だった。日置和尚は護国塔の建立にあたって、満洲や朝鮮半島の戦地を巡錫し、墳丘の遺灰を集め、それを塔の下に埋めた。このような活動が護国塔にたいする幅広い支持を集め、明治天皇から下賜金も与えられることになった。さらに賛成者には、伊藤博文、大山巌、東郷平八郎、寺内正毅、大隈重信、板垣退助など錚々たる面々が名を連ねた。

明治維新以来、仏教は神仏分離令や廃仏毀釈で大きなダメージを受けていた。可睡斎も例外ではなく、日置和尚はその復興に努めるなかで国威発揚に近づいたのである。

その痕跡がもうひとつ境内に残されている。

こんどは本堂の後ろ、奥の院へつづく道を登ってみよう。すると「出世六の字穴」の案内が目に入る。これは、三方ヶ原の戦いで武田信玄に敗れた家康が隠れたとされる洞窟であり、家康がのちに将軍に登りつめたことから「出世」と冠されるようになった。大河ドラマのファンにとっては絶好のパワースポットだろうが、わたしが探していたのはそのすぐ隣にひっそりと立つ地味な石碑だった。

正月の鏡もちを平べったく潰したような円形の土台があり、その中央に、銘文が刻まれた石製円柱が置かれている。まるで大砲が天に向けて放たれているようなデザインだが、全体としてはなんとも物足りない印象を受ける。だが、かつてはそうではなかった。

その由来はこうだ。ときは一八九五（明治二八）年三月、日清戦争のさなか、清国全権の李鴻章が講和条約の調印のため来日していた。ところが交渉の帰路、暴漢に襲われて重傷を負ってしまった。そのため、陸軍軍医総監であった佐藤進が勅命を受け、手当にあたった。

幸い李鴻章は快復したが、ある日、診療中の佐藤にこう訊ねた。「あなたはなぜ、いつも軍服に帯剣の正装なのか」。佐藤は当意即妙で答えた。「これは活人剣です。日夜、百の病と戦い、必ずこれに打ち勝ちます」。李はこれに深く感動した。

この敵味方を越えたやり取りは美談として巷間に伝わり、東京の新聞に「活人刀」とい

サーベル部分が失われた旧活人剣碑

う匿名の漢詩が掲載された。佐藤がこれを示したところ、李は「贈日本総医監佐藤」という漢詩をつくり、そのなかで「奇才、国を医ふ、君無敵なり」などと佐藤を讃えた。

以上の国を跨いだ交歓に目をつけたのが、ほかならぬ日置和尚だった。じつは、佐藤はかつて可睡齋の先代住職であった西有穆山（にしありぼくざん）のもとで禅を学んでいたことがあった。そのゆかりから、日置和尚が活人剣碑の建立を発願し、一九〇〇（明治三三）年に建碑にいたったのである。さらに、李鴻章の漢詩などが刻まれた副碑もかたわらに建てられた。

活人剣碑は、銅製の剣と石製の土台から構成されていた。銅製の剣部分は、彫刻家の高村光雲（たかむらこううん）がデザインを手掛けており、古い写真には天に向かって鋭く突き立つ刃の姿が写し出されている。その高さは約六メートル。西洋型のサーベルのかたちをしており、モダンな印象を受ける（日本軍には日本刀のイメージが強いが、それが一般化したのは昭和になってからだった）。

このように、かつて可睡斎には日清戦争に由来する活人剣碑と、日露戦争に由来する護国塔が存在したのである。

ところが、活人剣碑の上部分はいまや完全に失われている。それというのも、大東亜戦争時の金属供出によって撤去されてしまったからだ。それ以来、石造りの土台も長らく荒れるに任されていた。

その状況が一変したのが、二〇一五（平成二七）年のことだった。地元の市民団体「袋井まちそだての会」の呼びかけにより、順天堂（佐藤が三代目堂主を務めた）と可睡斎が協力し、袋井市の支援も受けて、新たな活人剣碑が本堂前の目立つ場所に設置された。

この新しい碑は、当時東京藝大学長であった金属工芸家の宮田亮平氏によってデザインされた。戦前のものと同じく天に突き立つサーベル型だが、台座部分に注目すると、そこには牡丹とイルカがあしらわれている。牡丹は可睡斎の花であり、イルカは宮田作品のモティーフだ。この新設にともない、旧来の活人剣碑周りも整備され、その歴史にふたたび注目が集まった。

可睡斎の復興に尽力した日置和尚は、名古屋市にある日暹寺（にっせんじ）の創建にも関わり（現・日泰寺（にったいじ）。日本で唯一、仏舎利を保管している。なお、その奉安塔の設計者も伊東忠太である）、その後、曹洞宗の大本山である永平寺の六六代目貫首に就任した。

可睡斎のウェブサイトには、護国塔について「東の靖国、西の護国塔」とその名が広く轟いていると記されている。このキャッチコピーは正直ほかで聞いたことがないが、願望のあらわれだったと考えるとわかりやすい。不遇の時代を過ごしてきた仏教界が、あの靖国神社に並ぶほどの立派な施設を創建したのだ、さあ見てくれ、と。

八紘一宇の塔は、宮崎県の神話的な起源を主張するため、当時の県知事の強いリーダーシップで建設された。同じように護国塔もまた「西の靖国たらん」という力強い雄叫びが、鉄筋コンクリートというかたちになって結実したものといえるのではないか。

第二三章

よみがえった「一億の号泣」碑

岩手県／鳥谷崎神社、
福島県／高村智恵子記念館
（2023年8月訪問）

鳥谷崎神社の「一億の号泣」碑

高村光雲を父にもち、二〇二三（令和五）年に生誕一四〇年を迎えた詩人で彫刻家の高村光太郎（こうたろう）は、疎開先の岩手県花巻町（現・花巻市）で大東亜戦争の終結を告げる玉音放送を聞いた。そして翌日、新岩手日報の依頼で「一億の号泣」という一篇の詩をものした。

綸言一たび出でて一億号泣す
昭和二十年八月十五日正午
われ岩手花巻町の鎮守
鳥谷崎（とやがさき）神社社務所の畳に両手をつきて
天上はるかに流れ来（きた）る
玉音（ぎょくいん）の低きとどろきに五体をうたる

見てのとおり、終戦の衝撃を情緒的にうたった詩である。ことに玉音放送の終了後は「ほとんど失語」とまで描写される。

この時無声の号泣国土に起り
普天の一億ひとしく
宸極（しんきょく）に向つてひれ伏せるを知る
微臣恐惶ほとんど失語す

そのほとばしる感情に、思わず呆気にとられてしまう。

高村光太郎というと、亡妻智恵子（ちえこ）への愛をうたった詩集『智恵子抄』がよく知られる。そのため、「一億の号泣」に意外な印象を受けるかもしれない。だがかれは、戦時下に日本文学報国会の詩部会長を務め、数々の戦争詩を書き残した愛国詩人でもあった。彫刻修業のため、若きころニューヨーク、ロンドン、パリに遊学した思い出もものかは。大東亜戦争の勃発に臨んでは、つぎのように激しく叫んだ（「十二月八日」）。

記憶せよ、十二月八日。
この日世界の歴史あらたまる。
アングロ・サクソンの主権、
この日東亜の陸と海とに否定さる。

沖縄戦を迎えた難局にもなお、沖縄県民にこう呼びかけた（「琉球決戦」）。

ああ恩納（おんな）ナビの末孫熱血の同胞等よ、
蒲葵（くば）の葉かげに身を伏して
弾雨を凌ぎ兵火を抑へ、

猛然出でて賊敵を誅戮し尽せよ。

そんな戦争詩のなかでもっとも論じられることの多い「一億の号泣」の詩碑が、光太郎が玉音放送を聞いた花巻の鳥谷崎神社の境内に立っている。しかもこの号泣碑は、かつて地元や関係者のあいだで紛糾した挙げ句に一時的に撤去された、いわくつきのものなのである。

縁の下に隠匿された碑

花巻といえば、「雨ニモマケズ」『銀河鉄道の夜』などを書いた詩人で童話作家の宮沢賢治のふるさとだ。賢治は病気で早逝したが、著作集の刊行に尽力するなどしてその存在を世に知らしめたのが、ほかならぬ光太郎だった。一九三六（昭和一一）年に花巻に建てられた「雨ニモマケズ」の詩碑も、光太郎によって揮毫されている。

このような縁により、一九四五（昭和二〇）年四月の城北大空襲で駒込林町（こまごめはやしちょう）（現・東京都文京区千駄木）のアトリエを焼かれた光太郎は、賢治の弟清六を頼って翌月花巻に疎開した。六二歳のことだった。

その宮沢家も、終戦直前の八月一〇日、花巻空襲で被災してしまう。ただ、光太郎の助言で防空壕を掘っていたため、賢治の貴重な原稿などは燃えずに済んだといわれる。

終戦後、号泣詩を書いたあとの光太郎はすぐ帰京せず、花巻郊外の太田村（現・花巻市）に鉱山小屋を移築し、一九五二（昭和二七）年までそこで粗末な農耕生活を送った。現在この建物は高村山荘として保存されており、高村光太郎記念館も併設されている。

こうした事情から、賢治と光太郎は花巻にとって重要な観光資源となっているのである。

とはいえ、せっかくの号泣碑は地元で積極的にアピールされているとはいいがたい。タクシーの運転手に訊ねても、だれもその存在を知らなかった。また、取材時点でグーグルマップにも登録されていなかった。同じ境内にある賢治の「方十里（ほうじゅうり）」歌碑はしっかり記載されているにもかかわらず、だ。

鳥谷崎神社の近くでタクシーを降り、鳥居を二つくぐって境内を歩いても、やはり最初に目に飛び込んでくるのは賢治の碑だった。碑文もくっきりとして読みやすい。

それにくらべて、光太郎の碑はさらに奥まったところにひっそりと立っていた。木々の合間に隠れるように置かれていて、碑石は水成岩で高さは約三・二メートルと立派だが、碑文が小さく、木漏れ日の加減で読みにくかった。ようやく目を凝らして見ると、四角の枠のなかに「一億の号泣」の文字が判読できた。「綸言一たび出でて一億号泣す……」。やや癖のある字だが、これでまちがいない。

前述したとおり、この号泣碑をめぐっては撤去騒動があった。その紆余曲折については、川合祐六の論考「「一億号泣詩」と建碑問題について」（『皇学館大学紀要』六号）に詳しい。

それによれば、もともとの建碑の発案者は花巻市観光協会だった。一九五九（昭和三四）年、同協会は花巻市にゆかりのある号泣詩の碑を計画し、光太郎の弟豊周（とよちか）の了解を得たうえで、詩人の草野心平に揮毫を依頼した。

ところが翌年三月、草野が詩の内容などを理由に揮毫を辞退。さらに、花巻の高村記念会（会長は医師の佐藤隆房（さとうたかふさ）。賢治の主治医）も号泣碑の建設に反対する意向を示したため、計画はいったん頓挫するかに見えた。

そこを救ったのが、光太郎の直筆原稿だった。かれは疎開中に世話になった数名のひとに号泣詩を書いて贈っており、そのひとつが偶然発見されたのである。これに勇気づけられた観光協会は、その原稿をもとに碑文を刻むことを決定。同年九月には現在地に詩碑が建てられ、お披露目を待つばかりとなった。

しかるに、ここでまたトラブルが起こった。今度は、賛成していたはずの高村豊周がやはり詩の内容がふさわしくないとして反対に転じたのだ。ここまで計画が進んだのに——。観光協会は切歯扼腕（せっしやくわん）したが、著作権の問題もあり、除幕式は延期せざるをえなかった。

それに加えて厄介だったのは、当時、高村記念館（現在の記念館の前身）の計画が進行中であり、この問題がこれ以上に紛糾すると記念館にまで飛び火する恐れがあった。地元からも詩碑問題を早く解決してくれとの催促も飛んできた。

こうして観光協会は進退きわまり、詩碑の撤去を決断することになった。一九六四（昭和三九）年一二月、碑石は倒され、鳥谷崎神社社務所の縁の下に格納されることになった。

光太郎がかつて畳に両手をついて玉音を聴いた場所の直下だった。

同社に確認したところ、詩碑は一九八二（昭和五七）年ごろにようやく復元されたとのこと。じつに二〇年近く、その存在は隠匿されなければならなかったのだ。

あらためて復元された詩碑の基部をみると、コンクリートで補強したあとがはっきりと見て取れた。ただ、案内板などは設置されていなかったため、以上の歴史を知らなければ見過ごしてしまっただろう。

なお、「号泣詩」の原稿は現在、高村光太郎記念館にも展示されている（詩碑のもととなった原稿とは別のもの）。ただ、そこには一九四八（昭和二三）年に書かれた光太郎の手紙もしっかり添えられていた。

> あの時は一途の心から一億の号泣と書きましたが、其後の国民の行動を見てゐますと、あの時涙をしんに流したものが果して一億の幾パーセントあつたのか、甚だこれは小生の思ひ過ごしであつたやうに感ぜられます。

今日では、これが号泣詩にたいする「正しい」取り扱いかたなのだろう。

智恵子が残した旭日旗の紙絵

光太郎は、もとより単純な愛国者ではなかった。海外遊学より帰国した直後は、日本人のことを「頬骨が出て、唇が厚くて、眼が三角で、名人三五郎の彫つた根付の様な顔をして／魂をぬかれた様にぽかんとして／自分を知らない、こせこせした／命のやすい／見栄坊な」などとやゆ的にうたったほどだった（「根付の国」）。

この姿勢が大きく変化したのが、日中戦争のさなかだった。最初の戦争詩とされる「秋風辞」は開戦まもないころに脱稿され、「軍艦旗」という詩にいたっては、『智恵子抄』のなかでも有名な「レモン哀歌」とほぼ同時期に書かれている。

なぜこの時期なのか。昔からよくいわれているのが、智恵子を失った心の空隙を愛国が埋めたというものである。

光太郎の三歳下の智恵子は、一八八六（明治一九）年、現在の福島県二本松市に裕福な酒造家の長女として生まれた。日本女子大学校を卒業後、画家として活躍するなかで光太郎と知り合って結婚する。ところが昭和初期に実家が破産するなどして、徐々に精神に変調をきたし、一九三八（昭和一三）年、入院先で粟粒（ぞくりゅう）性肺結核により病没した。日中戦争が勃発してからおよそ一年後のことだった。

この智恵子の記念館が、彼女の出生地に建てられている。同じく東北地方にあることか

智恵子記念館隣の生家

ら、今回の取材にあわせて立ち寄ることにした。福島駅で在来線の東北本線に乗り換え、二本松駅より車で一〇分弱。記念館の隣には、生家である酒屋の建物が保存されていた。

　こぢんまりとした展示スペースの大部分を占めたのは、智恵子が入院中につくっていた紙絵だった。千代紙を自在に切り抜き、花や水差し、野菜、果物、スプーンなど、さまざまなものをかたどっている。

> 百を以て数へる枚数の彼女の作つた切紙絵は、まつたく彼女のゆたかな詩であり、生活記録であり、たのしい造型であり、色階和音であり、ユウモアであり、また微妙な愛憐の情の訴でもある（『智恵子抄』）。

光太郎は空襲で多くの彫刻作品の原型を失

ったが、この紙絵だけは疎開させており無事だった。今日、色とりどりの作品がわれわれの目に触れるのは、光太郎の細やかな愛情の証なのである。

しかし、いちばん最後に展示されていた紙絵にはハッとさせられた。中央に堂々と据えられた一六条の光線を放つ旭日旗。その周囲を囲む月桂樹の花輪。そしてその旭日旗の中心部には、楠木正成の銅像写真が配置されている。この楠公像は、義父である高村光雲も関わった、皇居前にいまも立っているものだろう。

当時の感覚としては、取り立てて騒ぐほどのものではなかったのかもしれない。だが、この紙絵はほかの作品と明らかに異なって国威発揚を謳歌しており、まるでその後の光太郎の歩む道を暗示しているかのようだった。

事実として、智恵子の死後、光太郎は戦争詩にのめり込み、表現もだんだん過激になっていった。そして、そのたどりついたさきにあったのがあの号泣詩だった――。亡妻への愛情の代わりに愛国にのめり込んだがゆえ、その号泣もひとしお激しいものとなったのだろうか。結論いかんで号泣詩の意味も変わってくるが、光太郎の心の内はいまだ深い謎に包まれている。

第二四章

隠された
郷土の偉人たち

秋田県／秋田県民歌碑、佐藤信淵顕彰碑
（2022年5月訪問）

大仙市の秋田県民歌碑

日本の三大県民歌は、長野県の「信濃の国」、山形県の「最上川」、そして秋田県民歌といわれる。明治以来の伝統を誇る「信濃の国」、昭和天皇の御製にもとづく「最上川」はともかく、なぜ秋田県民歌が？　その疑問は実際に耳にすればすぐ霧消する。それぐらい、この歌は雄大で伸びやかな名曲なのである。

秀麗無比なる鳥海山よ、
狂瀾吼え立つ男鹿半島よ、
神秘の十和田は田沢と共に、
世界に名を得し誇の湖水、
山水皆これ詩の国秋田

冒頭こそ、よくある地名の羅列にすぎないけれども、そこから一気に「世界」へと飛躍し、最後には「詩の国秋田」と大きくまとめあげる。天衣無縫な郷土愛の表出はみごとというほかない。

メロディーもまた、この詩の壮大なイメージを損なわない。低音からゆっくりとはじまり、徐々に盛り上がって「世界」の部分で一気に高揚し、その勢いを失うことなく「詩の国秋田」に堂々と突入する。この重厚さは、日本の県民歌というより、むしろ旧ソ連など社会主義国の国歌を思わせる。

わたしはこれまで世界中の団体歌のたぐいを無数に聴いてきたが、秋田県民歌はそのなかでも上位に入る優れた曲だと思う。

いや、わたしだけの考えではない。この県民歌は地元でも強い支持を受けている。作曲者の成田為三（なりたためぞう）は現在の北秋田市出身で、「浜辺の歌」（林古渓（はやしこけい）作詞）や「かなりや」（西条八十（さいじょうやそ）作詞）が代表作として知られている。ただ、その地元にある「浜辺の歌音楽館」に足を運ぶと、来訪者ノートにびっしり書き込まれているのはむしろ県民歌への賛辞だった。

「大好き」「稀に見る名曲」「誇りある曲」「曲が雄大な自然をもっと大きく想像させてくれ（る）」。その熱烈さたるや、成田のほかの代表作が霞んでしまうほど。こんな県民歌はほかに例を聞かない。

そのいっぽうで作詞者の倉田政嗣（くらたまさつぐ）は、小学校訓導や村会議員を務めた人物ではあるものの、現在ではほとんど知られていない。しかし、それでも県南の大仙（だいせん）市には、県民歌の立派な歌碑が建てられている。倉田は現在の横手市出身ながら、幼くして養子に出されて育ったのが現在の大仙市だった。

秋田師範学校の同期生だったふたり

この歌碑はいつか訪ねたいと思っていた。そして今回、ついにその念願がかなった。秋田新幹線の大曲（おおまがり）駅で降り、タクシーに乗って東へ約三〇分。すると、奥羽山脈のふもとにある旅館「奥羽山荘」の駐車場に、その石碑は鎮座していた。

建てられたのは一九九〇（平成二）年、合併によって大仙市になるまえの旧太田（おおた）町（まち）時代のこと。だが、現在でも手入れが行き届いており、草が生い茂ることなく、キャラボクの垣根に囲まれてきれいに管理されていた。碑に向かって左脇にあったボタンを押すと、思ったより大きな音で県民歌が流れ出した。慌てて周囲を見渡したが、のどかな山間なのでだれも気にするひとはいなかった。

歌碑自体は、一見すると歌詞が刻まれたふつうの碑でしかない。だが、つぶさに観察するとたくさんの工夫が詰まっている。たとえば、碑の土台には鳥海石が、飾り付けの彫刻には男鹿石が使われている。これは、歌い出しの「秀麗無比なる鳥海山よ、狂瀾吼え立つ男鹿半島よ」を踏まえたものだ。

またその彫刻には、秋田県の鳥と花であるヤマドリとフキノトウや、旧太田町の鳥と花であるカッコウとレンゲツツジがあしらわれていた。細部にいたるまで丹念に作り込まれており、さすがこの県民歌は愛されているなと感嘆させられた。

惜しむらくは、この詳細な説明が歌碑自体に記されていないことだろう。奥羽山荘の受付にいた女性に聞くと、「あれは市のものでは」と言われた。そこで大仙市の太田支所に問い合わせたところ、「どこが管理しているかわからない」「音も鳴らなかったはず」とぞんざいな答えが返ってきた。せっかくの歌碑なのに――。いささか残念な気持ちになったが、県民歌にこだわるわたしのほうが異常だったのかもしれない。

では、そもそもこの秋田県民歌はどのように成立したのだろうか。

歴史は一九三〇（昭和五）年にさかのぼる。昭和恐慌が深刻さを増したこの年、秋田県は、教育勅語の発布四〇周年を記念して「自治体公民たるの自覚と責任」をうながし、「県自治の振興」と「国力の伸長」を図る目的で、県民歌の制定を計画した。そして同年八月、一般から歌詞を賞金付きで募集した。

このような歌詞の公募は、当時よく行われていた。たとえ賞金目当てだったとしても、多くのひとびとに特定のテーマについて考えさせるよい機会となったからだ。このころの歌詞の多くが七五調で構成されており、パズル感覚で比較的容易に作成できたことも、幅広い参加をうながすという意味で大きな役割を果たしていた。

審査の結果、二等、三等一席、三等二席、佳作一席、佳作二席の五点が選ばれた（一等は該当作なし）。そしてその後、最終選考と修正、そして曲付けの作業が東京音楽学校に依頼された。東京音楽学校は、現在の東京藝大音楽学部の前身にあたる官立学校であり、このような公的な歌づくりに協力することが多かった。

じつはこのとき、倉田の作品は三等二席、つまり上から三番目にすぎなかった。ところが、最終選考を任された国文学者の高野辰之がこの作品を見出し、わずかな修正を加えただけで決定稿とした。倉田の歌詞は当時としては珍しく七五調ではなく、そこが新鮮に映ったのだろうか。いずれにせよ高野は文部省唱歌「ふるさと」の作詞者として知られており、その鑑識眼はたしかなものがあった。

そして作曲は、東京音楽学校の卒業生であり、前述のように秋田県出身の成田為三が担当し、見事に完成させた。こうして秋田県は、一〇月三〇日の教育勅語発布日に、この作品を正式に県民歌に制定した。

歌詞の募集から発表までわずか二ヶ月という短さであり、ずいぶんと突貫工事だった。それにもかかわらず完成度が高かったのは、作詞者の倉田と作曲者の成田が、秋田県の雄大な郷土を描写するには、この歌詞とこのメロディー以外にないと直感したからではないか。さらにふたりが当時三〇代なかばの同世代であり、偶然にもかつて秋田師範学校の同期生だったことも、どこか相通ずる郷土意識を育む要因になったのかもしれない。

戦後に復活を遂げた名曲

もっとも、秋田県民歌も今日までずっと順風満帆であったわけではない。大東亜戦争の敗戦後、四番まである歌詞のうち三番の内容が問題となった。

篤胤信淵巨人の訓、
久遠に輝く北斗と高く、
錦旗を護りし戊辰の栄は、
矢留の城頭花とぞ薫る、
歴史はかぐはし誉の秋田

その内容は、江戸後期に活躍した国学者の平田篤胤と、その弟子で経世家の佐藤信淵を秋田出身の大思想家として讃え、また戊辰戦争で奥羽越列藩同盟を離脱して新政府側についた秋田藩の尊皇を誇るというものである。

平田は『霊の真柱』（一八一三年）において、世界の成り立ちを記紀神話で説明し、日本を世界の根本に位置づけた。その想像力はたくましく、『聖書』に出てくるアダムとエヴァは日本神話のイザナギとイザナミの誤って伝わったものだと主張したほど。平田はさらに筆を走らせ、このような「真実」を踏まえれば、いずれ「千万国の夷狄の酋長ども、残らず臣と称して、い這ひをろがみ（日本に）帰命奉」るだろうと興奮気味に書き記した。

その議論を引き継いだ佐藤は、『宇内混同秘策』（一八二三年）において、日本は「世界万国ノ根本」であるから、全世界をその「郡県」にすべきだと説き、具体的な征服プランを示した。かれはそこで、まず満洲を攻め、つぎに支那を制圧し、その後、西域やシャム、インドなどへ向かうべきだと夢想していた。

帝国日本の超国家主義や軍事侵攻をほうふつとさせる内容だったため、県民歌は占領軍の指示で歌われなくなった。そして一九五九（昭和三四）年には、その代わりとして「県民の歌」（大久保笑子作詞、菅原良昭作曲）が新たに制定された。

これで県民歌もお役御免かと思いきや、そうはならなかった。一九六八（昭和四三）年、明治百年事業の一環で四部構成の大曲「大いなる秋田」（石井歓作曲）がつくられたとき、地元の強い要望でその第三楽章に県民歌のメロディーが盛り込まれたのだ。

当時は七〇年安保闘争の時代であり、戦前由来の県民歌の部分は演奏されるだけだった。だが、秋田県が合唱の盛んな地域だったこともあり、やがて県民歌は歌詞に問題のない二番まで歌われるようになり、若い世代にも「これは名曲だ」と浸透していった。こうして県民歌は部分的ながら、みごとに復活を遂げたのである。

現在では、県主催行事や国民体育大会（国民スポーツ大会）で使われるのはもっぱら県民歌であり、有名な「大曲の花火」（全国花火競技大会）でも一九九〇（平成二）年より県民歌が流されている。二〇二〇（令和二）年、菅義偉氏が秋田出身初の首相に選ばれたとき、母校である湯沢高校で演奏されたのはやはり県民歌だった。

多くの自治体歌が戦後に新たに作り直されるなかで、戦前由来の県民歌が生き残っているのは非常に珍しい。

それだけに、三番の内容が気にかかる。そもそも、平田や佐藤は巷間でいわれるほど侵略的な思想の持ち主だったのだろうか。かれらの著作はあまりに膨大であり、一部を抜き出しただけで判断することはむずかしい。

近年では再評価の動きもある。二〇一八（平成三〇）年には、佐藤の出身地である県南の羽後町（うごまち）に、その顕彰碑が竣工した。翌年が生誕二五〇年に当たったためだが、その費用の一部はクラウドファンディングで集められたという。

江戸後期の思想家とクラウドファンディング。その奇妙な組み合わせは、どんなモニュメントを生み出したのか。気になったわたしは、こんどは秋田県をさらに南へと進んだ。

「佐藤ナントカの碑って何でしたっけ」

北海道がすぐ北に位置するために意識されにくいが、東北地方はとにかく広い。秋田県もまた、東京都の五倍以上の面積をもっている。実際に南北に移動してみると、その大きさを肌身で感じた。

ようやく奥羽本線の湯沢駅に降り立ち、タクシーで西へ約一五分進む。羽後町コミュニティーセンターの正面に、目的のものは立っていた。

高さ二メートルほどの御影石に「郷土の偉人　農学経世学者　贈正五位　佐藤信淵顕彰

羽後町の佐藤信淵顕彰碑

碑」と刻まれ、左側に肖像画のプレートがはめ込まれている。手前に置かれた黒い説明板には、「諸国を巡回し、人民の生活を安定させ、生活を豊かにする政策を説いた」などと佐藤の来歴がかんたんに紹介されていた。できたばかりなので真新しいものの、石碑としてはありふれたデザインでいささか拍子抜けした。

センターの職員に顕彰碑の設立経緯を訊ねてみた。ところが、少し戸惑った表情を浮かべて奥に引っ込んでしまった。しばらくすると、「佐藤ナントカの碑って何でしたっけ」と同僚に相談する声が聞こえてきた。この時点でこれは望み薄かなと諦めかけていたが、案の定、最終的に「町の観光物産協会に詳しいひとがいるので、そちらに問い合わせてください」との返答だった。

またもや肩透かしを食らったが、めげずに観光物産協会に電話してみた。幸いにも、ここでようやく顕彰碑設立の経緯に詳しいひとにつながることができた。そしてクラウドファンディングでは思ったほど資金が集まらず、結局のところ大部分は地元の寄付に頼ったという、身も蓋もない裏話まで詳しく教えてもらえた。

その話によれば、佐藤は地元でも「知るひとぞ知る」存在であり、かれの思想を気にするのは年配の教職員ぐらいだという。若い世代にいたっては、そもそも存在自体を知らない。佐藤の生誕地とされる場所に立つ信淵神社も、かつては学問の神様として高校受験前に参拝するものが多かったが、「いまでは少子化で全入状態なので誰も参らない」ありさま。そのため「いまでは東京の名付け親で推しています」と苦笑交じりに説明された。

そう、佐藤は前出の『宇内混同秘策』において、対外進出のまえに国内を固めるべきだと説き、その手はじめに江戸を東京と改称し、王都とすべきだと提案していた。これが大久保利通に影響を与え、明治の東京奠都（てんと）につながったともいわれている。この業績ならば、イデオロギーに関係なく万人に広くアピールできると思ったのだろう。

現在のように専門が細分化されるまえの思想家はあらゆることを論じており、なかなか一筋縄ではいかない。奴隷制を肯定していたからといってアリストテレスを偉人伝から外さないように、政治経済から宇宙論まで幅広く論じていた佐藤についても、さまざまな角度から評価されなければならない。

せっかくなので、信淵神社へも足を運んでみた。さきのコミュニティーセンターより徒歩五分ほど進むと、住宅と住宅の狭い隙間にその小さな祠は静かにたたずんでいた。神社の入口には「平和の世　願って信淵　書物（ふみ）を書く」と記された標柱が立っており、風雨にさらされて文字がかすれていた。言われたとおり、訪れるひとの姿は見当たらなかった。

佐藤の姿が描かれた絵馬を手に取り裏返してみると、そこにはやはりかすれた文字で「祈　全員合格」と書かれていた。背後の板には、日焼けの跡がくっきりと残り、絵馬が長いあいだそのまま放置されていたことをうかがわせた。

佐藤の思想を云々するまえに、まずこの現状をどうにかしなければならないだろう。秋田県民歌が戦後に華麗に復活を遂げたいっぽうで、忘れ去られてしまった歴史の一面に寂寞の情を禁じえなかった。

第二五章

コンクリートの軍人群像

愛知県／中之院、熊野宮信雅王御塋墓
（2022年9月訪問）

中之院の軍人群像

思わず息を呑んだ。九二体もの軍人像がまるで中国の兵馬俑のように、肩を寄せ合ってズラリと並んでいたからだ。

大きさは等身大よりやや小さいぐらい。立像が多く、みな正面をみすえ、日本陸軍の制服を着用している。コンクリートもしくは石造りなので、やや明るい灰色で統一されているものの、けっして無個性ではない。

軍刀を握るもの。後ろ手に組むもの。軍犬を従えるもの。顔にもそれぞれ特徴があり、あるいは丸顔に幼さを残し、あるいは凜々しく口を結んでいる。その生々しさは、まるで卒業アルバムを見ているかのよう。残暑厳しいおりだったが、しばし汗を拭うのも忘れて見入った。

ここは愛知県知多郡南知多町の中之院。三河湾へ鎌のように突き出る知多半島先端の、山間に位置する寺院だ。

特徴的な軍人群像は、日中戦争の劈頭に戦死した、名古屋第三師団隷下の歩兵第六連隊将兵をモデルにしたものである。もともとは名古屋市千種区の月ヶ丘に設置されていたが、一九九五（平成七）年一一月、現在地に移された。

よく知られるように、日中戦争は華北での小競り合いがいつの間にか本格的な軍事衝突に発展した。そのため、華中での作戦は急ごしらえだった。中国軍の抵抗が頑強だったこともあり、上海北郊の呉淞に敵前上陸した日本軍は予想外に猛烈な反撃に遭ってしまった。

その部隊のひとつこそ、歩兵第六連隊にほかならなかった。一九三七（昭和一二）年八月二三日に上陸を敢行するものの、わずか半月足らずで大損害を出し、連隊長の倉永辰治まで壮烈な戦死を遂げた。

あれよあれよと戦争になり、家族が戦場に送られて命を落としてしまう。そんな現実を遺族は受け止めきれなかったのだろうか。一九三八（昭和一三）年初頭、名古屋市千種区にあった大日寺の本堂前に倉永連隊長のコンクリート製胸像が建てられると、その周辺に将校から兵卒まで戦没者の胸像がつぎつぎに建てられるようになり、わずか半年で十数体を数えるにいたった。

やがて場所が手狭になると、これらの像は同寺北側の土地に移築された。それ以降、立像が建てられるようになったようで、戦中の写真には、高い台座が整然と等間隔に並び、そのうえに胸像と立像が収まっている様子が写し出されている。なお、連隊長の像は胸像のままでは体裁が悪かったので、一九四一（昭和一六）年、あらためて立像として作り直された。

それにしても、なぜこれらの軍人像はこれほどまでに個性的なのだろうか。それは、造形家の浅野祥雲が故人の写真をもとに、一体ずつ丁寧に作りあげたからだった。

浅野は、名古屋を拠点に活躍したコンクリート彫刻の先駆者である。もっとも有名な作品は、関ヶ原の合戦を再現したテーマパーク「関ヶ原ウォーランド」にある約二〇〇体の武将像だろう。これらの像はマンガのようなコミカルな顔立ちをしているので、B級スポットの珍物として紹介されることが多い。ただ、近年では浅野作品をアートとして再評価する動きも見られるようになっている。

軍人像の精巧さを目の当たりにすると、その動きもわからなくはない。なにより重要なのは、かれがコンクリートという素材を選んだことだった。その結果、ほかの銅像のように大東亜戦争下の金属供出により失われることがなかった。

それでも戦局が悪化すると、柱となる金属が入手困難になったため、コンクリート像のサイズも小さくなった。ついには浅野の手を離れて、たんなる石造りの像が建てられるようになった。軍人像に大小や巧拙の差が生じたのはこのためである。それでも一九四三(昭和一八)年まで軍人像の建立は続けられた。

敗戦後、こうした軍人像は占領軍により取り壊しが命じられた。だが、僧侶が「国のために死ぬということはアメリカも日本も変わりはない。あれを日本人の手で壊すことはできない。どうしても壊すというなら我々をこの場で銃殺した上であなた方が行って壊せばいいだろう」と頑張り、守ったという。美談すぎる気もするが、少なくとも軍人像わきの案内板にはそう書かれていた。

いずれにせよ、戦後年月を経て、土地権利の関係もあり、軍人像は先述のように現在地に移された。

かつての整然たる墓苑の姿はいまやなく、多くの台座が失われ、氏名がわからなくなってしまった像もある。とはいえ密集するため、かえって群像らしくなり、山間の静寂さもあいまって、一種霊妙な気を漂わせていた。

陶器製の東郷像と乃木像

今回、知多半島におもむいたのは、国際芸術祭あいち2022を鑑賞するためだった。二〇一九（令和元）年、あいちトリエンナーレ2019が企画展「表現の不自由展・その後」をめぐって大きな議論を巻き起こしたことは記憶に新しい。あいち2022は事実上その後継イベントにあたる。

これまでと同じく、会場は名古屋市のみならず、県内各地に散らばっていた。そして今回そのひとつが知多半島中央の常滑市だった。わたしは芸術鑑賞のかたわら、会場近くの国威発揚めぐりを敢行したのである。

中部国際空港を擁する常滑市は、もともと焼き物の町として知られている。日中戦争の初頭、南京攻略の最高指揮官を務めた松井石根（のち東京裁判で死刑判決）が、一九四〇（昭和一五）年に日中両軍の犠牲者を供養するために興亜観音を発願して熱海の伊豆山に納めたが、その観音像が焼き上げられたのもこの常滑だった。

陶彫作家として制作にあたった柴山清風のアトリエも、観光エリアであるやきもの散歩道のすぐ南に現存している。

興亜観音には、上海上陸から南京入城までの戦場の土も混ぜ込まれたというから、さきの軍人像と常滑のゆかりは意外にも深い。

そんな常滑に、陶製の記念碑が存在しないはずがない。事前に得た情報を頼りに、清風のアトリエからタクシーで一〇分ほど南へ向かうと、山の神平和の丘という広場に到着した。雑草が生い茂り、中央にわずかに獣道のような道が開けていた。ひっつき虫に悩まされながら草をかき分けて進むと、目当ての陶像が仲良く並んでいた。

中央にそそり立つ忠魂碑を挟んで、左側に濃いグレーの東郷平八郎像、右側に白っぽい乃木希典像が配置されている。それぞれ二メートル弱の台座のうえにあり、高さは七〇センチぐらい。どこかフィギュアを思わせる愛らしいつくりだった。左右で像の色が異なるのは、戦前は別々の場所にあったものを戦後にこの場所へ集めたためだという。

戦争末期には、深刻な金属不足を補うために陶器製の手榴弾や缶詰まで製造された。いま、この乃木と東郷の像が戦後の長きにわたり風雪に耐えてきた姿を目の当たりにして、陶器の頑丈さにあらためて感心させられた。

菊の御紋が刻まれた墓石

そこから一転して、つぎに向かったのは一宮(いちのみや)市だった。尾張国の一宮である真清田(ますみだ)神社を擁するこの街は、愛知県の北部に位置し、木曽川を挟んで岐阜県と接している。かつて繊維産業で栄えたこの地域も、あいち2022の会場のひとつとなっていた。

ただわたしが足を運んだのは、もっとディープな歴史の舞台だった。じつは、一宮はあの熊沢天皇ともゆかりがある。といっても、いまではピンとこないひとも多いかもしれない。大東亜戦争の敗戦直後、自分こそが正統な天皇家の血を引くと主張し、一時的に注目を集めた〝偽天皇〟のひとり、熊沢寛道のことである。

一九四六（昭和二一）年、熊沢は名古屋市千種区の家を訪ねてきた英米の記者にたいして驚くべき主張を展開した。これが熊沢天皇ブームのきっかけとなった。

かれいわく、中世の南北朝の争いは北朝の勝利で終わり、南朝の血脈は途絶えたとされるが、実際には南朝最後の天皇である後亀山天皇に信雅王という知られざる曽孫が存在し、その人物が名前を変え、現在の一宮市時之島に流れ着き、血脈を残していた。その直流の子孫こそが熊沢家である。戦前、南北朝では南朝に正統性があるとされていたのだから、北朝系の昭和天皇より、自分こそが皇位継承者にふさわしい――。

驚くべきことに、熊沢家は寛道の義父大然の代より、すでに宮内省にたいして自分たちの血統を認めるように働きかけていた。ふつうなら不敬罪に問われるような行為だが、警察はかれらを監視するにとどめた。なぜかというと、万が一「本物の証拠」が出てきたら、大臣のクビが飛ぶだけでは済まないからだ。現に、明治維新後には南朝功臣の子孫が「発見」されて爵位が与えられたりもしていた。政府は同じような事態を恐れたのだった。

それをいいことに、熊沢寛道は菊の御紋入りの提灯や羽織を平然と使用し、荒木貞夫な

一宮市の「熊野宮信雅王御塋墓」

どの高級軍人とも交流していた。ようするに熊沢は、刹那的なホラ吹きではなく、筋金入りの存在だったのである。

　敗戦はこのような人物に表現の自由をもたらした。その結果、ほかにも自称天皇がつぎつぎ名乗りをあげるという珍事態にも発展した。

　また、この熊沢がそれまで警察の弾圧をまぬかれていた背景には、「本物」との関係も大きかった。その証拠が一宮市時之島に残されている。

　尾張一宮駅より車で東へ約一〇分。住宅街を抜けて、八幡社という小さな神社わきの細い道を進むと、「熊野宮信雅王御塋墓（えいぼ）」と書かれた大きな標柱が目に入った。そしてその奥には、小さなコンクリート塀で囲まれた場所があり、花が供えられていた。これが、さきに述べた後亀山天皇の曽孫とされる人物の墓らしい。

大きな樹木が生えているだけで意外と地味だったが、問題なのは墓の左側に立つ石碑だった。そこには菊の御紋が堂々と刻まれ、さらに一九六一（昭和三六）年六月一六日の日付で信じがたい内容が書かれていた。

> 予曽（かつ）テ名古屋ニ第三師団長タルノ時昭和十八年秋親シク熊野石並ニ八幡社ニ拝シ塋側ニ記念ノ榊（さかき）ヲ手植シタルコトヲ想起シ感懐特ニ深キモノアリ

この「予」とは、旧皇族の賀陽恒憲（かやつねのり）のこと。かれは、戦時中の一九四三（昭和一八）年、名古屋の第三師団長を務めていた際にこの場所を訪問し、記念に榊を手植えしたというのである。それだけではなく、戦後に皇籍を離脱して民間人となったのちも、このような石碑に関わることで熊沢天皇の権威づけに加担していたのだ。これでは警察が容易に手出しできなかったのも納得がいった。

熊沢は一九六六（昭和四一）年に亡くなり、いまや完全に過去のひととなっている。それでも、その主張まで完全に消え去ったわけではない。

信雅王の墓に隣り合う熊沢家の墓所にも足を運んだ。そこで目にしたのは、いまだに菊の御紋がしっかりと刻まれた墓石がいくつも並んでいる光景だった。その数はひとつやふたつではなく、近年新たにつくられたと思われるものまであった。南朝後継を自認するその姿勢は、いまだ途絶えてはいない。

これを荒唐無稽と笑えようか。南朝を正統とする戦前の歴史観にもとづけば、いまの皇室は北朝系ではないかという批判が生じるのは避けられない。熊沢天皇がたくみに突いたのは、万世一系神話という〝皇国日本のセキュリティー・ホール〟だった。

そして、これは戦前だけの話にとどまらない。皇位継承の条件に男系男子の血脈や神武天皇のＹ染色体なるものを求めるかぎり、熊沢のような存在があらわれる可能性はつねに存在するからだ。あいちトリエンナーレ２０１９で炎上した作品よりもはるかにセンシティブなものが、ここ愛知県には伏在しているように思われた。

第二六章

ムッソリーニの生家を訪ねて

イタリア／プレダッピオ
（2023年11月訪問）

「プレダッピオ・トリコローレ」の店内

海外にくらべて日本はダメだ。記念碑にかんしてそういわれるとき、比較の対象はほとんど米国とドイツに限られている。米国はＢＬＭ（ブラック・ライブズ・マター）運動などを契機に銅像の見直しを進めている。ドイツは記念碑論争ということばがあるぐらい過去の責任に誠実に取り組んでいる。それにくらべて日本はいい加減すぎる——、と。

なるほど、ドイツはかつての同盟国であったし、米国は現役でそうだ。日本人はこの両国に概して好意的で関心も深い。だけれども、史上類をみないホロコーストという負の歴史を背負うドイツや、啓蒙思想の時代に人工的に建国された米国は、本当にふさわしい比較対象なのだろうか。

世界は広い。当然ながら、米独以外の国のほうが多い。たとえば、同じ旧同盟国であるイタリアの事情はどうか。そんな問題意識を抱いたわたしは、約二週間にわたって同国の取材を敢行することにした。

イタリアでは、一九二二年から一九四三年にかけて、ファシズム政権下にあった。第二次大戦ではいち早く脱落したものの、ドイツの傀儡政権（イタリア社会共和国）が北イタリアに打ち立てられて戦闘を継続した。

そのため、イタリア各地にはファシズム時代の遺産がたくさん残されている。

ローマ南郊のＥＵＲ（エウル）は、一九四二年に開かれる予定だったローマ万博（戦争のため中止）のために建設された新都心だ。当時のモダニズム建築が多数残っており、そのひとつであるイタリア文明宮には、高級ブランドＦＥＮＤＩの本社が入っている。ブランド・イメージが毀損されるという懸念はそこにはないようだった。

また同じくローマ北郊のフォロ・イタリコは、陸上競技場などが集まる複合スポーツ施設で、一九六〇年ローマ五輪の会場となったが、やはりファシズム時代に整備された。もともとはその名も、フォロ・ムッソリーニ。しかも驚くべきことに、その名残で「統帥ムッソリーニ」と刻まれたオベリスクがいまも真正面に屹立している。ベルリンのスポーツ施設に「総統ヒトラー」と刻まれたモニュメントの存在を想像できるだろうか。

このようなひとめでわかる例だけではない。ファシズム時代にはローマの大改造が行われており、観光客はムッソリーニが演出したかった「偉大なローマ＝イタリア」を知らず知らずのうちに見せつけられていたりする。

有名どころでは、世界遺産のサンタンジェロ城からバチカン市国のサン・ピエトロ寺院に向かうコンチリアツィオーネ（和解）通り。観光客がバチカンに向かう際にかならず利用するこの壮麗な大通りは、じつは一九二九年のラテラノ条約を受けて整備された。つまり、イタリアの世俗国家とローマ教皇庁が、長年の対立を経て、ムッソリーニの指導力のもと「和解」したことの産物だったのだ。

また古代ローマの中心地だったフォロ・ロマーノやコロッセオのそばを通るフォリ・インペリアーリという大通りも、やはりファシズム時代、遺跡の存在などお構いなしに、見栄えを重視してまっすぐに整備された。観光客が〝インスタ映え〟を求めて自撮りをしているその景色は、もともと〝ファシズム映え〟を狙ってつくられた場所だったのである。

ファシズム時代の記号で溢れる土産物屋

そんなイタリアのなかでも、とりわけファシズムの歴史を色濃く刻むのは、プレダッピオだ。北東部のエミリア・ロマーニャ州の山間に位置する人口約六〇〇〇人のこの小さな街は、ムッソリーニの生まれた場所として知られている。ここにはムッソリーニの生家が保存されているのみならず、一族の地下納骨堂も整備され、観光資源となっている。

今回、ボロネーゼで有名なボローニャより鉄道で約四〇分南下し、最寄りのフォルリ駅からタクシーで向かうことにした。所要時間は約二〇分。バスも利用できるが、タクシーの選択が正解だった。幸運にもプレダッピオ出身の若い男性運転手に出会い、しかも英語も話せたため、貸し切りで街を案内してもらうことになったからである。

ムッソリーニの生家は、プレダッピオの中心部に所在する。というよりも、ファシズム時代にこの生家近くに新市街が建設された。フォルリ駅からの道も、この新市街をめざして延びている。

わたしはかつて、ヒトラーの出身地であるオーストリアのブラウナウ・アム・インも訪れたことがある。この街では、案内板はおろか、ヒトラーの生家を示すものもほとんどなく（「ファシズムを二度と繰り返さない」という抽象的な石碑はあった）、場所を捜し出すのに苦労した。しかも街の規模が小さいので、外国人が写真を撮っているとすぐに「ヒトラー目的」と見なされ、冷ややかな視線を浴びせかけられた。

ブラウナウの住民にとっては、ヒトラーの記憶はできれば封じたい過去なのだろう。だが、プレダッピオはそうではなかった。ムッソリーニの生家にはしっかりと案内板が設置されており、迷うことなくたどりつくことができた。

問題の生家は石造りの三階建てで、漆喰などの仕上げが施されておらず、石材がむき出しになっているので、質素で無骨な印象を受けた。

ムッソリーニは一八八三年、この家の一階で、鍛冶職でありアナーキスト系社会主義者でもあった父と、小学校教諭の母の息子として生まれた。長じて社会主義者になり社会党に入るものの、第一次大戦では参戦論を唱えたことで同党とは決別の道を選び、その後、戦闘ファッシ（のちのファシスト党）を結成し、一九二二年にはローマ進軍を強行、三九歳の若さで首相にまで登りつめた。

ムッソリーニはみずからの庶民的な出自を強調するため、功成り名遂げたあとも生家を飾り立てることを拒んだとされる。現在、この建物は一般公開されており、歴史資料などが展示されている。

ただこれ以上に印象的だったのは、近くにあった土産物店だった。店名は「プレダッピオ・トリコローレ」。街の中央通りに面しており、ムッソリーニの巨大な顔が掲示されていて、異様な存在感を放っていた。あまりに堂々としているので、苦笑を禁じえなかった。

意を決して店内に入ると、驚きはさらに増した。シャツ、コイン、ライター、コップ、灰皿、胸像、全身像、書籍、カレンダー、ワイン——。どこを見渡してもムッソリーニやファシズム時代の記号で溢れていた。それだけではない。信じがたいことに、ヒトラーや鉤十字のグッズまで同じように並んでいたのだ。ヨーロッパではタブー中のタブーであるはずのこれらが、ふつうに売られている光景にしばしことばを失った。

店内にはすでに先客がおり、記念撮影などをして盛り上がっていた。かれらが帰ると、店員がプラスチックのカップに入れた赤ワインを手に、にこやかに話しかけてきた。ムッソリーニのような威圧的な雰囲気ではなく、意外に親しみやすい人物だった。赤ワインはサービスだというのでありがたく頂戴しながら商品を物色した。

その後、店員に「日本から来た」などと伝えると、店舗の隣にある部屋に案内してくれた。そこには同じようにムッソリーニのポスターや旗などが大量に展示されていたが、店舗のものと異なり、すべてファシズム時代の実物なのだという。まるで博物館のような充実ぶりに驚き、承諾を取るのも忘れて写真を撮りつづけたが、まったく制止されることはなかった。

もちろん、イタリアでもファシズムの礼賛は歓迎されていない。かつてはムッソリーニ・グッズの陳列販売が禁じられたこともあった。だが、現在ではなし崩しになっているようだった。手渡されたチラシを見ると、店主らしき男性が右手をピンとまえに伸ばす「ローマ式敬礼」をしている写真が印刷されていた。

一枚は白黒で若いころの姿、もう一枚はカラーで老境に入った姿。変わらないのは、敬礼のポーズだけ。その年季の入ったファシストぶりには感服せざるをえなかった。それと同時に、イタリアはなんて自由なんだろうとあらためて驚かされた。

ムッソリーニが使っていた椅子に座ってみる

つづいて、ムッソリーニ家の地下納骨堂に足を運んだ。この納骨堂は街の外れにあり、ファシズム時代に建設されたものである。

周囲の教会や墓苑も含めて、全体がクリーム色のレンガや石材で統一されており、落ち着いた雰囲気が漂っていた。樹木も丁寧に剪定されており、円錐型に整えられたその姿からは、管理がよく行き届いていることが一目でわかった。

ムッソリーニは一九四五年にパルチザンに殺害された。その遺体はミラノの広場にさらされたが、それも一九五七年にここに移された。

ムッソリーニ家の地下納骨堂は、墓苑の正面奥に位置しているため、迷うことなくたどりつける。入口をくぐると、ひとりの女性が携帯電話で会話をしていた。わたしが横をすり抜けて地下に向かうと、彼女も話を止めてすぐ後ろをついてきた。

納骨堂の四方には石棺が並び、正面にはムッソリーニの白い頭像がドンと据えられていた。そのまえには百合などの花が供せられ、記帳台と寄付箱が設置されていた。さきほどの女性は、不審そうに腕を組んでこちらの様子をずっと見ていた。そしてわたしが写真を撮り終えて階段を上がると、彼女もまた静かにもとの席に戻った。場所が場所だけに、いたずらを警戒しているのだろう。さきほどのお土産物屋とは異なる緊張感があった。

最後はプレダッピオを離れて、フォルリ郊外のヴィラ・カルペナに向かった。かつてムッソリーニが、妻ラケーレと五人のこどもたちと暮らしていた家である。戦後も彼女たちが住んでいたが、二〇〇〇年、イタリアの実業家夫妻が購入し、一般向けに公開した。今回はその妻が邸内を案内してくれた。

日本人だと伝えると、まず連れられたのは庭に置かれた石と石灯籠だった。彼女によると、これらは「ヒロヒトから贈られた」ものであり、前者は富士山の石で神秘的な力が宿っているという。「ほら」と彼女が手をかざしてみせるので、わたしも真似してみたが、とくに神秘的な力は感じられなかった。そもそも本当に昭和天皇が贈ったものなのか、判断もつかなかった。

建物内はムッソリーニたちが暮らしていた当時のまま保存されており、台所の食器や調理器具などはきれいに陳列されていて、すぐにでも使えそうなほどだった。ベッドや寝具なども同様で、妙に生々しかった。さらに、あちこちに置かれたバイクやブーツなども、すべてムッソリーニが使っていたものだといちいち説明を受けた。

「あなたは日本人だから」と言われたのは、書斎でのことだった。写真を撮ろうとすると、

ムッソリーニの書斎に座る著者

ムッソリーニが使っていた椅子に座ってみるよう勧められたのだ。貴重な文化財なのに――と一瞬ためらったが、せっかくの機会なので旧同盟国の恩恵に与（あずか）ることにした。

通訳役を担ってくれたタクシー運転手氏も驚いていたので、非常に貴重な機会だったのだろう。木製の椅子はひんやりと冷たかったが、グラつくことなくしっかり安定しており、品質のよさを感じさせた。

案内役の女性は「ここは歴史を学ぶ場所」だと繰り返し強調した。世界中から観光客が訪れるとも付け加えた。だが、部屋のところどころにはムッソリーニの勇ましいイラストや、ファシズム時代のスローガンが掲げられており、イデオロギーに共感するひとびとには興奮不可避の場所であることもまた明らかだった。

さらに土産物コーナーには、あろうことか

『わが闘争』のイタリア語版が最前列の目立つ場所に堂々と陳列されていた。この場所を訪れる客層がどのような感じなのか、容易に想像がついた。

帰り際に、タクシー運転手氏にムッソリーニの評価について訊ねてみた。「古い時代の話だが」と前置きしつつ、かれはこう答えた。「いいところもあれば、悪いところもある。貧しいひとびとに住宅などを供給した功績は認めなければいけない。ただ、戦争に加わったのはよくなかった」。そこには、ヒトラーやナチにたいする評価とはまったく違う語り口が存在した。

もちろん、イタリアが世界の標準などと断言するつもりはない。プレダッピオの〝聖地巡礼〟はしばしば批判の的になっているし、それでも野放しなのは、現在のメローニ政権が右派に甘いということも影響しているだろう（そもそも与党「イタリアの同胞」はファシスト党の流れを汲んでいる）。

ただ、かつての同盟国であるイタリアが歴史問題にたいしてなんとも緩いことも また疑いえない。あまりにも長い歴史を背負っているため、現代の価値観で過去の遺物を簡単に断じることに慎重なのかもしれない。奴隷制を許さないといって人物像を倒しはじめたら、ローマ時代のものはほとんど除去しなくてはいけなくなってしまう。

四方八方に遺跡がある国では、歴史にたいする態度も変わってこざるをえない。とすると、やはり長い歴史をもつ日本はどうなのか。米国やドイツの事例をそのまま当てはめることが、本当にこの国にとって唯一の解なのか。かつての同盟国を訪れて、われわれのふだんの発想が狭く限定されていなかったかと深く考えさせられた。

第二七章

記念碑は呼吸している

ベトナム／マケイン撃墜記念碑、大飢饉追悼碑
（2022年11月訪問）

チュックバック湖畔のマケイン撃墜記念碑

コロナ禍があけて各国で宿泊費が高騰したが、東南アジアはそれほどでもなかった。とくに当初は中国人観光客が戻っていなかったので、意外と穴場だった。予約サイトで検索すると、高級ホテルが一泊一、二万円で取れることも。そこで二〇二二年一一月、わたしはベトナムの首都ハノイへと飛び立った。

ハノイは漢字で河内と書く。大阪の河内出身者として、どことなく親近感が湧いた。ただ、ハノイは冬も近いのに、最高気温は三〇度。日中は歩くだけで、ぐっしょりと汗をかいた。急速なモータリゼーションに交通網の整備が追いつかず、道路は大量の車とバイクで混み合い、クラクションがけたたましく鳴り響く。そんな新興国特有の熱気にひさびさに触れて、コロナ禍の終わりを本格的に実感した。

そのいっぽうで、配車アプリ「グラブ」の普及で、タクシーの乗り方はずいぶんとスマートになった。観光客はどこでもかんたんに車を呼び寄せられ、ベトナム語の会話力は不要。料金は自動的に計算され、クレジットカードから引き落とされるので、ぼったくられる心配もなくなった。

まもなく人口一億人を超え、平均年齢も三〇代前半という若きベトナムはまた、勇武の歴史を誇る国でもある。なにせ、インドシナ戦争でフランスから独立を勝ち取り、ベトナム戦争で米国を追い払い、中越戦争で中国を返り討ちにしたのだから。なかでも、超大国である米国にたいする勝利は、国威発揚と深く結びつかないではおかなかった。

降参のポーズをとるパイロットの像

ハノイ中心部のベトナム軍事歴史博物館には、米軍機などの残骸を集めてつくったモニュメントが塔のように高くそびえ立っている。また、B52戦勝博物館には、撃墜されたB52戦略爆撃機が無残にもバラバラのまま横たわり、朽ち果てるまま展示されている。

米軍の捕虜を収容していたホアロー刑務所は、欧米からの観光客が多く訪れるが、お土産コーナーには当時のプロパガンダを描いた絵葉書や栞が遠慮なく積み上げられていた。

「約四〇〇〇の米軍機を撃墜!」「ニクソンに一撃!」

日本ではとうてい考えられない。これが戦勝国なのだ。侵略を打ち破った国なのだ。反米の左翼人士がしばしばベトナムを熱心に紹介する理由もなんとなく理解できた。

さらには、ジョン・マケインを撃墜した記念碑なるものまでハノイには存在する。

マケインといっても、いまではすぐピンとこないだろうが、二〇〇八年米国大統領選挙で共和党候補だった人物だ。バラク・オバマ氏に敗れたことで覚えているひとも多いかもしれない。

代々の海軍一家に生まれたマケインは、海軍航空隊のパイロットとしてベトナム戦争に従軍していた。ところが一九六七年一〇月、ハノイで爆撃任務中に、搭乗していたA4スカイホーク艦上攻撃機が対空ミサイルにより撃墜されてしまった。パラシュートで不時着したかれは、チュックバック湖畔で地元住民に暴行されたあげく拘束された。

父が海軍大将で、のちに太平洋軍司令官を務めることになる人物だったため、マケインは捕虜生活の五年間、特別な注目を集める存在となり、執拗な拷問を受けることになった。かれはそれでも屈しなかったため、米国では英雄として讃えられることになった。

そのチュックバック湖は、ハノイ北部に広がる西湖の東に隣接している。広大な西湖とは堤防で区切られており、その堤防のうえを走る道路の脇に目的の記念碑は立っていた。ベトナム最古の寺院である鎮国寺のすぐ近くだが、立ち止まるひとは少なかった。

ただ、そのデザインはいちど見たら忘れられない。ヘルメットをかぶったパイロットがうつむきながら両手をあげて降参のポーズをとり、ひざまずいている。戦時下につくられたものらしく、アメリカ許すまじの気迫が伝わってくる。そして記念碑の左側にはベトナム語で説明が添えられていた。

一九六七年一〇月二六日、チュックバック湖で、ハノイの民衆と軍隊は、イェンフー発電所にて撃墜されたＡ４の操縦者、アメリカ海軍航空隊少佐のジョン・シドニー・マケイン飛行士を捕らえた。かれの飛行機はその日撃墜された一〇機のうちの一機だった。

米国の駐越大使を務めたテッド・オシウス氏によれば、しかし、この文言は二〇一五年初頭までもっと過激だったという。

マケインの名前のつづりや所属が間違っていたうえ、「TÊN」ということばが冠せられていた。敵、泥棒、強盗、詐欺師、強姦魔など卑しい人物を指す侮辱的な表現だ。「マケイン野郎」といったニュアンスだろうか（"The clean and improved monument of John McCain in Hanoi", URL=https://tedosius.com/the-clean-and-improved-monument-of-john-mccain-in-hanoi-29、二〇二二年一一月二七日閲覧）。

それがなぜ二〇一五年になって修正されたのか。それは同年五月、マケインが同僚の上院議員たちとともにこの記念碑を訪れたからだった。マケインは政治家に転身したのち、あえてベトナムとの国交正常化に尽くした気骨漢であり、その姿勢がベトナム側からも評価されていた。

もっとも、米国人に馴染みないベトナム語の表記を直すより、記念碑のデザインを変更したほうがよかったのではないかと思うが――。この中途半端な修正のおかげで、いままでもかつての激烈な反米感情をうかがい知ることができたのだった。

ベトナムは一九九〇年代以降、外交で歴史問題にこだわらない姿勢を示している。だが、けっして歴史を忘れたわけではない。撃墜記念碑からは、そんな同国の強い意志も伝わってきた。

日本軍進駐による犠牲者の慰霊碑を訪ねる

ベトナム人はまた、一九四〇年代前半、日本軍の仏印（フランス領インドシナ。現在のベトナム、カンボジア、ラオス）進駐にも苦しんだ。そのことは、一九四五年九月二日、ホーチミンが読み上げた独立宣言にも明記されている。

日本のファシストが、連合国との闘いで新しい基地を設けるためにインドシナの地に侵入した1940年秋、フランスの帝国主義者は、ひざまずいて屈服し、わが国を彼らに引き渡した（中略）。その結果、昨年末から今年初めにかけてクアンチ地方からヴェトナム北部にかけて二百万人以上の我が同胞市民が飢死するに至ったのである（岩井淳「ヴェトナム独立宣言の世界史」『アジア研究』八巻より）。

二〇〇万人以上！　中国が主張する南京大虐殺の犠牲者数（三〇万人）どころではない。日本人の多くはそう驚くだろう。だが、ベトナムではこの数字は事実として広く認識されている。

犠牲者数の背景には、日仏による米の強制買付け、軍需のための強制転作、米軍の空爆による輸送途絶などがあげられる。完全な裏付けはむずかしいものの、最新の研究でも、犠牲者は少なくとも数十万、おそらく一〇〇万人を超えるとされている（古田元夫『ベトナムの世界史』増補新装版、東京大学出版会、二〇一五年）。

そしてこの大飢饉で亡くなったひとびとを追悼する慰霊碑も、ハノイに存在する。場所はわかりづらく、グーグルマップで「Hop Thien Cemetery」と検索すると出てくる。タクシーで行けるのは大通りまで。そこからは狭い路地を抜けなければならない。

わたしはキムングーという小さな川のそばで車を降り、グーグルマップを頼りに五五九番通りに入った。両側に建物が迫る薄暗い小路で、車が一台通れるかどうか。二〇〇メートルほど歩くと、右折して八六番通りに入った。ここはさらに狭く、バイクしか通れない。それなのに、いきなり二人乗りのバイクが角から飛び出してきて、肝を冷やした。最後に左折して一七番通りに進むと、ようやく慰霊碑へとつづく門扉が見えた。

だが、その門扉は施錠されていて開かなかった。掲示板に書かれていたベトナム語をグーグルレンズで翻訳すると、「下記の番号に電話せよ」とある。指示のままに電話をかけると男性が出たものの、会話がまったく通じなかった。ベトナム語のようだった。「オープン・ゲート・プリーズ」と繰り返したところ、電話は途中で切れてしまった。

これで大丈夫なのか不安になったが、しばらくして六〇〜七〇代ぐらいの男性があらわれて、鍵を開けてくれた。管理者のダン・ヴァン・トゥエン氏だった。

瓦屋根が付いた壁で囲まれたその空間は、小さな家の庭ぐらいの広さがあった。中央には「一九四四年から一九四五年まで爆撃と飢餓で亡くなった同胞の千年安眠の地」と刻ま

ベトナム200万人餓死の追悼碑（大飢饉追悼碑）

れた慰霊碑が静かに立っていた。

碑前の祭壇には、匂い立つような菊の花や新鮮な果物が供えられており、日ごろから人手が入っていることがわかった。トゥエン氏が、ベトナム風のカラフルな長い線香をもってきてくれたので、香炉にそれを立てて手を合わせた。餓死者の遺骨はまさにこの場所に埋められており、慰霊碑の下は墓所になっている。ホーチミン廟のような仰々しさはなかったが、そのぶん、沈思黙考を促された。

つづいて隣接する二階建ての建物に案内された。二階は仏壇が設置され、階下は簡単な資料展示室となっている。そこには、当時の写真が壁に何枚も掲げられていた。無造作に積み上げられた数百もの頭蓋骨。ナチの絶滅収容所の写真をほうふつとさせる悲惨な写真の数々に、しばし暑さを忘れるほど心が冷える思いがした。

ふと、日本人は招かれざる客だったかもしれないと後悔の念がよぎった。しかし、机に備え付けられた訪問者用ノートを見ると、そこには意外にもびっしりと日本人の名前が書かれていた。「9条を守る◯◯県民の会」などの肩書が目立つのは、おそらく「しんぶん赤旗」でこの場所が紹介された影響だろう。そのためか、トゥエン氏も日本人への対応に慣れた様子で、日本語の書籍などを棚から出してくれたりした。

この慰霊碑は一九五一年、民間有志によって建立され、ベトナム戦争中なども民間人によって守られてきた。ハノイ市当局の手が入ったのは、ようやく二〇〇四年のこと。そのころには、かつて周囲になにもなかったこの場所も、すっかり路地の奥に埋もれるようになってしまっていた。

現在、日本とベトナムのあいだで歴史問題について激しい応酬はない。だが、未来永劫そうとは限らない。もしベトナムが経済大国へと成長し、政治的な発言力を強めたとき、はたしてどうなるだろうか。慰霊碑に向けて立派な参道が整備され、国家的な追悼式が行われる日がくるかもしれない。

そのまえに、日本人こそこの場所を「再発見」し、しっかりと向き合う必要があるだろう。さもなければ、マケイン撃墜記念碑とは逆方向に、日本への批判的なメッセージが慰霊碑に上書きされてしまう可能性も否定できない。モニュメントは永久不変のものではなく、まるで生き物のように呼吸し、新陳代謝する。それゆえわれわれも、つねにそれへの態度を考えつづけなければならないのである。

第二八章

けっして忘れたわけではない

フィリピン／メモラーレ・マニラ1945、バンバン第二次大戦博物館（2024年3月訪問）

「メモラーレ・マニラ1945」

マニラ虐殺をご存知だろうか。大東亜戦争末期の一九四五年二月三日から三月三日にかけて、フィリピンの首都マニラをめぐって日米の激しい攻防戦が行われた。巻き込まれて亡くなった一般市民は一〇万人以上。その一部は日本軍の残虐行為によって命を落としたといわれる。この後者をマニラ虐殺と呼ぶのである。

もちろん、このような市街戦の被害を正確にすべて裏付けることは容易ではない。ただ、現地では一〇万人という犠牲者数や日本軍の残虐行為は自明のものとして受け取られている。

わたしは今回、かつてスペイン人が築いた旧城壁都市(イントラムロス)にまず足を踏み入れた。フィリピン最古の石造教会であるサンアグスティン教会(世界遺産)や、ローマ教皇もミサを行ったマニラ大聖堂などが立ち並ぶこのエリアは、マニラ屈指の観光地であり、この日も国内外のひとびとで賑わっていた。

目を背けたくなる虐殺の写真

そんな一角の小さな公園にあるのが、「メモラーレ・マニラ1945」という追悼碑だ。その名のとおり、マニラ虐殺などを忘れないために、戦後五〇年の一九九五年二月に建てられたものである。

マニラ解放戦で殺害された一〇万人以上の男女・こども・幼児ひとりひとりのために、このモニュメントを墓石としよう。われわれはかれらを忘れていないし、これからも忘れはしない。

そう刻まれた黒い石碑のうえには、悲愴な群像が設置されている。案内板によると、中央のヴェールをかぶった女性は母国をあらわし、幼児を抱いて泣いている。幼児は希望の象徴だが、すでに亡くなっており、ここにもはや希望はない。そしてその周りに横たわるのは、戦闘の犠牲者、レイプの被害者、生き延びながらも絶望に打ちひしがれるひとびとだ。

モニュメント自体に日本への批判はないものの、案内板には日本軍による虐殺が行われた場所のリストが掲出され、また国立歴史研究所が設置した別の案内板には「日本帝国軍の残虐行為と米軍の激しい砲撃」で一〇万人以上の被害が出たと明記されていた。

さらに旧城壁都市の奥に進んでみると、サンチャゴ要塞（これもスペイン時代の遺物）にたどりついた。ここにも日本軍による残虐行為の犠牲者を追悼する白い十字架が立っている。その説明はさらに凄惨なものだった。いわく、この近くの地下牢で約六〇〇名ものフィリピン人と米国人の遺体が見つかったが、「その死因は餓死と窒息死とみられる」と。問題の地下牢は見学もできる。「つねに品位と敬意をもって」と注意書きされた入口は狭く、腰をかがめないと入れない。マニラはこの時期、連日三五度前後の暑さだけに内部は蒸し暑く、少し歩くだけで汗が吹き出してきた。

薄暗い内部を進むと、日本兵と犠牲者の様子が人形で再現されていた。これはつくりが安っぽく感じられたが、壁にずらりと掲示されたマニラ虐殺の写真には息を呑んだ。血まみれになって倒れているこどもや幼児の遺体が写っており、目を背けたくなるような光景だった。

解説には、マニラ市街戦で「日本陸軍は猛り狂い、街中で何千もの市民を殺害した。このできごとは今日マニラ虐殺として知られている」と書かれており、やはりマニラ全体で約一〇万人が犠牲になったとしている。

念のためもういちど繰り返すが、わたしはなにも山奥の戦跡にわざわざ足を運んだのではない。ここは、マニラホテルやリサール公園――東京でいえば、帝国ホテルや皇居前広場――から徒歩で行ける、きわめて一般的な観光地なのである。それなのに、これだけの情報が目に飛び込んでくるのだ。

日本人は忘れがちだが、フィリピン全体ではさきの大戦で一〇〇万人以上が犠牲になったといわれる。

では、同国では反日感情が強いのかといえばまったくそうではない。外務省が昨年度にＡＳＥＡＮ九ヶ国を対象に行った対日世論調査では、日本との関係について「とても友好関係にある」もしくは「どちらかというと友好関係にある」と答えたフィリピン人はじつに九七％に達した。

もちろん、はじめからそうだったわけではない。戦後しばらくのあいだ、フィリピンでも反日感情は熾烈で、日本企業の活動が認められていなかったほどだった。それが和らいだことについては、いくつかの理由があげられている。

戦没者の遺族や戦友などによる慰霊ツアーが早くより実施され、その際にフィリピン人への謝罪の機会があったこと。クリスチャンの多いフィリピン人が罪を許すことに寛容だったこと。日本の経済支援が効果を発揮したこと。フィリピン人は日本人より平均寿命が短く、戦争の記憶が早く薄らいだこと。マルコス政権の圧政により、日本の加害が相対化されたこと。最近では、中国の台頭により日比間で安全保障上の利害が一致していることもあるようだ（以上、大野俊「フィリピン人の対日認識の変化とその要因」『清泉女子大学紀要』六七号、「アジアの中の『反日』と『親日』再考」『清泉女子大学紀要』六八号などを参照した）。

なるほど、目下の圧政のせいで過去の加害が相対化されるというのは台湾とも似ており、ハッとさせられた。平均寿命の差異が戦争の記憶継承に影響するという視点も、国外に出ていかないとなかなか気付かされない。

ただ、フィリピン人は親日的だが、被害をけっして忘れたわけではない。そんな事情を象徴する、興味深い歴史博物館がアンヘレスの近くにあった。

戦争の悲劇を記憶したうえで和解する

マニラより車で北上すること約二時間。アンヘレスといえば、かつて米軍のクラーク空軍基地が置かれていた場所として知られる。一九四四年一〇月に神風特別攻撃隊がはじめて出撃した場所もこの近くだった。

そこからさらに南西に行くと、「死の行進」が行われたバターン半島も所在する。日本軍は大東亜戦争の初頭、ここで大量の米比軍捕虜を炎天下に徒歩で移動させ、多くの犠牲者を出した。戦史に関心あるものならば、いちどは訪問したいエリアである。

そんななかで今回わたしが訪ねたのは、バンバン第二次大戦博物館（Bamban WWII Museum）という施設だった。道路脇にひっそりとたたずむ平屋建ての建物で、日本語でも「バンバン歴史博物館」と書かれている。ここは地元の歴史家ロニー・C・デラクルス氏が二〇〇五年に開設した私立の博物館だ。

私立といっても、好事家がつくったいい加減なものではない。日本軍の銃火器や装備品、水筒や食器類、果てはビール瓶までが体系的に整理され、ところどころに説明書きも添えられており、たいへん見応えがある。これらの多くは、近くにある日本海軍の防空壕などより発掘・収集されたものだという。

博物館のメンバーは、正会員一四名のほか、アドバイザーや特別コンサルタントなどを

バンバン第二次大戦博物館

含めて合計二一人。地元のターラック州政府、フィリピン退役軍人局、日本の零戦の会、米国のカリフォルニア州軍事博物館とも提携しており、陣容としては申し分ない。

そのいっぽうで、手作り感も拭えなかった。庭ではサルやイヌが飼われており、その吠え声を聞きながら見て回らなければならない。猛暑のフィリピンにあって冷房さえない。

なぜあえてこのような施設を私費でつくったのだろうか。デラクルス氏は汗を拭いながら説明してくれた。

「わたしの祖父や叔父は、第二次大戦で兵士やゲリラとして戦いました。その子孫として、かれら英雄の記憶を永続させ、第二次大戦の歴史全体を保存することが大切だと考えました」

フィリピンの戦争博物館は、第二次大戦を熱心に扱っていないし、視点も中立的ではない。デラクルス氏はそんな不満も吐露した。「コレヒドール島（バターン半島沖合にある要塞島）には行きましたか。あそこの博物館は米軍の展示ばかりだったでしょう」。

第二次大戦はフィリピン、日本、米国などさまざまな視点で語られるべきだ。それがデラクルス氏の信念だった。だからその説明も日本の立場に理解があった。「カイグン」「リクグン」「シンブ・シュウダン」「オーニシ・チュージョー」など、ところどころに日本語も交えてくる。日本軍への敵意どころか、ときに敬意すら強く感じた。

このような展示が功を奏してか、年間約五〇〇〇人（コロナ禍前は約七五〇〇人）の来訪者のうち、日本人が約三割を占めるという。神風と赤字で書かれた平和記念碑が中庭にあり、そのまえで線香が立てられるようにもなっていた。最近でも日本兵の遺族がきて、遺影を供えていったそうだ。

せっかくなので、近くにある海軍壕もみせてもらった。民家の近くに入口があり、懐中電灯で照らしてもらいながら内部に入った。岩肌がゴツゴツとむき出しで、突貫工事でつくられたことを感じさせる。この壕は海軍航空部隊の司令部として整備され、第一航空艦隊司令長官の大西瀧治郎や、第二航空艦隊司令長官の福留繁が出入りしていた場所だった。

特攻作戦を採用し、「特攻の父」と呼ばれるのが、前者の大西である。壕の入口近くには、かれの慰霊碑も建てられていた。最近塗り直されたのか、真っ赤な鳥居があり、そのさきには「大西瀧治郎　平和記念碑」と書かれた墓石のような碑が立っていた。碑に描かれた日の丸や旭日旗などは色褪せていたが、なぜか盆栽がいくつも並べられ、周囲の草もきれいに刈られていた。これも地元のひとびとの手によるものなのだろう。

もちろん、フィリピン人は日本軍を肯定しているわけではない。デラクルス氏も「日本軍は強い決意と規律をみせた」と持ち上げながらも、こう付け加えることを忘れなかった。「日本の残虐行為で多くのフィリピン人が苦しみ、死にいたりました。そのことをフィリピン人は許したかもしれませんが、しかし、忘れることはありません」。

われわれ日本人が、まさに心に銘記すべきことだろう。戦争の悲劇を記憶したうえで和解する。歴史の遺産はできるだけ保存する。少なくともフィリピン人はそうしている。とかく燃え上がりがちな東アジアの歴史問題にたいするひとつの回答が、ここにあるように思われた。

第五部

熱狂と利害の狭間

自発的に国を愛する

第二九章

戦時下の温泉報国をたどる

和歌山県／湯の峰温泉、
奈良県／湯泉地温泉、入之波温泉
（2022年9月訪問）

湯の峰温泉の旅館あづまや

日中戦争が泥沼化し、日々の生活が制限されていくなかで、娯楽産業をどのように生き長らえさせるか。一九四〇（昭和一五）年の温泉業界は、神社参拝に活路を見出した。

光輝ある紀元二千六百年の佳き年を迎へた本年は、特に聖地参拝をされる人達が非常に多いことゝ思ふ。そこで橿原神宮及び神武天皇の畝傍山東北陵（うねびやまのうしとらのすみのみささぎ）に参拝された後に、吉野、熊野の国立公園地帯に入り、二、三の温泉を探ね、更に清浄な心身になつて、神宮（引用者註、伊勢神宮）に参拝して帰路に着くことも、意義深い旅と思ふ（富士雄生「温泉南北」『温泉』一九四〇年二月号）。

業界紙『温泉』に掲載されたこのエッセイは、神武天皇が即位してから二六〇〇年とされたこの年、聖地巡礼にあわせて温泉に入ろうと訴えている。このような取り組みもあり、同年、戦前のツーリズムは最後の活況を迎えることになった。

神話によれば、神武天皇は四五歳のときに国の中心を大和に移そうと考え、船団を率いて九州南部を出発した。瀬戸内海を東進し、大阪の河内に上陸したものの、豪族の長髄彦（ながすねひこ）に阻まれたため、紀伊半島を迂回して熊野に上陸。そこから山路を北上して大和に入り、ついに宿敵を打ち破って、初代天皇に即位した。この一連の過程を神武東征という。

今回はさきのエッセイを参照しながら、戦時下日本の「下からの参加」を実体験するため、和歌山県から奈良県まで紀伊山地の温泉地＝東征ルートをめぐることにした。

まず向かったのは、和歌山県田辺市本宮町（ほんぐうちょう）の湯の峰温泉だ。熊野三山のうちでもっとも山奥に位置する熊野本宮大社の南西約二キロに位置し、古くより熊野詣の湯ごり場として名高い。現在も入湯できる天然温泉の岩風呂「つぼ湯」は、参詣道の一部として世界文化遺産「紀伊山地の霊場と参詣道」にも登録されている。

『温泉』エッセイで「四面鬱蒼たる山に取り囲まれた幽邃（ゆうすい）な境地」と紹介されており、いまも間近に迫る山を背負いながら、十数軒の旅館が川沿いに並ぶ静謐な温泉街である。JR東海とJR西日本の境界駅として知られる紀勢本線の新宮駅までは車で四〇分ほど。かつてはプロペラ船を使って川を下っていたという。

車のドアを開けると、温泉街らしい硫黄の臭いが鼻をついた。湯の峰温泉は、野菜が茹でられるほどの高温であり、源泉の湯筒からは濛々と湯気があがっている。いきなり〝当たり〟の温泉地で胸が高鳴った。

初日は旅館あづまやに宿泊した。一九八〇（昭和五五）年に美智子（みちこ）皇太子妃と清子（さやこ）内親王が宿泊し、一九九二（平成四）年に徳仁（なるひと）皇太子が宿泊した由緒正しい老舗だ（肩書はいずれも当時）。とくに前者の母娘だけの旅行は珍しい。「どちらの部屋にお泊まりに？」と聞くと、「今日宿泊される『まき』です」との答えだった。

思わぬ幸運に、自然と手に力が入った。新館の最奥に位置するその部屋は、広々とした二間つづきで、豪華さが際立っていた。専用の内風呂は源泉かけ流しなので、わざわざ大浴場まで行かなくても白濁した湯を思う存分楽しめる。広縁の安楽椅子に座れば、まるで玉座に座っているかのような気分だった。

皇室御用達の宿だけあって、食事も熊野牛、鮎(あゆ)、鯰(なまず)と贅を尽くしていた。けれども、こういう仙境では、山海の珍味にもまして米と水のうまさが際立つ。同館でも、名物は温泉で炊いた粥だった。口に運ぶと、わずかな温泉の香りが漂い、ほんのりとした甘みが広がった。年を取ると、こういう一品こそ贅沢だと感じる。美智子妃もとくにこの粥を好んだというが、たんなる庶民派アピールではなかっただろう。

温泉地に立つ「竹槍将軍」の石碑

つぎに、和歌山県から奈良県へ県境をまたぎ、吉野郡十津川(とつかわ)村の湯泉地(とうせんじ)温泉におもむいた。ここも『温泉』エッセイですすめられていた秘湯のひとつだった。

十津川村は、奈良県最南端の山奥に位置する。難攻不落を誇る天然の要害であり、また古くより尊王の里として知られている。在郷武士である十津川郷士は、南北朝時代には後醍醐天皇の南朝に与し、幕末には皇居守衛に出仕した。大和で挙兵した尊王攘夷グループの天誅組とも、一時的に協力関係を結んだ。

そしてここはまた、一九六六(昭和四一)年一一月二日、荒木貞夫が八九歳で没した地でもある。

荒木は戦前、「竹槍将軍」として名の通った陸軍軍人だった。陸相や文相を歴任した陸軍の重鎮でありながら、日本軍を皇軍と呼び、「竹槍三〇〇万本あれば米英恐るるに足らず」と大見得を切るという精神性を持ち合わせ、青年将校に慕われて、皇道派の領袖と目されていた。

戦後は、A級戦犯に指定されて東京裁判で終身刑に処せられるものの、のちに減刑されて釈放された。晩年は天誅組と二・二六事件の共通性に関心をもち、一九六六年一〇月末、たまたま十津川村の招きで史料調査と講演に訪れて、温泉旅館の十津川荘に逗留していた。

その当時の建物がいまも残っている。川沿いの道路に面する、民家のような質素なたたずまいの建物がそれだ。玄関を入って二階にあがると、二間つづきの広い部屋がある。ここが荒木の使った部屋だった。道路に面した窓があり見晴らしがいい。大物だったかれには、この部屋があてがわれたのだろう。

また大広間には、「福以徳招」（福は徳を以て招く）というかれの書も掲げられていた。「九十才　貞夫」とあるから（数え年）、ほんとうに死の直前に書いたことになる。宿のひとに聞くと、荒木は露天風呂で心臓発作を起こし、部屋に運ばれ、佐藤栄作首相への遺言を口述して事切れたという。

さっそく、その露天風呂に入ってみた。さきのエッセイでは、「極めて素朴な温泉で、宿も極めて粗末なものではあるが、浴槽に浸りながら四囲の幽邃な山水の眺を恣（ほしいまま）にすることが出来る」と評されている。時代は移り変わっても、大自然は健在だった。緑の山々

十津川村の「陸軍大将荒木貞夫終焉之地」

は泰然として霞かかり、川が音を立てて激しく流れていく。湯は無色透明ながら、わずかに硫黄臭がただよっていた。といって、肌への刺激が強すぎることはない。時間を忘れて長湯しながら、周囲の眺望を存分に楽しんだ。

夕食時に頼んだ日本酒も、奇をてらわない素朴な味わいだった。谷瀬という銘柄で、十津川で採れた米でつくられ、村おこしの一環で奈良女子大の学生も仕込みなどを手伝ったものだった。これが地元で採れたあまごの塩焼きとよく合う。わたしのような左党には、こういう飲み飽きない地酒こそありがたかった。

荒木もここに到着した当初は、地元のひとと杯を傾けていたが、やはり無理がたたったのかもしれない。一世を風靡した「竹槍将軍」の逝去は静かな村にとっては大事件だったため、翌年、宿からほど近い十津川護国神社の入口脇に「陸軍大将荒木貞夫終焉之地」という石碑が建てられた。

揮毫者は佐藤首相だから立派なものだ。背面の碑誌銘をみると、東京裁判で弁護人を務めた菅原裕が、荒木の人柄を絶賛していた。「資性高邁、文武兼備の聖将」「常に『我は日本人也』の自覚に立ち、惟神の教に基き、皇道を実践」云々。十津川はここにまた、尊王につらなる歴史を刻んだのである。

神武天皇につながる柿の葉寿司

そして最後は、吉野郡川上村の入之波温泉へ向かった。

国道425号と169号を経由して約二時間。険峻な紀伊山地をこれでもかと存分に味わえる難所で、とくに前者は悪評高い「酷道」だった。

うねうねと曲がりくねった道の一部を、倒木や落石が塞ぐのは当たり前。ときに落ち葉が積もって沼のようになり、滝が注いで川ともなる。そして間伐されずに放置された人工林は、やせ細った杉ばかり。大雨が降ったら大丈夫かと心もとなかった。携帯電話の電波は入ったり、入らなかったり。対向車に出くわすこともなく、ここで車が故障したらどうなっていたかわからない。

文明の利器たる自動車に乗っていてかくのごとし。ましてや悠遠なる古代、神武天皇

（に比せられる人物）は、本当に軍隊を率いてここを踏破したのだろうか。かえって疑問が湧いてきた。『古事記』や『日本書紀』を開いても、八咫烏に道案内されたとあるばかりで、東征の詳しいルートには触れられていない。いや、触れられなかったというべきか。

それでも地元では神武天皇が重要なようだった。途中の上北山村で、柿の葉寿司で知られる「ゐざさ」本店に立ち寄り、その日の夜食を買い求めた。そのとき、店内掲出の由来書きに神武天皇の名前を見つけて思わずカメラを構えた。

大台（引用者註、大台ケ原）の精気を受けた人々が神武天皇東征の砌、天皇、荒坂の津より大台山上に渉り、大和を国見し給いし事を霊感し近衛文麿公の「神武天皇像」の揮毫を受け昭和天皇即位御大典を記念して銅像を建立し奉りました（中略）。

大台ケ原は、日本の最多雨地帯として有名だが、記紀に言及はない。にもかかわらず、当地のひとびとは「霊感」を根拠に銅像（現存）を建てたというのである。神武天皇の伝承は、ここでたしかに息づいていた。

そして肝心の柿の葉寿司の由来はこうつづく。

黒潮の精気が大台山上の雨となり霧となり人のみならず動植物にも精妙の気を蓄えさせそれが凝集して大台特有の笹の高原を作りました。

ここに思いをいたし、熊野の海の幸、大和の瑞穂の幸を霊気溢れる大台の笹の葉でくるみ、一体として精製し、元東大寺管長清水公照猊下（げいか）の「ゐざさ寿司」の命名を得て広く江湖に問うに至ったのであります。

こう言われると、あの柿の葉寿司も神武天皇とつながり、どこか霊妙な感じがしてくるからふしぎだ。

そして目指す入之波温泉にも、同種の由緒書きがあった。ここは、一軒宿の山鳩湯がダム湖の傾斜地にポツンと立つばかり。温泉を求めてひたすら階段を下っていく素朴なつくりで、大台ケ原の登山客に日帰り温泉として知られるが、宿泊することもできる。

その降りていく途中でやはり「神武天皇」の説明が出現した。

その昔神武天皇が熊野より大和に入られた道すじであり後南朝後亀山天皇の皇孫尊秀王（自天王）もこの地に生まれた悲史の里でもあります。

神武天皇の東征コースをたどる旅の最後にふさわしい。ここまでくると、記紀に出てくる宇陀（うだ）まで車で約一時間であり、吉野山にも近いため、南朝末裔の伝承も残っている。

さて、お目当ての温泉だが、泉質はこれまでと打って変わって、まるでみそ汁のような、黄褐色の濃い濁り湯だった（炭酸水素塩泉）。成分が固まって、浴槽にべっとりと厚く層をなしている。豊富な源泉はかけ流しにされ、そのまま大地を黄土色に染めながら、隣接するダム湖に注ぐ。ぬる湯だから、奥吉野の自然を眺めながら長居するにはもってこいだった。奈良に温泉のイメージがあまりないからだろうか、入浴客の数は少なく、じつにゆっくりできた。秘湯とは、こうでなければならない。

さきのエッセイも、「宿も大台ケ原登山者の足休め程度のもので大した設備はないが、吉野熊野国立公園の北側にある唯一つの温泉であり、将来が約束されてゐるとも謂へる」と的確な予想をしていた。

だが、その歴史は戦後、いったん途絶えた。吉野川をせき止める大迫（おおさこ）ダムの完成で源泉が湖底に沈んでしまったのだ。新たにボーリングを行い、山鳩湯が開業したのは一九七三（昭和四八）年のこと。そのおかげで、いまも神武天皇にかこつけて湯めぐりができるのである。日本人の温泉にかける熱意はじつに凄まじく、まさに万邦無比というべきだろう。

それにしても、想像以上に険しい道のりだった。かつてこれらの秘湯を訪れることは、いまよりはるかに困難だったにちがいない。それでも戦時下のひとびとは、辛い日常をしばし忘れるために、あえてこうした場所を訪れていた。そして温泉業界もまた「温泉報国」を掲げて集客に励んでいた。戦時下の社会は「上からの統制」だけでは成立しなかった。こうした「下からの参加」があってはじめてうまく機能したのである。

この「下からの参加」の根底には、自発性が存在する。そう、愛国はけっして強制されるばかりではない。とはいえ、たんに熱狂的なものだけかといえば、それもまた違う。そここには、利益が得られるかもしれないという冷静な判断もまた働いている。

言い換えれば、国威発揚への動きは、熱狂と利害の狭間で成り立っているのだ。第五部では、このような自発性を映し出す場所を訪れて、その背後にある動きを探っていく。

第三〇章

発泡スチロール製の神武天皇像

岡山県／高島行宮遺阯碑、神武天皇像（2023年3月訪問）

神卜山の「高島行宮遺阯碑」

日本最大級の天然石の碑。岡山県笠岡市に属する離島の高島に、そう自負する巨石がある。雫型に近い台形のどっしりとしたフォルムだからか、約八メートルという高さより大きく感じる。その名も「高島行宮遺阯碑」。神武天皇が九州南部から大和へ向けて瀬戸内海を東進する途上、立ち寄ったとされる吉備の高島宮跡を記念する石碑だ。

その歴史は一九一九（大正八）年一月にさかのぼる。北木石を扱う石材業者の畑中平之丞により、神卜山という小高い山のいただきに建てられた。鳥居が備え付けられているので、どこかご神体を思わせる。しかも、東征出発の地である南九州の方角を向いているというこだわりようだった。

六万貫（二二五トン）もの石碑をなぜわざわざ？　それは神武天皇が高島に行宮をつくるとき、ここで吉凶を占ったとされるため。山道の途中には、天皇みずから天津神にお供えするための水を汲んだという井戸も残されていた。

また、石材業者が巨石の運搬に慣れていたこともあるだろう。北木石は笠岡諸島の北木島や白石島で採れる花崗岩であり、明治中期以降に広く使われるようになった。日本銀行本店の旧館や、靖国神社の石鳥居（大村益次郎像の南に位置し、靖国通りに面する）にもこの北木石が用いられている。

そのため、高島宮の記念碑も保存状態がよく、風雪に長年さらされているにもかかわらず、まったく文字が欠けていなかった。「宮中顧問官従三位勲一等文学博士三島毅敬書」という揮毫者もはっきりと読み取れた。三島毅は中洲と号する漢学者で、夏目漱石や犬養毅（かいつよし）などを送り出した、漢学教育で名高い二松学舎（にしょうがくしゃ）の創設者として知られている。

記念碑脇の階段より展望台にのぼると、瀬戸内海の島々をはるかに望むことができた。まさに風光明媚。神武天皇もこの絶景を眺めながら望郷の念を募らせたのか。そういいたくなってくるが、事情はそう単純ではなかった。

『古事記』『日本書紀』には、神武天皇が立ち寄った場所のひとつとして、たしかに吉備の高島宮が記されている。ただ、それが具体的にどこなのかは不明だった。なにせ瀬戸内海に高島という地名はあまりにありふれている。そのため、広島県東部から岡山市にかけて、高島宮跡とされる箇所がいくつもあるのである。

広島県福山市ひとつ取っても、柳津町（やないづちょう）の貴船荒神社に「神武天皇御上陸の地」、内海町田島の皇森神社（王太子宮）に「吉備高島宮趾」、田尻町の八幡神社近くに「神武天皇御東遷纜（ともづな）石」の碑がそれぞれ立っている。

また岡山市沖合に浮かぶ無人島の高島に鎮座する高島神社には、「神武天皇聖蹟高嶋宮顕彰碑」が立っている。これは一九四〇（昭和一五）年、皇紀二六〇〇年の記念事業で文部省によって認定された聖蹟のひとつだ。つまり国のお墨付きであり、もっともオフィシャル度が高い。

ただし現在では島への定期便はなく、船をチャーターしないとたどりつけない。しかも河口からの堆積物が島の周辺に溜まり、水深が浅く座礁のリスクをともなう。無理して近づいても、こんどは波止（はと）がすり減っていて、船を横付けできない。

わたしが二〇一九（令和元）年末に上陸したときは、船から波止に飛び移らざるをえず、盛大に転けて手のひらが血まみれになってしまった。

肝心の高島神社の管理状態も十分とはいいがたく、手水鉢は壊れて草が生え、波打ち際にはペットボトルが散乱しているありさまだった。

それにくらべると今回訪れた笠岡諸島の高島は、ＪＲ笠岡駅前の港より定期便が出ているので、わたしのような運動音痴にも優しかった。船に乗ること約二五分。高島の桟橋を渡ると、さっそく神武天皇のイラストが迎えてくれた。

髭面に角髪を結い、左手に剣、右手に大きな弓。弓の先端に止まるのは、三本足の八咫烏だった。神武東征に登場する霊鳥には金鵄と八咫烏の二種類があるが、高島では後者のほうがあちこちに描かれている。

驚いたのは、すぐ近くにあった顔ハメパネルだった。こちらも神武天皇のイラストなのだが、なんと顔の部分がくり抜かれていた。観光地にありがちな光景とはいえ、戦前ならまちがいなく警察沙汰になっていたことだろう。神武天皇もずいぶんとポップな存在になったものだと唸らされた。

屹立する真っ白な巨像に感動する

高島神社の神武天皇像

この高島は人口わずか七〇人ほどで、広さも約一平方キロメートルぐらいしかない。それだから、堤防沿いを歩いていると、あっという間に高島神社にたどりついた。このあたりは王泊（おうどまり）と呼ばれており、やはり神武東征に由来する地名とされている。

境内はきれいに清掃されていたが、公園のような広い空き地に本殿がポツンとあるだけで、その規模は先述した岡山市沖合の同名神社には遠く及ばなかった。

そんななかで目を奪われたのは、奥に屹立する巨大な像だった。さきほどのイラストと同じように、髭面に角髪を結い、勾玉の首飾りをつけ、ゆったりとした古代人風の服を着た男性が、左腕に大きな鳥を乗せている。いうまでもなく、祭神の神武天皇だった。

この像は、元船員の高齢男性が夢でお告げを受け、一念発起してほかの島民の協力を受けながら、二〇二〇（令和二）年一〇月に完成させたものである。まだ新しいため、全体的に真っ白で清潔感があった。最初は石膏製かと思ったが、なんと発泡スチロール製。目を凝らすと、たしかに継ぎ目らしきものが見えた。高さは約五メートルもあるため、内部に鉄筋を通して支えているという。

他所の神武天皇像に比較して、写実的というより、どこかマンガのキャラクターのようなおもむきがあった。体は五頭身ほどで、大きな目をして北方の本州を見つめている。わたしはこれまで何体もの神武天皇像を見てきたが、発泡スチロール製のものははじめてだった。わざわざここまで足を運んだ甲斐があった。そんな、だれにも共感してもらえない感動が胸をよぎった。

神武天皇像のすぐ近くには、朱塗りの鳥居が備え付けられた船の模型も置かれていた。船体には「オキヨ」と書かれている。記紀には記されていないが、神武天皇が乗ったとされる船「おきよ丸」を模しているのだろう。宮崎県日向市美々津町（みみつちょう）の伝承によれば、神武天皇がその地から船出する際、「起きよ、起きよ」と兵士たちを起こしたことに由来する名称とされる。

船には、八咫烏を乗せた「神武東征」の看板が添えられていた。裏を見ると、「令和四年四月吉日」とあった。このように、現在も神武天皇の顕彰がつづけられているのが、この笠岡市の高島の特徴なのである。

見落とされがちな民間の便乗商売

この島には、民間運営の歴史資料館も存在する。それが高台に位置する「高島おきよ館」だ。三角屋根の平屋建てで、部屋はふたつ。事前予約制なので、若い男性が入口で待っていてくれた。

この資料館は、神武天皇像の建立にも携わった男性たちによって二〇〇五（平成一七）年に設立されて運営されてきたが、最近ではつぎの世代に引き継がれた。偶然にも、わたしがその新体制での第一号の客とのことだった。

館名や由来から、神武天皇にまつわる展示ばかりかと思いきや、実際はそれだけではなかった。ガラスケースには、製塩土器や蛸壺の破片がびっしりと並べられ、交通の要所らしく、中国製の陶磁器なども展示されていた。管理者の自宅に眠っていた骨董品をつぎつぎと収納していったらしく、館内はかなり雑然としていた。

学校の教科書どおりの年表があるいっぽうで、別の場所には「神武天皇御手植ノ榊」なる怪しげな写真も。また、「騎馬民族の大王『神武天皇』と大嘗祭に隠された天孫降臨の真実」なる不穏なポスターまで掲げられていた。騎馬民族征服王朝説は、すでに否定されてひさしいはずなのだが……。

また一角には、古代人風のひとびとが高島行宮遺阯碑のまえで焚き火をしている大きな絵画が置かれていた。やはりあの巨石は島のシンボルなのだろう。時系列の混乱や展示の雑多さに苦笑しそうになるが、こうした民間の自発的な取り組みにこそ、神話を考えるヒントが隠されている。

そもそも神武天皇は古来それほど重んじられた存在ではなかった。現在の奈良県橿原市大久保町に神武天皇陵が治定されたのも、ようやく幕末のことにすぎなかった。

ところが明治維新後の政府は「神武創業」を掲げ、その重要性を学校や軍隊でなんども強調するようになった。そして日清戦争や日露戦争のあとには神武天皇像もつぎつぎと建立されるようになり、それにともない、「わが郷土こそが神武天皇ゆかりの地だ」とアピールする動きが各地で活発化した。

戦前の神話利用をめぐっては、政府の動きにばかり注目が集まりやすい。「政府が神社を国家の管理下におき、プロパガンダを展開していたから問題だ」「いや、戦前の神社行政は体系的なものではなく、予算不足で影響力も限られていた」。こういう論争が典型的である。

論争の必要性は否定しないが、そこでは「上からの統制」に焦点を当てるあまり、しばしば「下からの参加」という側面が見落とされている。

皇紀二六〇〇年には、先述した美々津から大阪湾まで、復元された「おきよ丸」が実際に航海した。政府主導の事業ではなく、大阪毎日新聞が仕掛けたメディア・キャンペーンによるものだった。ライバル紙である大阪朝日新聞が奈良県の橿原神宮の整備事業に関わっていたため、それに対抗するかたちで宮崎県側の事業に肩入れしたのである。

大阪毎日新聞はまた、宮崎市の平和台公園にいまもそびえ立つ有名な八紘一宇の塔（八紘之基柱）の設立にも大きく関わっている。

これに限らず、全国各地の神武天皇像や記念碑の多くは、地元のアピールや民間企業の便乗商売と無縁ではなかった。民間の自発性があったからこそ、ひとびとの生活や記憶に深く根を下ろしたのだ。

発泡スチロール製の令和の神武天皇像も、その意味でけっしてイレギュラーな存在ではなく、神卜山に鎮座する巨石と同じく、「下からの参加」の記録として評価されるべきなのである。

第三一章

軍隊を求める地方の声

新潟県／白壁兵舎広報史料館、高田駐屯地郷土記念館
（2023年10月訪問）

新発田駐屯地の白壁兵舎広報史料館

長大な新潟県は、かつて三つもの軍都を抱えた。県北の新発田、ほぼ県央の村松（現・五泉市）、県南の高田（現・上越市）である。それぞれに歩兵連隊が置かれ、日露戦争後には高田に師団司令部なども置かれた。

連隊は平時で一五〇〇名ほどの兵員を擁した。将校やその家族、出入り業者なども引き寄せるため、その経済効果は小さな町にとって絶大だった。

このような事情もあり、大正時代の軍縮（宇垣一成陸相のもと進められたので宇垣軍縮という）に際しては、各地から代表団が何度も上京して陳情するなど、軍隊存置を求めて熱烈な運動が展開された。結果的にこのとき村松のみが連隊を失い、軍都として劣後してしまった。

陸軍が解体された戦後になっても、事情はさほど変わらなかった。一九五〇（昭和二五）年に警察予備隊が誕生すると、新発田と高田がただちに誘致合戦を開始した。このときは高田が凱歌をあげたものの、新発田はなお諦めず、三年後、保安隊の誘致に成功した。

こうして現在、新発田・上越両市には陸上自衛隊の駐屯地が所在している。そしてその歴史を物語るように、明治時代に建てられた軍事遺構が双方に残されている。軍隊を求める「下からの参加」の痕跡を調べるため、今回はこのふたつの旧軍都を訪ねることにした。

かつての兵舎がミュージアムに

まず足を運んだのは新発田である。新潟駅から特急「いなほ」に乗り換え、酒田方面に約二〇分で新発田駅に到着した。駅舎は、城下町らしい黒瓦に白壁の落ち着いた佇まいで、歴史の堆積を感じさせた。

新発田は、大倉財閥を築いた大倉喜八郎の出身地でもあり、その別邸の一部（蔵春閣）が千葉県船橋市より新発田駅近くに移築され、二〇二三（令和五）年に公開された。書斎にある螺鈿細工の戸棚は、昭和初期に関東軍に爆殺された北洋軍閥の領袖・張作霖より贈られたものだという。

もっとも、新発田の軍都としての歴史はこれよりはるかに古い。最初に部隊がおかれたのは、廃藩置県の年である一八七一（明治四）年。そして、新発田の代名詞となる歩兵第一六連隊が編制されたのは、一八八四（明治一七）年のことだった。

この地に連隊がおかれた理由としては、新発田城の存在が大きかった。ほかの地域でもそうだが、すぐ兵営に転用できる城郭は建軍期において渡りに船だった。

現在の陸自の新発田駐屯地も、旧連隊の衛戍地をそのまま引き継いでいる。敗戦後には新潟大学の分校が一時的におかれていたが、地元の要望で部隊誘致が優先され廃止された。大学よりも警察予備隊！　軍都復活への思いは、それほどまでに強かった。

このような激動の時代を静かに見守ってきた建物が、駐屯地の脇に建っている。白壁兵舎広報史料館がそれだ。その名のとおり、かつての兵舎が自衛隊の広報センターおよびミュージアムとして活用されているのである。

二階建てで、長さ約八〇メートル。建物全体を写真に収めるには、かなり後ろに引かなければならない。その真っ白な漆喰の壁面は古さを感じさせない美しさで、赤瓦とのコントラストが非常にみごとだった。

この建物も古く、建てられたのはなんと一八七四（明治七）年。築一五〇年を超え、現存する兵舎では国内最古になる。もともと駐屯地の内部にあったが、修復を兼ねて解体移築工事が行われ、二〇一四（平成二六）年、現在のかたちで公開されるようになった。

建物のつくりは和洋折衷で、フランス式トラス（三角形を基本単位とする構造の骨組み）の小屋に、和式の舟肘木（ふなひじき）や柱が組み合わされている。これは、明治初期に日本陸軍がフランスの兵制を取り入れていた名残だろう。二階の天井を見上げると、和洋折衷の箇所が確認できた。

この兵舎を利用した一六連隊は、まさに歴戦の部隊だった。日清戦争を皮切りに、日露戦争、シベリア出兵、満洲事変、日中戦争、ノモンハン事件にいたるまで数々の戦場を駆け抜け、大東亜戦争では、ジャワ、ガダルカナル、フィリピン、雲南、ビルマ、インドシナなどを転戦した。日中戦争下に同じ連隊区で臨時編制された一一六連隊（常設部隊に一〇〇を加算）も、中国各地で戦った。

こうした歴史を背景として、展示内容も多岐にわたった。たとえば、一六連隊に所属していた軍人のなかには、大東亜戦争でフィリピン攻略を指揮した本間雅晴（佐渡出身。一六連隊所属時は見習士官、中隊長）や、インパール作戦で鮮やかな撤退戦を指揮した宮崎繁三郎（ノモンハン事件時の連隊長）といった錚々たる人物が名を連ねている。また、新発田中学校出身で蘭印（オランダ領東インド。現在のインドネシア）攻略を担当した今村均についての展示もあった。

なかでも興味深かったのは、「麦と兵隊」（藤田まさと作詞、大村能章作曲）の解説だった。芥川賞を一躍有名にした〝兵隊作家〟火野葦平の同名小説をレコード化したこの軍歌にある「洒落た文句に振り返りゃ／お国訛りのおけさ節」という一節は、じつは「佐渡おけさ」を指し、一一六連隊の活躍を踏まえたものだったという。

わたしは軍歌に興味があるのでこの解説に感心していると、隣で案内役の男性自衛官が来館者の女性に解説を行っていた。友人か恋人か、「明治維新ってわかる？」とずいぶん砕けた口調だった。そのざっくりした説明がもったいなく感じるぐらい、展示内容はたいへん充実していた。

白壁兵舎を出たあとは、すぐ近くにある西公園にも立ち寄った。ここには戦争関係の慰霊碑が立ち並んでいる。そのなかでも目を引いたのは、一八九八（明治三一）年に建てられた越佐招魂碑だった。剣型の銅製碑という物々しい形状ながら、戦後も取り壊されることなく天を貫かんばかりにいまもそそり立っている。その威容は、かつての軍都新発田の姿を偲ばせてあまりあるものがあった。

失われゆく旧軍の遺構

つぎに、わたしは高田に向かった。新潟駅から高田駅までは直線距離で一一五キロもあるが、特急「しらゆき」に乗れば約二時間で到着する。

高田は新発田とは対照的に、新潟県内でもっとも新しい軍都である。歩兵第五八連隊や野砲兵第一九連隊、第一三師団司令部がおかれたのは、日露戦争後のことだった。

高田もまたかつて城下町だったが、明治維新により大名権力の庇護を失った。明治初期、そんな町を支えていたのが石油産業だった。郊外で油田開発が行われ（玄藤寺（げんどうじ）油田）、当時普及しつつあった石油ランプの需要に応えていたのだ。この地に早く鉄道が開通したのも（信越本線）、石油が関係したといわれる。

ところが肝心の資源がすぐに枯渇してしまった。こうして明治半ば、地域経済は窮地に立たされることになった。

そこで注目されたのが軍隊だった。町をあげての熱烈な招致運動が実り、一九〇八（明治四一）年に師団が入城し、高田は遅れて軍都となったのである。

その効果はすぐにあらわれた。没落しつつあった田舎町に、外国人までやってくるようになった。若き日の蔣介石が清国の留学生として滞在したのも、ここ高田の野砲兵連隊だった。

一九一一（明治四四）年にはオーストリア゠ハンガリー帝国のレルヒ少佐も来訪し、歩兵連隊で本格的なスキーを伝授した。そのため、高田は「日本スキー発祥の地」としても知られている。

そのほか、左右にピンと伸びた「プロペラ髭」で有名な長岡外史（ながおかがいし）や、『坂の上の雲』の主人公のひとり秋山好古（あきやまよしふる）なども、師団長として赴任してきている。

このように活況を呈していた高田に衝撃が走ったのが、やはり宇垣軍縮だった。全市民署名の嘆願書を提出するなどの努力もむなしく、第一三師団は廃止され、隷下の諸連隊も姿を消してしまった。

幸いにして、村松より歩兵第三〇連隊が、仙台より山砲兵第一連隊が移されるなどしたため、かろうじて軍都としての面目は保たれた。ただ、規模の縮小は否めず、地域経済への打撃は避けられなかった（新潟第三の軍都村松からみれば連隊を奪われたかたちになる）。

現在、歩兵連隊の跡地は市営住宅などに変わっており、記念碑ぐらいしか残っていない。あまり歴史は継承されていないようで、平成初期より高田で働いているというタクシー運転手にも「はじめて来ました。自衛隊関係者ですか」と聞かれるくらいだった。

陸自の高田駐屯地は、高田城跡の南、かつての野砲兵連隊（軍縮後は山砲兵連隊）の衛戍地に位置している。そしてそのなかに一棟だけ、旧軍時代の建物が郷土記念館という名前

高田駐屯地郷土記念館

で残されている。だが、事前予約が必要なこともあり、一般にはほとんど知られていない。

営門で手続きを済ませ、案内された建物は、見るからに古びていた。木造の一階建てで、外壁はくすんだ木の板で覆われ、屋根も茶色く色褪せている。一九〇八（明治四一）年、将校集会所として建てられたものだという。

渡されたパンフレットも、厚紙にプリントアウトして折りたたんだらしき簡素なもので、表紙の文字が少し滲んでいた。

案内役の自衛官から「換気が悪いので、気分が悪くなったら申し出てほしい」「ケースが古いので、寄りかからないように」などとの注意を受けながら、恐る恐るなかに足を踏み入れた。さっそく床がミシリと不吉な音を立てた。

展示室はこぢんまりとしていたが、ガラスケースには軍服や勲章などがびっしり並べられていた。ただ、旧連隊の遺物は戦後の混乱期に散逸してしまい、現在の収蔵品は戦後になって寄贈されたものばかり。なかには、敗戦時に処分されたはずの連隊旗が展示されていたが、レプリカかどうか詳細は不明とのことだった。蔣介石にかんするコーナーも設けられていたものの、やはり留学時代の資料は見当たらなかった。

さきの自衛官によると、郷土記念館はあまり広報していないという。駐屯地の真ん中にあるので自由な出入りがむずかしく、大勢に予約されても対応ができないからだった。その結果、この建物は限られたひとだけが知る存在となっている。

高田駐屯地には、かつてこれ以外に六棟もの旧軍遺構が残されていた。だが、老朽化で二〇一三（平成二五）年にすべて解体されてしまった。いまでは、旧砲廠で使われていた敷石だけが郷土記念館のまえに移設されて、わずかにその名残をとどめているにすぎない。この敷石も説明を受けなければ、見逃してしまっただろう。

新発田の白壁兵舎が二〇一四（平成二六）年に華やかにリニューアルオープンしたのと比べると、両者の違いはあまりに鮮明だった。

高田では、「新発田はうまくやっている」との声も聞かれたが、いまではこのように両者を比較する視点そのものが失われつつあるのではないか。しかもそこで巻き起こったのが、「基地よ出ていけ」の基地反対運動ではなく、「基地よ出ていかないで」という基地撤去反対運動だったことなど、ほとんど想像もできないにちがいない。

軍都もまた、熱狂と利害の狭間で揺れ動いていたのだ。せめてその経緯をここに記すことで、「下からの参加」の歴史への関心を読者に喚起したい。

第三二章

コスプレ乃木大将の戦争博物館

栃木県／戦争博物館、大丸温泉旅館
（2022年4月訪問）

那須の戦争博物館

日本有数の保養地、栃木県の那須高原。その中央を貫く街道を、一台の車が進んでいく。「あった、あった、ここや」。目的地に降り立った男性は、すぐさま「着替えたほうが面白そうやから着替えてきますわ」と一言、フィールドグレーの衣類を身にまといはじめた。胸に鉄十字、左腕に鷲、帽子に髑髏（どくろ）。ナチス親衛隊の制服だ。

ただし、門柱にひるがえっていたのは二旒（りゅう）の日章旗だった。いっぽうには「海軍省」、もういっぽうには「陸軍省」の看板が添えられている。男性に案内されて建物へ向かう。朽ち果てた戦車の脇を抜けると、そこには黒い肋骨服に白い髭をたくわえた、乃木希典そっくりの老人の等身大パネルが鎮座していた――。

これは、安原伸（やすはらしん）監督のドキュメンタリー映画『昭和九十年　栗林白岳（くりばやしはくがく）かく戦えり』（二〇一六年）のワンシーンだ。

舞台となったのは那須戦争博物館。現在も公開されており、誰でも見学することができる。いうまでもなく、完全に民営の博物館である。

昔から那須の珍スポットとして知るひとぞ知る施設だったが、撮影時から大きく変わった点は、二〇一九（平成三一）年に館長の栗林白岳が亡くなったことだろう。乃木希典のコスプレで有名だったかれは、終戦記念日の靖国神社に毎年その姿で参拝することでも知られていた。かれの死後、那須戦争博物館は戦争博物館と改称され、一般社団法人化された。

わたしが訪ねたとき、門柱は新しくなっており、日章旗と旭日旗がひらめいていた。陸海軍省の看板は消え、代わりに「皇軍の輝く戦果――アメリカの爆撃機B29の主輪展示中」との案内が掲げられていた。

この日が月曜日だったためか、ほかの来館者は見当たらなかった。受付で一〇〇〇円を払い、ところどころ黒ずんだ門をくぐって館内に踏み入った。

向かって左には海軍館、右には陸軍館があり、さらに「おもかげ展示館」や立ち入り禁止の附属施設が点在している。ほぼすべて平屋建てながら、建物面積は少しまえのデータで四二〇坪。小さな市営美術館くらいの広さを誇っている。

もっとも、オープンから三〇年以上たっているだけあって、どの建物も老朽化が著しかった。塗装やトタンの剝がれ、ヒビ割れや変色は数え切れず。展示されている兵器も、九七式中戦車だ、ゼロ戦のエンジンだと威勢はいいものの、多くが野ざらしなので錆や汚れが目立っていた。「現在日本にはこれのみ」「米国国防省払下」などという大仰な説明は真偽不明だったが、それならばもっと大事に保管してはどうかと思わずにはいられなかった。

戦争博物館という場所は、ナショナル・プライドに直結する。そのため途上国であっても、政府が力を注いで鉄筋コンクリートの壮麗な施設をつくり、できるだけ美しく、明るく、格好よく展示を整えようとする。だが、那須のそれはまったく逆を行っており、言い方は悪いが、まるで幽霊屋敷かガラクタ小屋のようだった。

おまけに、あちこちに貼られたパネルやメッセージがまた雑然とした印象を際立てていた。

大東亜戦争は、民族の自存自衛と、アジア解放の聖戦であった。／兵隊さんありがとう。／悲惨な敗戦は、二度と繰り返してはならない。シベリヤ抑留、残留孤児、米軍の都市攻撃による、非戦闘員虐殺、ありもしない南京大虐殺、従軍慰安婦、強制徴用工問題、すべて敗戦が原因である。

内容は勇ましいものの、家庭用プリンタで印刷されたような紙で貼り付けてあるので、かえって痛々しく感じてしまう。しかもそのそばには、戦車のまえにミリタリーコスプレをしたアイドルグループのパネルが置かれていて、なかなか理解が追いつかなかった。

なるほど、展示物の数は多い。ガラスケースのなかには、軍服、軍旗、勲章、銃火器、軍事教典、軍艦模型、記念品、ポスター、レコードなどがところ狭しと並んでいる。パンフレットによれば、収蔵品は一万五〇〇〇点にのぼるという。すべて本物かどうかはともかく、見応えがあることはたしかだった。

ただそのいっぽうで、首をかしげたくなる展示も少なくなかった。

たとえば、二八年間グアムのジャングルに潜伏していた元軍人・横井庄一(よこいしょういち)の隠れ家を再現したコーナーがそうだった。横井は帰国時に「恥ずかしながら帰って参りました」ということばを残したことで知られている。そのため、かれの物語を通じて戦争の悲惨さを伝えようとする意図はわからないではない。ただ、経年劣化で横井を模したマネキンの右腕がちぎれて足元に転がっていたのはいただけなかった。マネキンの顔色も悪かったので、まるでホラーのコーナーのようだった。

ほかにも、なぜか江戸時代の小判コーナーがあったり、竹内文書（神武天皇以前に存在したとされる超古代の天皇を記した偽書）にもとづく架空の皇統譜が掲げられていたり、とにかく展示内容はカオスだった。

極め付きは、海軍館の奥に展示されていた栗林の学位記だった。一九九八（平成一〇）年に軍事学一般で名誉博士号を取得したと書かれている。だが、よくみると発行元はイオンド大学。同大は、国際的に正式な大学と認められておらず、学位商法をやっていると批判されることもあるところだ。そのため、「歴史的資料・収集品の研究」と記された栗林の専門欄には、もはや突っ込む気力さえ起きなかった。

謎多き栗林白岳

この栗林とはどういう人物だったのか。

栗林白岳（本名、秀行）は一九二八（昭和三）年、長野県に生まれた。一九四二（昭和一七）年、一四歳で満蒙開拓青少年義勇軍として満洲に渡り、翌年、関東軍に入って獣医部に所属した。終戦後はシベリアに抑留され、一九四六（昭和二一）年に帰国した。

その後、神戸で飲食業などを手掛けたものの、うまく行かずに夜逃げをよぎなくされた。千葉の九十九里まで落ちのびたものの、こんどはヤクザの情婦との関係を疑われてふたたび逃亡。最終的に満洲時代のツテを頼ってたどりついたのが、那須の地だった。つまりここに戦争博物館があるのは、まったくの偶然にすぎない。

栗林が前身の戦史資料館を那須町に開いたのは一九八三（昭和五八）年。そこからやや北の現在地に移転して、那須戦争博物館に改称したのが、一九八九（平成元）年のことだった。

そして平成年間に、栗林は急速に有名になっていった。年二回開かれる「陸海軍軍楽隊合同演奏会」という軍歌と軍装イベントの主催を引き継ぎ、終戦記念日には靖国神社に軍装で参拝。乃木の姿で模擬刀を振るい、軍装コスプレ集団を率いる姿は、いつしか夏の風物詩となり、国内外のテレビで広く報道されるようになった。そのため、「ああ、あのひとか」と思い当たるひともいるかもしれない。

わたし自身、二〇一二（平成二四）年春に開かれた第三七回「合同演奏会」開会式で、教育勅語と軍人勅諭をうやうやしく奉読する栗林の姿を目撃したことがある。ああみえてその思想は偏っておらず、まともなひとだったという証言もあるが、わたしには素直に頷けなかった。なお那須では、栗林は乗馬して近所のラーメン店にあらわれることもしばしばで、「名物館長」として知られていたらしい。

栗林がどうしてこれほどの活動資金をもっていたのか、どのようにして海外から兵器の残骸を運び入れるという大事業を成し遂げたのか、よくわからない点も多い。ただ、かれが軍装を乃木風にしていた理由は容易に想像できる。というのも、那須は乃木とゆかりの深い土地だったからである。

乃木も浸かった野趣たっぷりの温泉

那須塩原駅から車で南へ約一五分進むと、西那須野駅の東に位置する乃木の別邸跡にたどりつく。避暑地の別邸などというとぜいたくに聞こえるが、ほかの貴族顕官のように大枚をはたいて得たのではなかった。この場所は、もともと静子夫人の叔父が所有する農園だったが、かれの急逝にともなって、乃木の手に渡ったものだった。

乃木はここに自身で設計した粗末な母屋を建て、数度の休職期間中、夫人とともに農作業をしながら過ごした。残念ながら、この建物は一九九〇（平成二）年に不審火で焼失してしまった。過激派の犯行といわれる（一九九三年、再建）。現在そのすぐ南には、全国に六社ある乃木神社のひとつ、那須乃木神社が建っている。

那須はまた温泉郷としても知られており、乃木もしばしば足を伸ばしていた。ひいきにしていたのは、その地でもっとも高所に位置する大丸（おおまる）温泉旅館だった。山道を登り切ったさきにある一軒宿で、いまも秘湯の名をほしいままにしている。

ここはさすがに遠く、那須塩原の駅から車で四〇分弱かかる。旅館のまえにたどりつくと、建物につづく橋の下から白い湯気が立ち上がり、こんこんと溢れ出る湯はかけ流しにされて、そのまま川となって流れていた。ここの源泉は那須御用邸にも引かれる名湯だという。あまりに豊富な湯量に圧倒された。

チェックインを済ませ、さっそく露天風呂におもむくと、複数の岩風呂が階段状に配置されており、そこに源泉が滝のように注がれ、ダム湖のように水を湛えていた。湯のなかをザバザバと歩くと、水底にたまった砂利が素足をチクチクと刺激して野趣たっぷり。まさに湯の川と呼ぶにふさわしい風景だった。

乃木がはじめてこの温泉を訪れたのは一八九〇（明治二三）年のこと。それ以来、ときに母や妻をともなって毎夏のようにやってきた。そうするうちに、乃木はかいがいしく世話をしてくれる跡取りの少年を気に入り、学習院院長時代の一九〇八（明治四一）年、かれを書生として取り立てた。この少年が、のちにこの宿の三代目主人となる大高市左衛門だった。乃木はかれに、日露戦争で亡くなった息子たちの影を重ねていたのかもしれない。

乃木が滞在した建物は残っていないが、ロビーにはかれの遺品が展示されており、その余香（よこう）を感じさせた。ガラスケースには名刺、書簡、日記などが数多く並び、実際に使用したとされるスリッパはすっかり黒ずみ、食器や筆記具にも飾り気がないものだった。乃木はここでも相変わらず乃木らしさを保っていた。

乃木夫妻が一九一二（大正元）年、明治天皇のあとを追って殉死したのは、大高が書生

乃木希典が使用したスリッパや食器

を務めていたときだった。そのような経緯もあり、大高は終生、乃木のことを語りたがらなかった。ただ、ロビーにはその例外となるインタビューが掲げられており、貴重さに目を奪われた。

これを読むと、乃木がなぜあえてこの高所まで足を伸ばしていたのかがわかる。いわく、「ここの温泉が持病の痔によかったのでしょうか、それ以後も明治四十四年まで、よくお出かけいただけました」。知りたくもない乃木の下半身事情を知ってしまった。

それとともに、乃木が馬や山駕籠でせっせとこの地を訪れていた姿が目に浮かんだ。那須乃木神社から大丸温泉旅館までは三五キロほど。そのほぼ真ん中に戦争博物館が存在しているのは、奇妙なめぐり合わせというほかない。しかも乃木も栗林も、那須との関わりはまったくの偶然によるものだった。明治に拓かれた那須野原が、思わぬ接点をもたらしたのである。

そう考えると、戦争博物館もたんなるキワモノではなく、近代日本の大事な痕跡のひとつとして捉えられるべきではないかと感じる。歴史というものは、その折々のもっともらしさ、小綺麗さ、政治的正しさだけでは語れない。猥雑さ、怪奇さ、愉快さも含めて、その全体で味わうべきものだ。その意味で、このような施設が公金に左右されない民間の手で運営されていることは非常に意義深い。価値観の多様性を真に守ってくれているのは、こうした存在なのではないだろうか。

第三三章

「救国おかきや」の本物志向

兵庫県／皇三重塔、中嶋神社
（2023年3月訪問）

播磨屋本店の皇三重塔

「天皇陛下お助け下さい　安倍餓死地獄で日本が滅びます」「ご聖断を仰げ安倍総理　陛下は全てお見通しぞ」。そんな文言がデカデカと記された大型トレーラーに見覚えはないだろうか。二〇一〇年代、国会周辺や銀座などを走っていた「スメラギ世直し特別広報隊」と称する宣伝カーだ。三台編成で進む姿は迫力満点で、SNS上でも「なんだこれは」と写真の投稿が相次いだ。

運営していたのは、兵庫県朝来市に本社をおく米菓メーカーの播磨屋本店。おかきの味に定評のある名店であり、かつて港区虎ノ門という超一等地に東京店を構えていたこともあった。

それなのに、公式サイトにアクセスすると「日本を救い世界を救う　覚者の神知と天皇の威徳　合体すれば全知全能　徳仁よ二人して世を救おうぞ」と大きな文字がまず飛び込んでくる。おかきの注文どころではない。

この「覚者」とは、同社社長の五代目播磨屋助次郎（本名、阿野拓夫）氏のこと。くだんの宣伝カーは、この社長みずからが運転して兵庫県より連れてきていたという。あまりに頻繁に上京するあまり、定宿の向かいにあったサイゼリヤ築地店のトマト風味スパゲッティーにハマり、新商品「夕焼けトマト」を開発するにいたったという冗談みたいなエピソードまである。

同氏は、平成末に「徳仁天皇の守護神になれとの神勅を受けた」と主張しており、宣伝カーで盛んに呼びかけていたのも現天皇だった。

どうしてこんなことになったのか。その謎を解くべく、わたしは兵庫県豊岡市にある「救国おかきや」の豊の岡工園店に向かった。

※現在、同社の宣伝カーはトレーラー一台のみで活動を再開している。また同社のウェブサイトは頻繁に更新されるため、文言などはいずれも取材時のものである。

伝統工法で建てられた未来の重要文化財

豊の岡工園店は、同社の主力工場と販売店を兼ねる施設である。なぜ朝来市の本社を選ばなかったかといえば、ここには二〇一八（平成三〇）年に建立された皇三重塔があるからだ。

北近畿に属する豊岡市へは、大阪や京都から特急に乗って約二時間かかる。城崎温泉が有名な観光名所だが、今回は豊岡駅よりタクシーですぐ目的地に向かった。一五分ほど走ると、広大な駐車場内にそびえ立つ巨大な和風建築が目に飛び込んできた。高さは約二五メートル。門には菊の御紋が輝き、周囲の豊岡中核工業団地のなかでひときわ異彩を放っていた。

この塔も宣伝カーと同じくキッチュな代物か——と思いきや、調べてみると意外と本格的なものだった。

施主である播磨屋社長は、兵庫県揖保郡太子町にある斑鳩寺の三重塔（室町後期に建てられた重要文化財）をモデルに、日本の伝統的な手法で建てたいと希望した。とすると、伝統工法の木造以外に選択肢がない。だが、当然ながら新しい建物を建てるには現行の建築基準法を守らなければならない。今日において金属で補強しないで多重塔を建てるなど前代未聞だった。そのため、国交大臣認定の建築確認を取らなければならず、構造計算に取り掛かり着工にこぎつけるまで、約二年もの歳月が費やされなければならなかった。

このような苦労により、皇三重塔は現行法のもとで「我が国古来よりの木組の技術のみで構造的に安全であると公に認められた日本で初めての多重塔」となった（生田光晴「現場ワークショップ参加レポート　第5回現場ワークショップ〔播磨屋本店皇三重ノ塔新築工事〕に参加して」『文化財建造物研究』二〇一七年三月）。

立命館大学歴史都市防災研究所の鈴木祥之氏もこの塔について、「100年後には重要文化財となるでしょう」と評価している（「三重塔・五重塔を建設する　本格的な伝統工法で」。同研究所ウェブサイト掲載）。

あらためて塔を見上げてみた。まだ新しさが残っているものの、これがときを経ていい具合に古びてくれれば、たしかに文化財と見分けがつかなくなるかもしれない。

ただし、塔下に立つ建立趣意の看板にはやはり剣呑なことが書かれていた。

いわく、現在の人類は「近代西洋物質文明」により、環境破壊などの重大な問題に直面している。これを解決できるのは、日本古来の「純粋精神文明」しかない。徳仁天皇は

「人生の真実」に目覚め、「再来のアマテラスすなわち救世覚者天皇」に大変身する可能性が高い。そこで、その誓願のためにこの三重塔を建立した――。

なるほど、だからこそ天皇に「目覚めよ」と呼びかけているわけだ。社長氏の危機感は相当なもので、インターネット・アーカイブで同社ウェブサイトをさかのぼると、宣伝カーの文言もだんだんと切羽詰まったものになっていったことがわかる。「奉祝　救世覚者天皇ご即位　自然回帰宣言ご渙発」（二〇一七年）。「今上天皇への緊急警告　天皇が天皇モドキに甘んじたままでは日本は人口激減と超食糧難で滅亡する」（二〇一八年）。「徳仁よ重大写真を送った　大いなる己が天命を自覚し直せ」「徳仁よ地球を救え」（二〇一九年）。

またこの塔には、神体として現天皇の等身大木彫彩色立像が収められている。成婚時の若い姿を模したもので、束帯をまとっている。掲示されている写真を見る限り、橙色の上着を着用しており、これは皇太子専用の黄丹袍（おうにのほう）と思われる。さきの建立趣意書によれば、東京藝術大学大学院教授の籔内佐斗司（やぶうちさとし）氏が手がけたという。籔内氏は奈良県のキャラクター「せんとくん」の作者として知られるが、この作品は非常にリアルな造形だった。こういうところに手を抜かず、その道のプロに依頼しているところに、社長氏の並々ならぬ熱意が感じられた。

いよいよ販売所に向かった。横長の建物が池のほとりにたたずんでいる。瓦葺きの屋根は伝統的なおもむきだったが、二階部分がガラス張りで、全体的にはモダンな印象を受けた。

建物に入ると、ここはさすがに普通の店舗らしく、明るくきれいなつくりだった。先客たちが静かに商品を選び、贈答用に包装を依頼していた。二階からは工場の見学も可能だった。とくに目を引くようなスローガンが掲示されているわけでもなく、軍歌が流れているわけでもない。

おかきを購入するついでに、皇三重塔について訊ねた。だが、店員はことば少なく「詳しくは社長の本をお読みください」と答えるばかりだった。その本とは、カウンターの隅にもおかれていた『真実』という一冊。一九九七（平成九）年、同社より自費出版されたものだった（二〇一〇年改訂版が刊行された）。

この『真実』も目を通したが、社長氏の主張は、一九九〇（平成二）年に発行された小冊子『神々の革命』により明確に書かれている。

いわく、日本は「世界唯一の真理国家」であり、「人類五十億の救世主たるべしとの聖使命」を帯びている。その実現のためには、まず日本は天皇に大政奉還して「天壌無窮の理想の国体」に立ち返らなければならない。そうすれば、「神武建国以来の大いなる国家理想、『八紘為宇（いう）、四海兄弟』」はすぐに現実のものになるだろう――。

平成初期からこの調子なのだから、相当な筋金入りだといえる。もっとも、内容としてはとくに珍しいものではない。東洋の王道と西洋の覇道を対立させ、神武天皇が前者の理想を示していたとする点など、日蓮主義者・田中智学（たなかちがく）の主張そのものだろう。いうまでもなく、この智学こそ大正時代に『日本書紀』より「八紘一宇」を造語した人物である（「八紘為宇」はより原文に忠実な表現）。社長氏にオリジナリティがあるとすれば、典型的な国体論に環境問題を接続した点だろうか。

では、肝心の米菓の味はどうなのか。「おかき皇」という商品を試してみた。菊の御紋入りの包装にひとつずつ、分厚いおかきが入っている。口にすると、その大きさの割にサクッと軽やかな食感で、えびの香りが鼻孔をくすぐった。箱も立派なつくりで、贈答品として選ばれる理由がよくわかった。皇三重塔もしかり、肝心なところはしっかりとこだわる。同社が奇異の目で見られながらも、存続できている秘密はここにあるのだろう。

お菓子と天皇

ところで、豊岡市は「お菓子のまち」として知られている。「お菓子の神様」田道間守（たじまもり）を祀る中嶋神社が鎮座しているからだ。なんと、さきほど訪れた豊の岡工園店から北に二キロ弱の近さに位置している。

田道間守は、『古事記』や『日本書紀』に登場する人物であり、垂仁（すいにん）天皇（皇統譜では第一一代）の命を受けて常世国（とこよのくに）に非時香菓（ときじくのかくのこのみ）を求めに行った。しかし、持ち帰ったときにはすでに天皇は崩御していた。田道間守は、天皇の陵墓のそばで泣き叫び、そのまま息を引き

田道間守を祀る中嶋神社

取ったと伝えられている。

非時香菓は、いつも良い香りがする木の実を意味し、橘のことと考えられている。橘は昔から最上級の菓子とされていたため、田道間守は「お菓子の神様」として祀られるようになった。

全国には田道間守を祀る神社が点在するが、とくに中嶋神社はその生誕地とされており、由緒が深い。社号も、田道間守の陪冢とされるものが、垂仁天皇陵（奈良市の宝来山古墳）の水濠のなかで小島のように浮かんでいることに由来している。

境内を見渡すと、兵庫県菓子工業組合が建てた「お菓子の神様　田道間守命の生誕地」という石碑が立っていた。と同時に、気になる看板も見つかった。「文部省唱歌　田道間守」の歌詞が掲示されていたのだ。

かをりも高いたちばなを、積んだお船がいま帰る。
君の仰せをかしこみて、万里の海をまつしぐら、
いま帰る、田道間守、田道間守。

一番の歌詞を見ただけで、戦前の唱歌であることがなんとなく伝わってくる。この歌は、大東亜戦争下の一九四二（昭和一七）年三月に刊行された教科書に掲載された。そのため、お菓子の神様よりも天皇の忠臣としての側面が強く打ち出されている。

さきの看板によれば、毎年四月第三日曜日に開かれる菓子祭で、地元の小学生によってこの「田道間守」がうたわれているという。

お菓子と天皇。図らずも播磨屋本店とキーワードが重なっているではないか。いまのところ、播磨屋本店と中嶋神社が一緒に語られることはあまりない。だが今後はどうなるだろうか。

古来、多くの論者がみずからの思想を後世に残そうとしながら果たせなかった。だが、文化財となるようなものを建てれば、その由緒は何百年にもわたって語り継がれる可能性がある。土地の歴史と深い結びつきがあれば、なおさらだ。

この地に皇三重塔を建てたのは、深謀遠慮によるものなのか、それともたんなる偶然か。いずれにせよ、かつて廃棄されたはずの文部省唱歌が復活しているように、具象化した国体論である皇三重塔も、いずれ「お菓子のまち」の新たな名所として認知される日がくる

かもしれない。都内を走るキッチュなトレーラーを笑えようか。その主張のほうが、われわれの存在よりも息が長い可能性があるのだから。

第三四章

右翼民族派を駆り立てる歌

岐阜県／「青年日本の歌」史料館
（2023年5月訪問）

「青年日本の歌」歌碑

「左翼には『インターナショナル』などの革命歌がたくさんあった。それにくらべて右翼がみなでうたえる歌は少なかった。ひとつは『君が代』。もうひとつは『青年日本の歌』です」。二〇二三（令和五）年一月に亡くなった、新右翼の代表的な論客だった鈴木邦男氏が、かつてわたしにこう教えてくれた。

「青年日本の歌」は、一九三二（昭和七）年に五・一五事件を引き起こした海軍青年将校のひとり、三上卓（みかみたかし）によって作詞された。事件の二年前、佐世保軍港でのことだった（作曲者は、同港にいた軍楽隊の隊員といわれる）。

　汨羅（べきら）の淵に波騒ぎ　巫山（ふざん）の雲は乱れ飛ぶ
　混濁の世に我立てば　義憤に燃えて血潮湧く

冒頭の対句は、祖国の惨状を憂いて投身自殺した中国戦国時代の憂国詩人・屈原（くつげん）の故事を踏まえている。この屈原と同じように、自分も祖国日本の乱れに義憤が湧き上がるというわけだ。

「青年日本の歌」で重んじられるのは理屈や計算ではない。純粋な心意気である。男子たるものが人生をかけて立ち上がった以上、ことの顛末を云々しても仕方がない。そういう政治的ロマン主義がここでは謳歌されている。

功名何か夢の跡　消えざるものはただ誠
人生意気に感じては　成否を誰か論らふ

五・一五事件は、犬養毅首相を暗殺するという重大な結果をもたらしたにもかかわらず、減刑嘆願運動が広がり、実行犯たちは重罰をまぬかれた。三上も生き残り、戦後は右翼の活動家として三無事件などのクーデタ未遂事件に関与した。そのため「青年日本の歌」は、「昭和維新の歌」とも呼ばれ、右翼民族派にとってみずからの気概を示す歌として欠かせない存在となっている。

そんな「青年日本の歌」の史料館が、二〇二三（令和五）年五月一五日、岐阜市の岐阜護国神社の境内にオープンした。同日には、三上や犬養のほか、五・一五事件で殉職した警官、「昭和維新運動の先覚者」などを祀る大夢祭という催しもあわせて行われた。

当日の午前一一時、わたしが同社に足を運ぶと、すでに平常とは異なる独特の雰囲気が漂っていた。皺ひとつないダークスーツに、黒や紺のネクタイをしめ、磨き上げられた革靴を履いた大柄な男性たちが、あちらこちらで談笑していた。

この日は気温が高かったにもかかわらず、だれひとり服装を崩しておらず、一目で参列者たちだとわかった。年齢層は幅広いが、女性の姿はほとんど見当たらない。たいして、わたしはいつものように適当なジャケットを羽織っただけ。場違いな気もしたが、ここまできた以上、受付に向かい、大夢祭への参加希望を申し出た。

係員はやや怪訝な顔をしたが、費用を支払えば参加可能だという。ぎこちない手つきで毛筆を走らせ、名簿に名前を記す。すると突然声がかかった。「辻田先生ですか。軍歌の本、拝読しています」。

思わぬ反応に驚いたが、軍歌はいわば右翼界のラテン語ともいえる存在。かれらにとっては基礎教養のひとつであり、詳しいと一目おかれる。過去に軍歌をテーマに著作を出していたことがここで功を奏した。おかげで、何人かの関係者を紹介してもらうことができた。

三上卓の一言「岐阜に行け」

それにしても、なぜ岐阜護国神社に「青年日本の歌」の史料館が建てられたのか。三上は佐賀県出身であり、岐阜市にゆかりはない。当日の参列者のひとりで、三上の直弟子にあたる花房東洋氏にその理由を訊ねた。その答えは予想をはるかに超えるものだった。

「三上先生から『岐阜に行け』と言われたのです。なぜ岐阜なのかという説明はなかった。『これをしろ』も『このひとに会え』もなし。そして岐阜から到着の連絡をしても、『そうか』と言って電話を切られました」

三上は非常に寡黙なひとだった。戦後、参議院議員選挙に出馬したときも、演説をせず街頭で尺八を吹くだけだった。会話も禅問答のようで、防衛大学校の卒業生が教えを請いにきたときにはほとんど口を開かず、「天皇とは何でしょうか」という質問にのみ「そんなものは知らん」と突き放すように答えた。そして別れ際にポツリと「歴史を勉強しろ」とつぶやくぐらいだったという。

そのため、花房氏は言われるがまま、一九六八（昭和四三）年に岐阜市に移り住んだ。ところが、三年後に三上が亡くなり、ついにその真意は聞けずじまいになってしまった。「ゆかりのないところで、ひとりでやってみろという意味だったのかなといまでは思っています」

大夢祭は、そう振り返る花房氏によって、一九七四（昭和四九）年に岐阜市ではじめて行われた。大夢とは三上の号を指す。この祭は継続され、今回で五一回を迎えた。また一九七七（昭和五二）年には、三上の遺品などを保存する修養施設「大夢舘」の建物も同市内に完成した。

ただし、貴重な史料を永続的に保存するには心もとないということで、このたび岐阜護国神社内に史料館が設けられることになった。

興味深いのは、この史料館が大夢舘と護国神社が共同で設立した一般財団法人「昭和維新顕彰財団」によって運営されている点である。神社は宮司が交代すれば運営方針が変わる可能性もあるが、法人化することで史料の保全が確実になる。

これには名案だと膝を打った。これまでの取材を通じて、わたしは左派より右派のほう

「青年日本の歌」史料館

が石碑の建設に熱心で、永続性への配慮が行き届いていると感じてきた。朽ちかけた憲法九条擁護の看板がロードサイドに放置されている光景と対比すると、その違いは明らかだろう。「下からの参加」は、一時的な盛り上がりだけでは継続しない。こうした細やかな仕組みづくりも欠かせない。

それはさておき、さっそくオープンしたばかりの史料館を見学させてもらった。結婚式場の向かいにある建物の一階部分に展示室があり、看板が掲げられていた。

広さは学校の教室ぐらいで、規模としては史料館というより資料室に近い。ただ、展示されているものは非常に貴重で、三上が愛用した日本刀や拳銃の複製品、直筆の「青年日本の歌」の掛け軸などが揃っていた。そのほか、頭山満(とうやまみつる)ゆかりの茶碗や、五・一五事件に連座した人物たちの書などもあり、まるで右翼運動の一大展示場といったおもむきだった。

護国神社の境内には、一九八五（昭和六〇）年に「青年日本の歌」の歌碑が建てられており、二〇一九（令和元）年にも三上の絶筆と辞世の句を刻んだ碑が新たに加わった。三上の一言がきっかけで、ゆかりがなかったはずの岐阜市がいまやすっかり〝三上卓の聖地〟と化しているのである。

いまを生きるひとびとに呼びかける歌

そうこうしているうちに正午になり、神社の本殿で大夢祭がはじまった。参列者はおよそ六〇名。祝詞（のりと）と祭文（さいもん）が厳かに奏上され、筑前琵琶で「大楠公（だいなんこう）」が奉納された。そして最後に奉唱されたのが「青年日本の歌」だった。

この歌は全部で一〇番まであるものの、参列者の多くは歌詞カードに目を落とさず、しっかり覚えている様子だった。この歌がいまだ現役であることを強く印象づけられた。

大夢祭が終わったあと、今回の祭主を務めた大夢舘の現舘主である鈴木田遵澄（すずきだじゅんちょう）氏に話を聞いた。氏は熊本在住であり、この日のためにわざわざ岐阜までやってきていた。取材時、まだ三五歳。そんな若いかれにとって「青年日本の歌」とはどんな意味をもつ歌なのだろうか。

「日本をよくしたいという、維新運動をこころざす人間にとっては、励みになる、自分の魂を鼓舞する歌です」

鈴木田氏は二〇歳のとき、現役自衛官ながら国会議事堂で割腹自殺を図り、逮捕された過去をもっている。そのときに決起文に引用したのも「青年日本の歌」の一節だった。

ただし、歌の詳細を深く知るようになったのは、事件後に先述の花房氏と出会ってからだったという。この歌にはそれ自体でひとを突き動かすなにかがあったということなのだろう。

同じ「青年日本の歌」について関心をもっているのに、軍事マニア経由のわたしとはあまりにアプローチの仕方が異なり、思わず考えこんでしまった。

ところで、この「青年日本の歌」については、土井晩翠（どいばんすい）や大川周明（おおかわしゅうめい）の影響が色濃く見られることがしばしば指摘される。実際に、歌詞のかなりの部分が、晩翠の「星落秋風（ほしおつしゅうふう）五丈原（ごじょうげん）」や大川の「則天行地歌（そくてんぎょうちのうた）」からの引用で成り立っている。

しかし、これをたんなる剽窃（ひょうせつ）と片付けるのは適切ではない。

晩翠の「星落秋風五丈原」は、三国志演義の作り話なども引きながら、諸葛亮孔明（しょかつりょうこうめい）という英雄が君主への忠誠を尽くして命を捧げた姿を、七五調の詩句で「人生意気に感じては／成否を誰かあげつらふ」などと高らかに讃えている。明治時代に広く愛された絶唱だ。

三上は、この詩句を「青年日本の歌」に取り入れつつ、同時代の思想家である大川周明が政治結社のために作詞した「則天行地歌」の文句を接（つ）ぎ木するかのように加えた。「混濁の世に我れ立てば／義憤に燃えて血潮湧く」。この一節により、晩翠にはなかった「我」という存在が導入された。

三上の独創性は、この巧妙な接ぎ木にこそある。晩翠は、あくまで「過去・外国・架空」の英雄を讃えたものにすぎなかった。それは絶対的な他者だったため、いくらでも無責任に礼賛することができた。行動の結果なんてどうでもいい。いまここに心意気があるなら、それでいいじゃないかと。

しかるに、三上はそこに「いま・ここ・現に」存在する「我」を導入することで、現実の日本に接続した。そうして最後に、「吾等が剣今こそは／廓清の血に躍るかな」と、直接的な行動をうながす自らのことばでもって「青年日本の歌」を締めくくった。

この効果はきわめて大きかった。通常であれば、現実社会の問題にはさまざまな考慮が必要だが、三上は晩翠の野放図なロマン主義を取り入れることで、現実への懸念を取り払ってしまったのだ。その結果、「（かつて忠臣孔明がそうであったように）利害損得ではなく、心意気で立ち上がろうではないか」と、いまを生きるひとびとに呼びかけ、その心を掻き立てる歌が誕生したのである。

このような歌に触れて、気持ちが高まらないはずがない。現代日本で、このような影響力をもつポリティカル・ソングはほかに存在しないのではないか。合理的な計算を超えて、感情や意志で行動するよう呼びかけるこの歌は、今後も政治的な行動を刺激し続けるにちがいない。

世界的に暗殺事件が（未遂も含めて）多発している今日、このような歌の過去と未来にはもっと注目が集まってしかるべきだろう。今回、オープン初日に「青年日本の歌」史料館を取材したのはわたしひとりだけだったが、あらためてこの歌の内容を思い返し、急遽訪ねた自分の選択肢は間違っていなかったと確信を深めた。

第三五章

郷土史家と「萌えミリ」の威力

熊本県／高木惣吉記念館、軽巡洋艦球磨記念館

（2022年12月訪問）

高木惣吉記念館のポスター

世界初の安倍晋三像は、台湾南部の高雄市にある紅毛港保安堂に建てられた（第二章参照）。そこに近々訪問しようと考えていた矢先、たまたま訪れた熊本県人吉市の高木惣吉記念館で、紅毛港保安堂の文字が躍るポスターを見かけて思わず立ち止まった。

「二つの国の奇蹟／兩國奇蹟」

そう日本語と中国語で記されたそのポスターには、保安堂と高木記念館の情報が併記されており、中央にはやや古風なタッチのアニメ風キャラクターふたりが、こちらに向かって笑顔でポーズを決めていた。

ひとりは、セーラー服と短パンを着た少女。袖には「38」の数字が記され、背景に青天白日満地紅旗（台湾の旗）が描かれている。保安堂の公式艦娘「小蓬」なのだという。

もうひとりは、水色の髪に白いスカートを身にまとった少女。腰には日本海軍の短剣を帯びており、背景には日の丸が描かれている。こちらは明記されていないものの、高木記念館を擬人化したキャラクターなのだろう。

高木惣吉は人吉市出身の海軍軍人で、海軍省教育局長などを歴任し、大東亜戦争の末期には海軍大臣の米内光政をサポートして終戦工作に奔走した人物だ。最終階級は少将。終戦後は、東久邇宮内閣で内閣副書記官長を務めた。

二〇一〇（平成二二）年一〇月、高木の遺品や資料が、かれの親族が経営する人吉市の桃李温泉「季の杜 石庭」（現・いわくらの杜）の一角に収められ、記念館として一般公開された。今回、そこを見学に訪れた際に、前述のポスターに出くわしたのである。

しかし、同じく海軍に関係するとはいえ、なぜ台湾の廟と熊本の記念館が結びついているのか。その疑問を解くために取材を進めたところ、地元で活躍する郷土史家たちの存在が大きな要因であることがわかった。

高木記念館は二〇二〇（令和二）年七月にリニューアルされたが、そのときに展示解説を担当したのも、こうした郷土史家のひとりだった（本人の希望により匿名とする）。記念館に入ってすぐのところには、同氏の著作が何点か飾ってあり、とくに孫子の兵法などをわかりやすく解説した書籍が目を引いた。

中国古典の研究家が日本近代史の展示解説？　そう疑問に思って記念館の説明を読んでみたが、内容はきわめてオーソドックスだった。この手の展示はとかくイデオロギーが絡みやすいものの、細かいツッコミを横におけば、右にも左にも偏らず、かといって趣味にも走らず、とてもバランスが取れた解説が行われており、非常に好感をもった。

そもそも展示品自体が豪華だった。高松宮（たかまつのみや）から下賜された懐中時計をはじめ、山本五十六、米内光政、鈴木貫太郎、吉田茂、西田幾多郎（にしだきたろう）といった著名人たちの書などが並び、限られた展示スペースにもかかわらず、それらが時系列に沿って小気味よく配置されている。これにより、高木の人物像やその幅広い交友関係などがよく伝わってきた。

そして、先述の郷土史家たちが近代史の解説などに携わるなかで出会ったのが、高田又男海軍大尉だった。かれは保安堂で祀られている第三八号哨戒艇の最後の艇長であり、じつは細川藩士族の家系に属する熊本ゆかりの人物だった。

この事実を掘り下げた結果、保安堂とのつながりができ、二〇二一（令和三）年夏には保安堂と高木惣吉記念館の連携が実現した。さきに郷土史家たちの存在が大きいと述べたのは、こうした背景に理由がある。

公的な支援がないため、かれらはアニメやキャラクターを活用した広報活動にも注力している。その象徴が、さきほど目にしたポスターであり、高木記念館内にもアニメ「ガールズ&パンツァー（ガルパン）」のフィギュアなどが展示品に紛れて置かれていた。

歴史とサブカルチャーの距離が少々近すぎるのではないかと感じる部分もあるが、実際にこれが訪問者数の増加に顕著な効果を発揮しているのだという。

二〇一六年からはじまった慰霊祭

サブカルチャーの効用は、もうひとつの記念館を見学してより得心した。

じつは、高木記念館は保安堂以外にも、あとふたつ連携している施設がある。熊本県球磨郡湯前町の軽巡洋艦球磨記念館と、愛知県岡崎市の矢作神社（軽巡洋艦矢矧にゆかりの神社）がそれだ。これらの施設は、「『海軍』でつながる『慰霊と顕彰』の輪／以『海軍』爲紐帯的『追悼與榮譽』圈」と銘打ってアピールされている。

湯前町の軽巡洋艦球磨記念館は人吉市から遠くなかったため、予定を変更して訪ねることにした。

球磨は、一九二〇（大正九）年八月に竣工した、五五〇〇トン級巡洋艦の先駆である。大東亜戦争ではおもに南方作戦に従事していたが、一九四四（昭和一九）年一月一一日、マラッカ海峡でイギリス潜水艦の雷撃を受けて沈没した。このように歴戦の軍艦ではあるものの、一般にはあまり知られていないため、記念館の存在自体が驚きだった。

いうまでもなく、球磨という艦名は熊本県南部を流れる球磨川に由来している。人吉市から球磨川を遡るように国道219号を北東に走ると、錦町、あさぎり町、多良木町を経て、約四〇分で湯前町にたどりついた。

車窓には米焼酎で有名な球磨焼酎の産地が広がり、晩酌を誘う看板がしばしば目に入った。また、第三セクターのくま川鉄道湯前線も並走していたが、二〇二〇（令和二）年の水害で大きな被害を受け、取材時点では完全復旧にいたっていなかった。

そして球磨記念館は、湯前城跡に鎮座する里宮神社の境内に建てられていた。同社はその名のとおり市房山神宮の里宮であり、神宮本体が市房山山腹の標高約八〇〇メートルに位置するため（宮崎県との県境近く）、参拝しやすいようにここに後宮が設けられたのだった。

しかし、いかに球磨川の上流とはいえ、なぜこの里宮神社に球磨記念館があるのだろうか。それは、球磨の艦内神社に市房山神宮の祭神が祀られていたからだった。日本海軍には艦名にゆかりのある神社より守護神を迎える伝統があり、球磨もその例外ではなかった。

軽巡洋艦球磨記念館

もっとも、この事実が明らかになったのは、戦後七〇年を経た二〇一五（平成二七）年のことだった。それを契機に、里宮神社では翌年から、球磨が沈没した一月一一日にあわせて慰霊祭が行われるようになり、二〇一八（平成三〇）年には、境内の遺族会館内が改装され、常設展示コーナーが設けられた。これが現在の球磨記念館である。三角屋根の木造平屋で、旭日旗が掲げられているので、遠目でも一目でそれとわかる。

館内に入ると、壁に掲げられた大きな天皇旗、軍艦旗、海軍大将旗などがまず目についた。展示物も「戦前の精神」を強調しており、軍人勅諭の掛け軸や、東郷平八郎が書写した教育勅語のレプリカ、「我国体之尊厳図」などが大量に並んでいた。

さらに慰霊祭の写真も展示されており、海軍の軍装に身をつつんだ男性三名が拝殿のまえでラッパを吹いている様子が写されていた。そして別の写真には、宮司の隣に久野潤氏の姿が確認できた。説明書きでは艦内神社研究者という肩書になっていたが、百田尚樹氏の『日本国紀』の監修者で、竹田恒泰氏が理事長を務める竹田研究財団の理事といったほうがわかりやすいかもしれない。

高木記念館よりもイデオロギー的に右寄りの印象を受けたが、展示解説はやはり前出の郷土史家が手掛けていた。たしかに、よく読むと一定の距離感を保ちながら歴史の背景が説明されていた。高木の遺品にくらべると、神社の展示物はどうしても国威発揚的にみえる部分があるのかもしれない。

全国から一五〇〇名の参加者が集まった「艦これ」イベント

だが、それ以上に興味深かったのは、展示コーナーの最深部にあるものだった。加賀、阿賀野、磯風、矢矧、時雨――。ブラウザゲーム「艦隊これくしょん（艦これ）」のフィギュアやマンガが本棚のうえに大量に積み上げられていたのだ。

「艦これ」は、海軍艦艇を少女に擬人化したキャラクターが戦うゲームであり、そのキャラクターを艦娘と呼ぶ。冒頭に紹介した第三八号哨戒艇の艦娘「小蓬」も、このゲームから着想を得たものと思われる（ただしこれはゲーム公式ではなく、保安堂のオリジナルである）。

もちろん、記念館には球磨の艦娘もしっかり展示されていた。

先述の「ガルパン」も「艦これ」も、いわゆる「萌えミリタリー（萌えミリ）」と呼ばれるジャンルに属し、二〇一〇年代後半、オタク文化のなかで爆発的に流行した。そのため、こうしたコンテンツは記念館の広報活動にも盛んに使われた。

球磨記念館がオープンした直後には、ファン主催の「艦これ」イベントが開かれて、里宮神社に全国から一五〇名もの参加者が集まった。当日は、コスプレイヤーが撮影に勤しみ、同人誌の即売会が開かれ、会場は大いに賑わったという（『人吉新聞』二〇一九年六月八日）。記念館内のグッズの多くは、こうしたファンからもたらされたものだった。

球磨という、けっしてメジャーではない艦艇の記念館が設立され、しかも多くのひとびとが遠方から集まってくる現象は、「萌えミリ」の隆盛なくしては考えられなかっただろう。そして、そこには軍装愛好者や保守系言論人も絡んでいた。「下からの参加」とは、このようなカオスと不可分なのである。

なかでもこの熊本の事例で特筆すべきなのは、やはり郷土史家たちの活躍だった。近年、高校教諭が多忙になり、郷土史の担い手が減っているとされるが、かれらの活動はまさに干天の慈雨ではないか。しかも展示解説が中立的なのがよかった。

高木記念館や球磨記念館の展示はカオスなようでいて、現代日本の一側面を確実に描写していた。民間運営のミュージアムなどをめぐる意義は、まさにこうした複雑な社会の層を掘り起こし、記録する営みにこそある。

日本国内にも、そして世界にも、まだまだ多くのそのような場所が眠っているはずだ。国威発揚が盛り上がりをみせるなかで、さらに取材を進めなければならないと、ますます決意が固くなった。

総論

国威発揚の四象限

本書では、国内外の約三五ヶ所をめぐり取材を行ってきた。この総論では、国威発揚という現象をあらためて総括してみたい。

国威発揚とは、ナショナリズムが再評価され、力を増している文脈において、政治と文化が複雑に絡み合って生じる現象全般を指している。その結びつきはきわめて混沌としており、しばしばファクトやエビデンスにもとづいていないものの、同時にその野放図さゆえにひとびとを動かす感情的な力の源泉にもなっている。その全体像を余さず受け止めるべきというのがわたしの考えだが、ここではその理解を助けるために、あえて図にまとめてみた。

縦軸は、政府など公的機関の「上から」の動きと、民衆や企業などの「下から」の動きを区別している。横軸は、「これを見せたい」と押し出すポジの動きと、「これを隠したい」と打ち消すネガの動きを区別している。

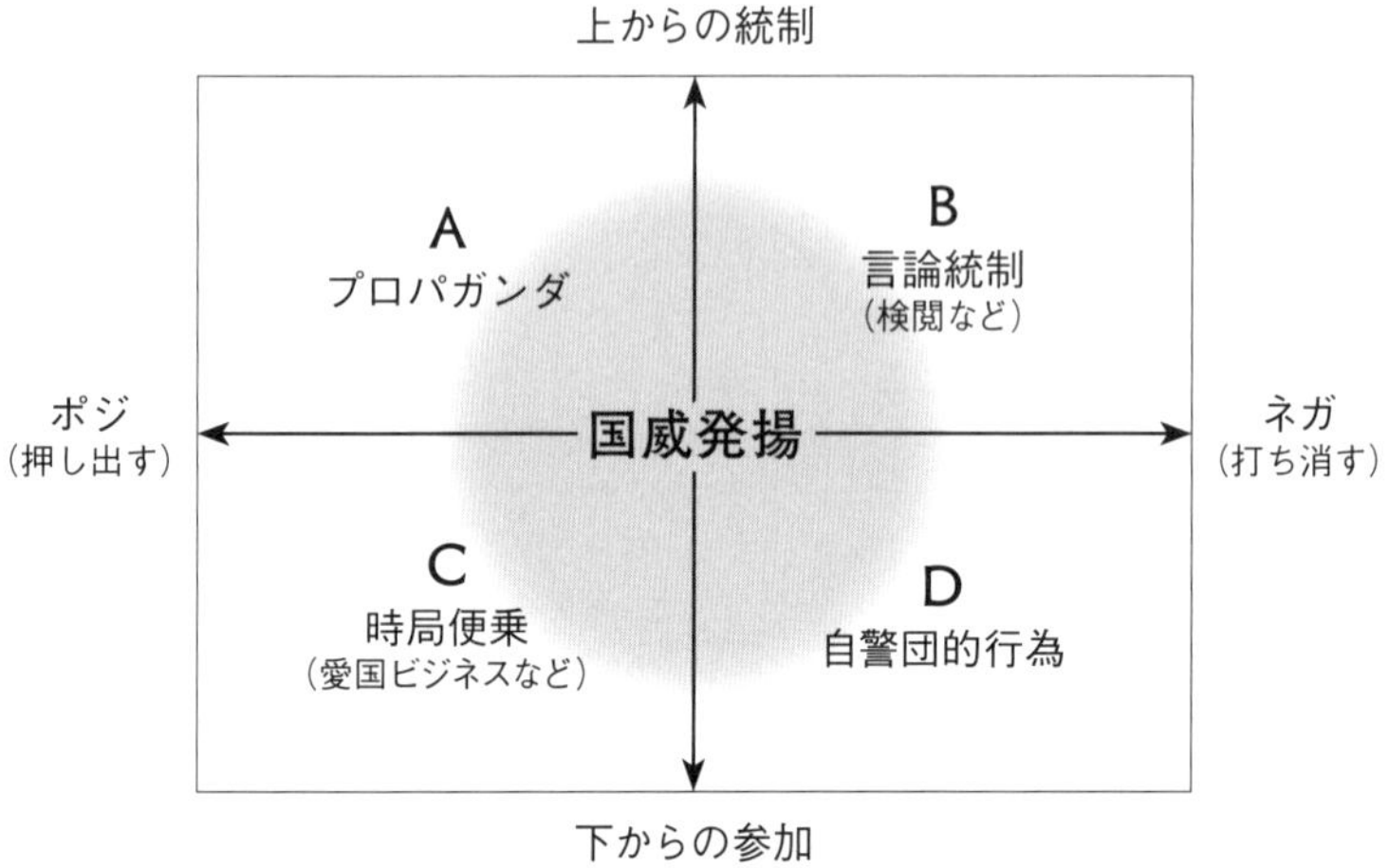

国威発揚の四象限

この図式にしたがえば、プロパガンダは公的機関の発信で「こういうものを見せたい」という動きなので、Aに該当する。反対に、公的機関が情報を打ち消そうという動きは、Bの言論統制（検閲など）と整理できる。

そのいっぽうで、愛国ビジネスは企業が時局に便乗して「これで儲かる」と押し出すものなのでCとなる。民衆はときに戦争に熱狂し、この愛国ビジネスを喜んで消費する。そのため、時局便乗とまとめるといいだろう。反対に、民衆が不愉快なものを暴力などで打ち消そうとする動きもある。コロナ禍における自粛警察がわかりやすいが、これはDの自警団的行為と名付けることができる。

もちろん、以上は図式的な理解にすぎず、実際はこれらが複雑に混ざり合っている。たとえば国策映画は、政府のプロパガンダという意味ではAだが、映画会社が時局に便乗して稼ごうとしているという点ではCである。

また、SNSで反政権的な発言をしたものが猛烈な誹謗中傷を浴びせられて沈黙を強いられるのはDだが、それを煽ったのが政権中枢に近い政治家だとすればBの要素も加わってくる。

本書で取り上げた各地の状況についても、このAからDまでの各要素が単独で存在するケースは少なく、それらが不可分に混ざり合っていることが多かった。

ここで強調したいのは、国威発揚という現象を考える際に、政府の動きを批判的に見るだけでは十分ではないということだ。以上の図は、より包括的な視点をもつうえで役立つだろう。わたしはこれを「国威発揚の四象限(しょうげん)」と呼んでいる。

「政治的正しさ」も国威発揚になりうる

従来の学説では、プロパガンダの効果は限定的だといわれてきた。ひとが特定のコンテンツを見ただけでたやすく洗脳されるほど単純ではないことは、日常的な感覚からも理解できることだろう。したがって、最先端のプロパガンダでたちまち思考を乗っ取られてしまうというような煽りは慎まなければならない。

わたしもこれまで「プロパガンダは効果がないかもしれない。しかし、まったくないとは断言できず、一定の効果がある可能性も排除できない。ゆえに、その効果が現れた場合に備え、過去の事例を知っておくべきだ」と控えめに主張してきた。

その意見に変わりはないものの、国威発揚というより広い枠組みで考え直すとき、それまでの理解は十分に有効だったかどうか、あらためて考えてみる必要はあるだろう。

たとえば、二〇二四年の夏に開催されたパリ五輪を考えてみよう。

この五輪の開会式については、多様性や環境に配慮が行き届いているとして、日本国内でも高く評価する声が上がった。なかには、東京五輪よりも素晴らしかったという意見もあった。だが、本当にそうだっただろうか。

注目すべきは、サーフィン競技の会場として仏領ポリネシアのタヒチが映し出された点である。なぜ、はるかに遠く離れた太平洋の島々がフランスの領土として存在しているのか。それは、植民地主義の結果にほかならない。

さらに、この仏領ポリネシアのムルロア環礁やファンガタウファ環礁において、フランスが一九六六年から一九九六年にかけて二〇〇回近く核実験を繰り返してきた事実も見逃してはならない。本国の環境を守るために、太平洋の島々が犠牲にされてきたわけだ。しかもその放射線量について、フランスが情報を隠蔽してきたことも、近年の調査報道で明らかになっている。

こうした背景に触れずに、恥ずかしげもなく多様性や環境保護を謳歌するパリ五輪の開会式をどうして称賛することができるだろうか。

わたしはここで、多様性や環境保護が重要ではないといいたいのではない。むしろ、フランスがこれらのスローガンを掲げることで、いかにして先進国としての地位を誇示し、国際的な立場を強化しようとしているのかを、冷静に見つめる必要があるといいたいのだ。言い換えれば、これは新たなかたちの国威発揚にほかならない。

これが、フランス政府のたんなるプロパガンダであれば、それほどの脅威ではなかっただろう。だが、パリ五輪への称賛には、フランスなどの西ヨーロッパを先進国として讃え、日本を含むほかの地域を後進国として位置づけたいという「下からの参加」が確実に存在していた。ヨーロッパ人だけでなく、日本人の「リベラルな出羽守（でわのかみ）」もそこに加わっていた。このことが、プロパガンダにたいする批判的な視線を明らかに曇らせていた。

軍事パレードだけが国威発揚の手段ではない。今後は、「政治的な正しさ」さえも利用される場面がますます増えていくだろう。そして、その主戦場はSNSだけではなく、リアル空間でのイベントと絡み合いながら展開されていくのである。プロパガンダも単独で考えるのではなく、「下からの参加」とセットで考えなければならない。

「レーニンのジレンマ」は超克されるか

また、あえてプロパガンダ単独で考えるにしても、新しい事態が生じつつある。

今日、「世界の再プロパガンダ化」のみならず、「プロパガンダのミクロ化」もまた進行している。第二次大戦の時代のように文化と政治がふたたび密接に結びつくだけではなく、その影響がＳＮＳを通じて個々人の生活に細かく浸透しているからだ。

アマゾンなどで商品を購入すると、その後に関連する商品が推薦される「ターゲット広告」という仕組みがある。情報が個々人の興味や関心にあわせてカスタマイズされているわけだが、これが政治宣伝と結びつくことで、「ターゲット・プロパガンダ」とでも呼べる新たな形態が台頭する可能性がある。

すでにその兆候はあらわれている。二〇二三年末、わたしがイタリア取材中にＸを開いたところ、血みどろの幼児の画像が流れてきて驚いたことがある。ハマスの残虐性を訴えるイスラエルのプロパガンダだった。ユーザーの位置情報などにもとづいて、特定の政治的なメッセージが表示される事態はすでに進行している。

これがもっと精密になった場合、われわれはどこまで冷静でいられるだろうか。たとえば、ある人物が中国問題と女性アイドルに関心をもっていた場合、その両者を組み合わせた動画や画像を優先的にＳＮＳ上などに表示させれば、相手の感情をより効果的に刺激できるようになるかもしれない。

困ったことに、生成ＡＩの発達によりプロパガンダの作成はきわめて容易になりつつある。これまでは、個々人にあわせてコンテンツを作成するのはコスト的に見合わなかった。ところが、いまや生成ＡＩがいとも容易に画像や動画などを作成してくれるようになった。

わたしのような文系の人間でも、少し操作を覚えるだけで、すぐに愛国的なポスターや音楽が作成できる時代に突入している。

かつてレーニンは、政治的な宣伝において「多数の思想を少数に伝えること」と「少数の思想を多数に伝えること」を分けて考えるべきだと述べた。多くの情報を伝えようとすると、その複雑な内容が理解できるのは一部のひとに限られてしまう。いっぽうで、できるだけ多くのひとに伝えようとすれば、その内容をシンプルに絞らざるをえない。これは、いわばレーニンのジレンマだった。

ところが、SNSの普及とAIの発達によって、「多くの情報を、(個々人の知力や興味にあわせてカスタマイズすることで)大勢に伝える」ことが、技術的に可能になりつつある。つまり、レーニンのジレンマは超克されつつあるのだ。

さきほども述べたように、従来の学説では、プロパガンダの効果は限定的だとされてきた。だが、この「プロパガンダのミクロ化」を踏まえるとどうなるのかについては、慎重に検討されなければならないのではないか。

さらに、あらためていうまでもなく、プロパガンダは単独で存在しているのではなく「下からの参加」をともなっている。

現在のSNS社会ほど、この「下からの参加」が容易な環境はない。だれもが手軽に情報発信できるからだけではない。アクセスを集めることで金銭的利益が得られるアテンション・エコノミーが成立し、これにより政治的なコンテンツが自発的に大量に作成される状況も生まれているからだ。

この新たな事態も踏まえながら、われわれは来たるべき国威発揚の台頭に向き合わなければならない。

「中間の態度」で国威発揚に向き合う

少し評論的な論述が続いてしまった。ただ、わたしは近現代史研究者・評論家としてこのような問題意識をもち、さまざまな分析を行ったうえで現地におもむいたことを強調しておきたかったのである。

では、今回の取材を通じて、国威発揚に向き合うための具体的な手がかりは得られただろうか。

序文で軽く述べたように、国威発揚には「偉大さをつくる」「われわれをつくる」「敵をつくる」「永遠をつくる」「自発性をつくる」という五つの要素が存在する。

国威発揚を行うには、なにより「われわれ」という存在がなければならない。国民、民族、大衆、人民などと呼び方は異なれど、ひとびとの群れが歴史の主人公として台頭した近代以降の時代において、その主体がなければなにもはじまらない。

ただし、この「われわれ」は急ごしらえであり、その輪郭は曖昧で、しばしば不確かなものだったりする。そのため、「われわれ」を明確にするために、「われわれならざるもの」、すなわち「敵」を設定することが欠かせない。

それだけではなく、その曖昧さをさらに補完するために、われわれを導く指導者や理念を「偉大なもの」として讃え、われわれの正当性を後世に伝えるため記念碑や建造物を「永遠のもの」として築き上げる必要もある。もちろん、これらの動きは強制的なものではなく、あくまで「自発的なもの」でなければならない。

だが、現地での取材を進めるなかで、これらの動きがかならずしも思惑どおりに機能していないことも浮き彫りになった。

国境地帯では「敵」とされる外部の勢力よりもむしろ内部での対立が深刻化していたり、「永遠」をうたうはずのモニュメントが放置されて草生（くさむ）していたりする。「われわれ」はなかなか一枚岩になれず、「偉大さ」はしばしば嘲笑の対象になり、「自発性」は予想外の方向へ逸れていくことも少なくない。

つまり国威発揚はきわめて不安定であり、つねに揺らぎを抱えた現象なのである。

こうした動員や拡散に不都合な現実を丁寧に拾い上げていくことが、アテンション・エコノミーが台頭し、歴史や文化が情報戦の弾丸となりつつある今日において、ますます重要になるだろう。

また、どれほどテクノロジーやメディアが発達しても、国威発揚のパターンは過去のそれと似通っている。そのため、歴史を知るだけでもそれがいわばワクチンのように機能して、目の前の現象を相対化してくれることもあるだろう。

ただしここで重要なのは、あたかも世界から超越したような視点に立って、ファクトやエビデンスを一方的に提示するだけでは、国威発揚の台頭に対抗することは到底できないということだ。退屈な情報を権威的に押し付けるような振る舞いで、「下からの参加」の興奮や楽しさには勝てるはずがない。まずは、ひとびとに自分に連なる歴史にたいして興味をもってもらい、それを楽しんでもらわなければならない。しかし、そのいっぽうで、完全に取り込まれることなく、適度な距離を保つ冷静さも求められる。

これはたんなる抽象論ではない。わたしは本書において、そのような「中間の態度」を実践的に示そうとしてきた。ここでいう「中間」とはもちろん、自分自身が中立的でまっとうであると居直ることではない。さまざまな現象を目の前にして、イデオロギー的に右寄りに見えたり左寄りに見えたりしながら、自分なりに考えてひとつずつ答えを出していく、緊張感をともなった日々の行動を指している。

わたしは、国威発揚にたいしてかならずしも嫌悪感を抱いているわけではない。むしろ、その現象に強い関心をもっているからこそ、ここまで多くの場所を訪れてきた。だが、それらを全面的に肯定しているわけでもない。このようなわたしの二重性は、今回のルポルタージュのいたるところにあらわれている。

今後、国際情勢の混迷とともに、ナショナリズムの再評価はますます進むだろう。メディア上などで日本の若い世代と話して、愛国心が屈託なく語られる場面に出くわして驚かされることがある。それが、戦後八〇年と昭和一〇〇年という大きな節目を迎えようとしている今日の現実でもある。こうしたなかで、ナショナリズムや愛国心について（もちろんその危険性を含めて）適切に語る、新しいやり方が求められている。本書は、そうした状況にたいするわたしなりの応答でもある。

そのため、本書ではこれまでの著作にくらべて、自分自身の感情や感想も積極的に書き加えることにした。いうなれば、「青年日本の歌」のように「我」を導入することで、超越的な視点に立ってものごとを一刀両断しないようにできるだけ心がけた。ＡＩの時代になり、人間の実存的な側面が（ＡＩでは代替できないがゆえに）かえって再評価されるのではないかという考えもあった。

こうした一連の取材と分析を通じて、わたし自身、歴史との関わりかたを見つめ直すいい機会となった。そこでやはり強く引き付けられたのは「二流の歴史」が残した痕跡だった。これほど、人間臭く、面白く、生々しい記録がまたとあるだろうか。

だからわたしはこれからも、まだ見ぬ「二流の歴史」を求めて地道に取材を進めていきたいと考えている。そして、ますます高まる国威発揚との適切な付き合いかたを、畢生（ひっせい）の事業として、さらに究めていくつもりである。

あとがき

本書は、二〇二二年一月から二〇二四年八月まで『文學界』に全三二回にわたって連載した「煽情の考古学」をまとめたものである。ただし、単行本化にあたっては大幅に加筆修正を行い、原稿の順序を入れ替え、さらに書き下ろしも追加した（一三、一四、二〇章）。また、『ゲンロン』『中央公論』『文藝春秋』に掲載した拙稿も一部使用した（七、二一章、総論）。そのため、ほとんど別ものといってもいい内容になっている。

本書を通読された読者は、「よくもこれだけ毎月のようにあちこちに取材に行けたものだ」と思われるかもしれない。もちろん、『文學界』から取材費はもらっていたが、それに加えて大きな支えとなったのは動画配信からの収益だった。

わたしは、コロナ禍のさなかにあった二〇二一年一一月より「辻田真佐憲の国威発揚ウォッチ」という番組を開始し、現在も、配信プラットフォームのシラスとユーチューブで放送を行っている。その名のとおり、国威発揚にかんする現象やニュースを定点観測するという内容だ。

コロナ禍でステイホームが叫ばれていた時期にあたったこともあり、幸運にも多くの視聴者に恵まれた。そのなかには、国内外での取材に協力してくれるかたもあらわれた。おかげで、円安が進むなかにあっても、米国の東海岸や西ヨーロッパに二週間近く滞在するという贅沢な取材もできた。

今日、本書のようなノンフィクションはますます厳しい状況におかれている。このジャンルは取材に多くの経費がかかるにもかかわらず、それほど多くのリターンが見込めるわけではない。それなのに、以前のように経費を潤沢に使うことはむずかしくなってきている。

わたしは一九八四年生まれだが、同世代の物書き志望者の少なからずが、経済的な理由から大学などの組織に就職する道を選ばざるをえなくなっている。とりあえず、安定した身分を得ようというわけだ。しかし研究機関に属すると、専門分野にとらわれて横断的な執筆がしにくくなったり、事務仕事に追われて自由な時間を確保することがむずかしくなったりすることがある。

物書きという仕事は、できるだけ自由でなければならない。どんなテーマでどんな本を書こうが、基本的には問題はない。もちろん、書いた内容に責任はもたなければならないが、専門分野にとらわれる必要はない。このような自由さ、そして時間的な余裕をどのように確保するかが、われわれの世界ではいま大きな課題となっているのである。

そのような状況のなかで、経済的な自立と自由な執筆を両立するためには、新しいアプローチが必要だった。そのひとつの解答が、執筆と配信のベストミックスを模索することだった。本書は、わたしなりのささやかな試みの一環でもある。

より配信に重きをおき、ユーチューバーのような道を選ぶことも考えなかったわけではない。しかし、わたしはそれでも書籍を書くことにこだわりたかった。この形式があればこそ、厳しい目をもつ読者層に向けて内容を磨き上げ、さまざまな文献を読み、知識を深めることができる。継続的な配信も、この作業があってはじめて成り立つものだった。この試みがうまくいっているかどうかは、読者のご判断にお任せするほかない。

以上の経緯を踏まえれば、わたしのチャンネルをご覧いただいている視聴者の方々に、まず心よりお礼を申し上げなければならない。みなさんのご支援のおかげで、これまで幅広い取材活動を行うことができた。取材先で協力してくださった方々にも深く感謝の意を表したい。

そして末筆ながら、「煽情の考古学」連載時には、文藝春秋の波多野文平氏、山本菜月氏にご担当いただいた。さらに、単行本化にあたっては、中央公論新社の山田有紀氏にご担当いただいた。ここに記してお礼を申し上げる次第である。

〈18章〉靖国寺、ウトロ平和祈念館
〈11章〉HOTEL賀名生旧皇居、吉水神社
〈7章〉伴林氏神社、教育塔
〈33章〉皇三重塔、中嶋神社
〈19章〉隠岐諸島
〈30章〉高島行宮遺阯碑、神武天皇像
〈21章〉みどりの塔
〈6章〉向山文庫、伊藤公記念公園
〈5章〉奥村五百子女史像
〈5章〉陶山神社
〈9章〉久留米駐屯地広報資料館、山川招魂社
〈17章〉軍艦島
〈8章〉橘神社
〈35章〉高木惣吉記念館
〈35章〉軽巡洋艦球磨記念館
〈8章〉広瀬神社
〈10章〉横山隆一記念まんが館
〈10章〉旧繁藤小学校
〈29章〉湯の峰温泉
〈29章〉湯泉地温泉
〈29章〉入之波温泉
〈25章〉中之院
〈25章〉熊野宮信雅王御塋墓
〈22章〉可睡斎
〈3章〉安倍神像神社
〈17章〉産業遺産情報センター
〈32章〉戦争博物館、大丸温泉旅館
〈23章〉高村智恵子記念館
〈24章〉佐藤信淵顕彰碑
〈23章〉鳥谷崎神社
〈24章〉秋田県民歌碑
〈16章〉根室市役所、納沙布岬
〈31章〉白壁兵舎広報史料館
〈31章〉高田駐屯地郷土記念館
〈34章〉「青年日本の歌」史料館
〈15章〉尖閣神社、戦争マラリア慰霊碑

本書で取材した場所（日本国内）

参考文献

第一部

有田町史編纂委員会（編纂）『有田町史』有田町、一九八五～一九八八年。

泉山区史編纂委員会（編集）『泉山区史』泉山区史編纂委員会、一九九六年。

林志弦『犠牲者意識ナショナリズム　国境を超える「記憶」の戦争』澤田克己訳、東洋経済新報社、二〇二二年。

岩田礼『天皇暗殺』図書出版社、一九八〇年。

鵜飼秀徳『仏教の大東亜戦争』文春新書、二〇二二年。

笠井亮平『第三の大国　インドの思考　激突する「一帯一路」と「インド太平洋」』文春新書、二〇二三年。

中島岳志『ヒンドゥー・ナショナリズム　印パ緊張の背景』中公新書ラクレ、二〇〇二年。

前川正名「鳳山区紅毛港保安堂について」『中国研究集刊』六〇号、大阪大学中国学会、二〇一五年、一二一三～一二一四ページ。

守田佳子『奥村五百子　明治の女と「お国のため」』太陽書房、二〇〇二年。

ワシントン・ポスト取材班、マイケル・クラニッシュ、マーク・フィッシャー『トランプ』野中香方子ほか訳、文藝春秋、二〇一六年。

第二部

賀名生村史編集委員会（編）『賀名生村史』賀名生村史刊行委員会、一九五九年。

岩崎義郎『土佐人の銅像を歩く　竜馬・慎太郎から万次郎へ』土佐史談会、二〇〇三年。

遠藤慶太『日本書紀の形成と諸資料』塙書房、二〇一五年。

遠藤慶太、高島正憲、福島幸宏（編）『伴林氏神社史料』フォーラム・A、二〇〇二年。

金子展也『台湾旧神社故地への旅案内　台湾を護った神々』神社新報社、二〇一五年。

金子展也『台湾に渡った日本の神々』潮書房光人新社、二〇一八年。

北村西望『百歳のかたつむり』日本経済新聞社、一九八三年。

小坂智子「公共空間の彫刻をめぐって《平和祈念像》の問いかけるもの」『長崎国際大学論叢』第四巻、長崎国際大学研究センター、二〇〇四年、八三〜八六ページ。

辻田真佐憲『「戦前」の正体　愛国と神話の日本近現代史』講談社現代新書、二〇二三年。

中原静子『難波大助・虎ノ門事件　愛を求めたテロリスト』影書房、二〇〇二年。

福島幸宏「大阪　伴林氏神社と『西の靖国』造営運動」、原田敬一（編）『古都・商都の軍隊　近畿』（地域のなかの軍隊4）吉川弘文館、二〇一五年、一八四〜一八八ページ。

文藝春秋（編）『「漫画読本」傑作選』文藝春秋、一九八九年。

溝淵忠広『くそばえ四十年　紀元節校長斗争記』日本週報社、一九五八年。

保田與重郎『南山踏雲録』（保田與重郎文庫13）新学社、二〇〇〇年。

松井生四郎『千々石町史』千々石町役場、一九六八年。

三笠宮崇仁「紀元節についての私の信念」『文藝春秋』一九五九年一月号、七二〜八三ページ。

村松喬『教育の森　風土に生きる』毎日新聞社、一九六七年。

和田光弘『植民地から建国へ　19世紀初頭まで』（シリーズアメリカ合衆国史1）岩波新書、二〇一九年。

Wulff E. Brebeck et al.（eds.）*Endtime Warriors: Ideology and Terror of the SS.* Berlin/München: Deutscher Kunstverlag, 2015.

Kirsten John-Stucke, Daniela Siepe（eds.）. *Myths of Wewelsburg Castle: Facts and Fiction.* Paderborn: Brill, 2022.

「この人と一週間　〈溝渕忠広〉バンザイに酔う〝紀元節校長〟」『週刊文春』一九六七年二月二七日号、文藝春秋、一〇四〜一〇八ページ。

第三部

池内敏『竹島　もうひとつの日韓関係史』中公新書、二〇一六年。

石村禎久「黒木御所遺阯に比田井天来を偲ぶ」『隠岐の文化財』八号、隠岐島前教育委員会・隠岐島後教育委員会、一九九〇年、六二〜六四ページ。

岩下明裕『北方領土問題　4でも0でも、2でもなく』中公新書、二〇〇五年。

浦野起央『尖閣諸島・琉球・中国　日中国際関係史　分析・資料・文献』増補版、三和書籍、二〇〇五年。

隠岐歴史民俗研究会（編）『隠岐の国散歩』ハーベスト出版、一九九八年。

加藤康子『産業遺産　「地域と市民の歴史」への旅』日本経済新聞社、一九九九年。

加藤雅彦『ライン河　ヨーロッパ史の動脈』岩波新書、一九九九年。

鈴木将史「ドイツ近代国民記念碑について（その2）『ケルン大聖堂』から『ニーダーヴァルト記念碑』まで」『小樽商科大学人文研究』一二一巻、二〇一一年、九七〜一一一ページ。

すぎやまこういち「国を守る！」『靖国神社崇敬奉賛会　平成二十三年度　講演記録集』靖国神社崇敬奉賛会、二〇一二年、三三〜四九ページ。

辻田真佐憲『世界軍歌全集　歌詞で読むナショナリズムとイデオロギーの時代』社会評論社、二〇一一年。

松本彰『記念碑に刻まれたドイツ　戦争・革命・統一』東京大学出版会、二〇一二年。

柳澤伊佐男『明治日本の産業革命遺産』ワニブックス、二〇一五年。

「いきなり『23資産』登録の陰の立役者『加藤六月』元農水相長女インタビュー『世界遺産』10年の根回しと韓国の破壊工作」『週刊新潮』二〇一五年五月二一日号、新潮社、二二〜二四ページ。

『宇治市史4　近代の歴史と景観』宇治市、一九七八年。

第四部

愛知縣護國神社（編）『愛知県下英霊社忠魂碑等調査報告書　第五輯』愛知縣護國神社、二〇〇九年。

秋田県教育委員会（編）『秋田県教育史　第六巻　通史編二』秋田県教育史頒布会、一九八六年。

秋田魁新報社政治経済部（編）『ふるさとは歌われているか』秋田魁新報社、一九八一年。

秋葉総本殿可睡齋、伊東忠太・可睡斎護国塔一〇〇年展実行委員会（編）『可睡齋護国塔物語』秋葉総本殿可睡齋、二〇一三年。

伊藤厚史『学芸員と歩く　愛知・名古屋の戦争遺跡』六一書房、二〇一六年。

伊藤公雄『光の帝国／迷宮の革命　鏡のなかのイタリア』青弓社、一九九三年。

伊藤千尋『観光コースでないベトナム　歴史・戦争・民族を知る旅』新版、高文研、二〇一一年。

大竹敏之『コンクリート魂　浅野祥雲大全』青月社、二〇一四年。

太田町史編纂委員会（編）『太田町百年誌』秋田県仙北郡太田町、一九七六年。

川口高風（監修）、可睡齋物語編集委員会（編著）『可睡齋物語』秋葉総本殿可睡齋、二〇二〇年。

北川太一『アルバム　高村智恵子　その愛と美の軌跡』二版、二本松市教育委員会、一九九二年。

君島彩子『観音像とは何か　平和モニュメントの近・現代』青弓社、二〇二一年。

小西誠『フィリピン戦跡ガイド　戦争犠牲者への追悼の旅』社会批評社、二〇一六年。

早乙女勝元『ベトナム〝200万人〟餓死の記録　1945年日本占領下で』大月書店、一九九三年。

坂口英伸「近代日本の記念碑再考　鉄筋コンクリートの観点から」『文化資源学』一五号、二〇一七年、一～一九ページ。

佐川馨「二つの県民歌《秋田県民歌》《県民の歌》制定の背景（1）　郷土教育の隆盛と《秋田県民歌》」『秋田大学教育文化学部研究紀要　教育科学』六六集、秋田大学教育文化学部、二〇一一年、六三～七一ページ。

園田茂人『アジアの国民感情　データが明かす人々の対外認識』中公新書、二〇二〇年。

高村光太郎『高村光太郎全集　第二〇巻』筑摩書房、一九九六年。

日置黙仙禅師仏記刊行会（編）『日置黙仙禅師伝』大法輪閣、一九六二年。

兵庫の「語りつごう戦争」展の会、兵庫歴史教育者協議会（編著）『兵庫の平和史跡ガイド　戦争遺跡は語る』日本機関紙出版センター、二〇一三年。

ふるさと太田の偉人を顕彰する会（編）『私の秋田県民歌』秋田県大仙市太田支所、二〇一九年。

中野聡「フィリピンが見た戦後日本　和解と忘却」『思想』九八〇号、岩波書店、二〇〇五年、四二～五六ページ。

静岡県袋井市教育委員会（編）『静岡県指定文化財　可睡斎護国塔保存修理報告書』萬松山可睡斎、静岡県袋井市教育委員会、二〇一三年。

古田元夫「ベトナム現代史における日本占領」『東南アジア史のなかの日本占領』早稲田大学出版部、一九九七年、五〇四～五二四ページ。

藤澤房俊『「イタリア」誕生の物語』講談社選書メチエ、二〇一二年。

藤巻一保『吾輩は天皇なり　熊沢天皇事件』学研新書、二〇〇七年。

保阪正康『十九人の自称天皇　昭和秘史の発掘』悠思社、一九九二年。

横山秀哉『コンクリート造の寺院建築』彰国社、一九七七年。

第五部

梅田恵以子『紀州を語りつぐ　味な味その風土と人と』アガサス、二〇〇二年。

江面弘也『「青年日本の歌」をうたう者　五・一五事件、三上卓海軍中尉の生涯』中央公論新社、二〇一一年。

河西英通『せめぎあう地域と軍隊　「末端」「周縁」軍都・高田の模索　戦争の経験を問う』岩波書店、二〇一〇年。

河西英通「〈廃師軍都〉高田の戦時」、河西英通（編）『列島中央の軍事拠点　中部』（地域のなかの軍隊3）吉川弘文館、二〇一四年、一〇六〜一三四ページ。

花房東洋（編）『「青年日本の歌」と三上卓』島津書房、二〇〇六年。

日向市『日向写真帖　家族の数だけ歴史がある』（日向市史別編）日向市、二〇〇二年。

古市憲寿『誰も戦争を教えられない』講談社＋α文庫、二〇一五年。

ふるさと伝承記録刊行会（編）『ふるさと伝承記録　昔のしばたの暮らし』ぎょうせい、一九八七年。

松下孝昭『軍隊を誘致せよ　陸海軍と都市形成』吉川弘文館、二〇一三年。

＊本文中で言及したものは除いた。

初出

『文學界』「煽情の考古学」2022年2月号〜2024年9月号
『文藝春秋』「歴史の継承と隠蔽」2024年1月号
『ゲンロン15』「国威発揚の回顧と展望#5」

辻田真佐憲（つじた・まさのり）

一九八四年、大阪府生まれ。評論家・近現代史研究者。慶應義塾大学文学部卒業。政治と文化芸術の関係を主なテーマに、著述、調査、評論、レビュー、インタビューなどを幅広く手がけている。単著に『「戦前」の正体』（講談社現代新書）、『防衛省の研究』（朝日新書）、『超空気支配社会』（文春新書）、『大本営発表』（幻冬舎新書）、共著に『教養としての歴史問題』（東洋経済新報社）、『新プロパガンダ論』（ゲンロン）、監修書に『満洲帝国ビジュアル大全』（洋泉社）、共編書に『文藝春秋が見た戦争と日本人』（文藝春秋）などがある。

ルポ国威発揚
「再プロパガンダ化」する世界を歩く

二〇二四年一二月一〇日　初版発行

著者　辻田真佐憲
発行者　安部順一
発行所　中央公論新社
〒一〇〇-八一五二　東京都千代田区大手町一-七-一
電話　販売〇三-五二九九-一七三〇
編集〇三-五二九九-一七四〇
URL https://www.chuko.co.jp/

DTP　平面惑星
印刷　TOPPANクロレ
製本　大口製本印刷

Published by CHUOKORON-SHINSHA, INC.
Printed in Japan　ISBN978-4-12-005861-5 C0095